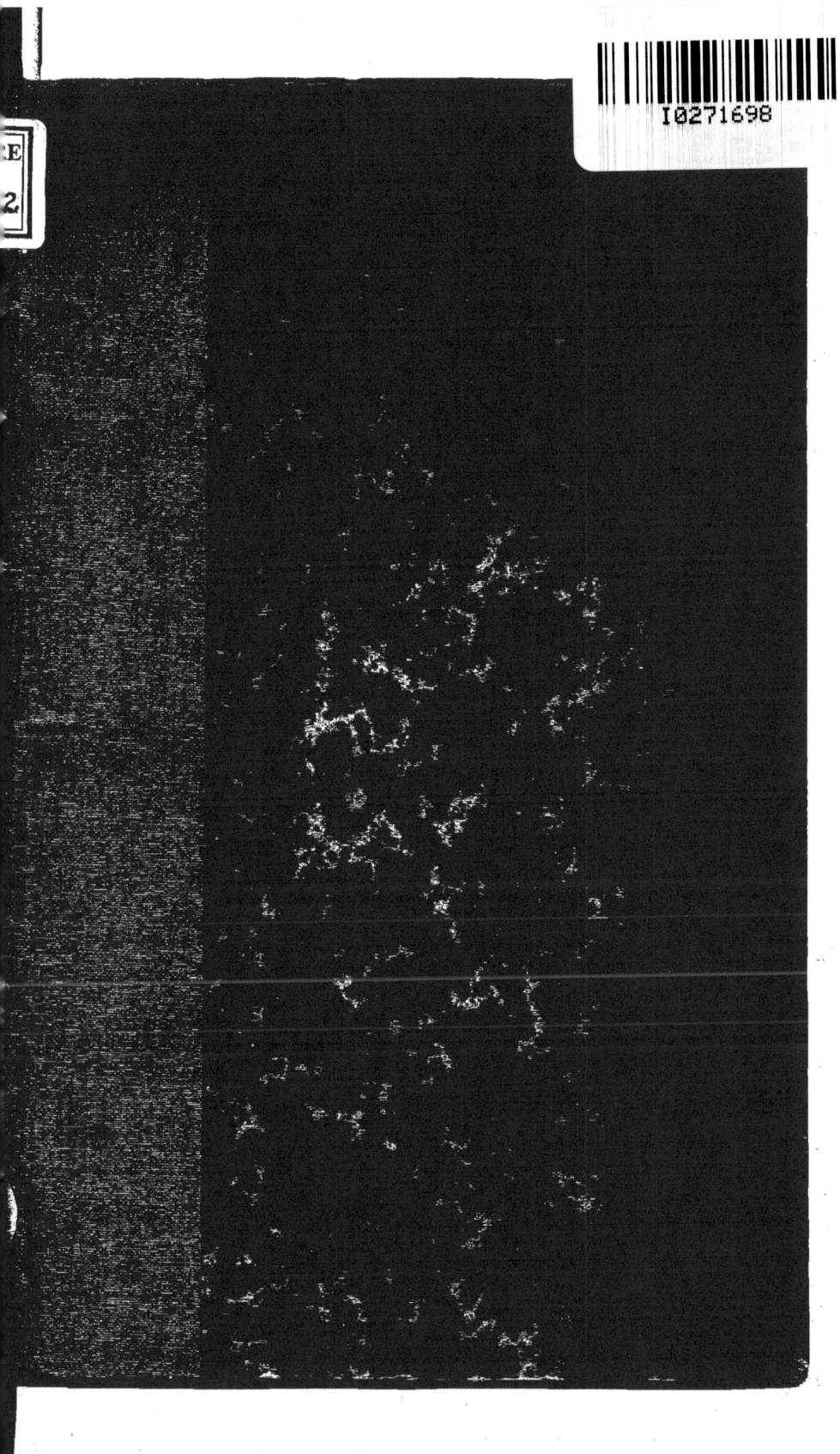

L'EXPLOITATION

DE LA HOUILLE

A ÉPINAC.

L'EXPLOITATION
DE LA HOUILLE
A ÉPINAC

(SAONE-&-LOIRE.)

PAR Z. BLANCHET

INGÉNIEUR CIVIL DES MINES
ANCIEN INGÉNIEUR PRINCIPAL DES HOUILLÈRES DES FERRIÈRES, DOYET ET BEZENET (ALLIER)
DE LA SOCIÉTÉ DES FORGES DE CHATILLON ET COMMENTRY

INGÉNIEUR EN CHEF
DE LA SOCIÉTÉ ANONYME DES HOUILLÈRES ET DU CHEMIN DE FER D'ÉPINAC.

AUTUN
IMPRIMERIE DE MICHEL DEJUSSIEU
1867.

A MESSIEURS

Th. Lestiboudois, conseiller d'État, président;
A. Mallet, A. Lutscher, T. Audéoud, A. Bleymuller,
J. Caullet, R. Hottinguer,
Membres du Conseil d'administration de la Société anonyme des
Houillères et du Chemin de Fer d'Épinac.

Messieurs les Administrateurs,

Lorsque vous avez acquis, avant 1830, la vieille concession de la Mine de Houille d'Épinac, son exploitation était encore dans l'enfance. Malgré son isolement, vous l'avez développée, depuis longtemps, le plus possible, et en prévision des débouchés nouveaux que doivent lui ouvrir les voies de fer en la reliant à l'est avec la ligne de Lyon, et à l'ouest avec les chemins de Moulins et de Nevers, vous avez entrepris, dans ces dernières années, tout un ensemble de grands travaux neufs. En 1864, vous avez résolu pour développer la production de votre houillère de faire l'application de la méthode d'exploitation par remblais, d'organiser un nouveau service de l'exhaure, d'installer de puissantes machines à vapeur, de creuser de nouveaux puits, et de bâtir une cité ouvrière. Vous avez aussi établi l'appareil Max Evrard pour le lavage des charbons, construit des fours à défournement mécanique pour la fabrication du coke, et enfin préparé la soudure de votre chemin de fer avec les grandes lignes voisines.

Les travaux entrepris touchent à leur fin, et vous pourrez à l'ouverture des nouvelles voies de fer livrer houille, coke et agglomérés au commerce, à l'industrie et à l'État.

En traçant un tableau des diverses phases par lesquelles sont passées vos mines, je me suis proposé de faire connaître ce qu'est à Épinac l'exploitation de la houille, et de faire voir la marche qu'elle a suivie depuis près d'un siècle. Je vous remercie, Messieurs, d'avoir bien voulu me faire l'honneur d'accepter l'hommage d'un mémoire qui ne contient, à quelques digressions près, que des faits connus de vous; je vous remercie aussi de la confiance dont vous m'avez honoré en me chargeant de la direction de vos travaux à une époque où leur importance devenait d'autant plus grande que leur développement devait être plus considérable.

Veuillez agréer, Messieurs les Administrateurs, l'assurance de mes sentiments très respectueux et très reconnaissants.

Votre dévoué serviteur,

Z. BLANCHET.

Épinac-lès-Mines, le 2 juin 1867.

L'EXPLOITATION
DE LA HOUILLE
A ÉPINAC

(SAONE-&-LOIRE.)

PRÉLIMINAIRES.

La houille est devenue dans ce siècle un objet de consommation d'une importance telle, qu'elle joue, en ce moment, parmi les matières de première nécessité, le rôle peut-être le plus considérable dans l'économie générale des États. C'est elle qui, non-seulement chauffe les foyers de nos habitations, éclaire nos villes, sert à forger nos métaux et nos armes, constitue partout la matière première et indispensable des usines métallurgiques, est employée à la fabrication du verre, à la cuisson du plâtre, de la chaux, des briques, etc.; elle est devenue la nourriture, l'aliment quotidien, si je puis m'exprimer ainsi, de ces nombreuses machines qui travaillent dans tous les ateliers grands et petits, qui roulent sur les routes de terre comme sur les chemins de fer, qui courent sur les fleuves et sur les mers, et qui, en agriculture, cette industrie nourricière aux bras les plus nombreux, tendent partout à remplacer les moteurs animés soumis à l'homme. Pour satisfaire à tous ces besoins, la consommation en charbon atteint, dans la France seule, le chiffre de 19,120,174 tonnes, dont 12,000,000 sont produites en France. Pour la production de ces 12,000,000 de

Importance de la consommation de la houille. — Son rôle considérable dans l'économie générale des États.

tonnes il faut environ 100,000 ouvriers mineurs, représentant, avec leurs familles, une population totale de 250,000 ames.

A tous ces titres, la houille, surtout si on la considère dans ses dérivés, en ajoute un très grand nombre d'autres, dont l'énumération tiendrait ici trop de place. En citant les principaux et les plus connus, je n'ai voulu que rappeler sommairement la valeur extraordinaire de ce combustible.

<small>L'importance de la consommation de la houille justifie l'intérêt que présente son exploitation.</small>

Devant ses usages si multipliés, devant sa consommation chaque jour croissante, la houille, au point de vue de son exploitation, intéresse à la fois et les exploitants et les consommateurs. Pour satisfaire, en effet, des besoins de plus en plus grands, des nécessités de plus en plus impérieuses, il faut chaque jour faire de nouveaux efforts et perfectionner davantage les moyens de production. Or, ces moyens de production sont perfectionnés d'autant moins facilement, que les exploitations, généralement assez éloignées les unes des autres, ont, en quelque sorte, chacune leur vie propre, marchent dans un isolement presque absolu, et ne peuvent pas, comme tant d'autres industries, se donner rendez-vous complet dans les pacifiques arènes des expositions universelles ouvertes par les nations civilisées. Ainsi ne sont pas utilisés immédiatement les efforts communs des exploitants, et ainsi se perdent trop souvent les bénéfices que l'expérience du passé procure à l'avenir, les avantages des leçons données par les faits accomplis pour les évènements futurs.

<small>But et division du Mémoire.</small>

J'ai pensé qu'à défaut d'un rendez-vous, qui ne peut être pris qu'imparfaitement aux expositions universelles, les exploitants pourraient retirer un profit avantageux de la connaissance des moyens adoptés et employés par eux. J'ai ainsi écrit ce Mémoire dans le but de présenter, pour les Mines d'Épinac, dont la direction des travaux m'est confiée depuis le 1er janvier 1863, l'exposé de leurs travaux, de leur outillage et de leur organisation. Je l'ai divisé en sept parties comme il suit :

PRÉLIMINAIRES.

PREMIÈRE PARTIE. — Travaux souterrains.
DEUXIÈME PARTIE. — Installations et matériel des puits.
TROISIÈME PARTIE. — Chemin de fer.
QUATRIÈME PARTIE. — Lavoirs; fours à coke; fours à chaux; agglomérés; dépôt de Pont-d'Ouche; ateliers.
CINQUIÈME PARTIE. — Cité ouvrière.
SIXIÈME PARTIE. — Statistique des forces de la houillère.
SEPTIÈME PARTIE. — Recueil des règlements appliqués à la Mine d'Épinac.

Des planches, formant un atlas séparé, correspondent au texte dont elles sont le complément; elles fournissent les plans nécessaires pour l'intelligence des travaux exécutés ou en cours d'exécution, des installations établies, des appareils employés, des maisons d'ouvriers et des dispositions générales de la Mine.

PREMIÈRE PARTIE.

TRAVAUX SOUTERRAINS.

CHAPITRE Ier.

Notions sur le Bassin d'Autun.

<small>Origine de la concession d'Épinac. Sa situation dans le bassin d'Autun.</small> Les premiers travaux des Mines d'Épinac remontent à l'année 1774, et la concession sur laquelle ils sont situés date du 13 août 1805. Cette concession fut accordée, le 25 thermidor an XIII (13 août 1805), aux frères Mozer. Les héritiers des frères Mozer la vendirent à MM. Samuel Blum et Cie peu de temps après, et la Société anonyme des Houillères et du Chemin de Fer d'Épinac en fit l'acquisition le 5 octobre 1829. Une ordonnance royale du 8 mars 1841 modifia le périmètre de la concession déterminée par le décret du 25 thermidor an XIII. Son étendue fut réduite par la distraction d'une surface assez considérable située en dehors du terrain houiller. Enfin, par décret impérial du 31 août 1858, la concession d'Épinac fut augmentée des concessions de Sully et de Pauvray.

Telle qu'elle est réglée par le décret impérial du 31 août 1858, la concession d'Épinac comprend une superficie totale de 6,241 hectares, dont 5,000 environ se trouvent sur le terrain houiller proprement dit. Elle occupe la partie orientale du bassin d'Autun.

<small>Bassin d'Autun. Sa division en trois étages.</small> Le bassin d'Autun est compris entre les montagnes porphyriques du Morvan et les montagnes granitiques de l'Autunois. Sa plus grande longueur est de 32 kilomètres, sa largeur moyenne de 6 à 7 kilomètres, et son étendue superficielle de 252 kilomètres carrés.

Le terrain houiller du bassin d'Autun peut être considéré comme composé de trois étages ou systèmes de roches distinctes qui se succèdent de bas en haut, dans l'ordre suivant : l'étage inférieur ou dépôt houiller proprement dit, l'étage moyen ou système des grès et poudingues, et l'étage supérieur ou dépôt des schistes bitumineux.

A l'étage inférieur correspondent les couches de houille d'Épinac, tantôt divisées en petites veines de 0^m 50 à 2 mètres d'épaisseur, tantôt réunies en une seule masse qui atteint une puissance de 10 mètres. A cet étage appartient aussi, croyons-nous, la houille du Grand-Moloy. Le terrain houiller, caché généralement par les dépôts supérieurs et notamment les alluvions tertiaires qui le recouvrent comme d'un manteau, n'affleure que sur un très petit nombre de points. Il se compose surtout de bancs de grès plus ou moins schisteux, et il renferme à sa base une roche feldspathique caractéristique, désignée sous le nom de *roche verte*. C'est une roche métamorphique dans laquelle les éléments de schistes et grès du terrain houiller sont d'autant plus altérés, qu'ils sont rapprochés davantage du terrain ancien. Les couches de houille se trouvent à peu de distance de la roche verte, à 100 mètres seulement environ. C'est là un caractère distinctif des couches d'Épinac, et c'est ce qui doit empêcher de confondre avec elles les veines supérieures de Marvelay et de Dinay.

Étage inférieur.

L'usage a fait distinguer à Épinac quatre couches, que l'on désigne, en allant de haut en bas, par les numéros 1, 2, 3 et 4. La couche n° 1 n'est pas exploitable, et elle est séparée des trois autres par une distance moyenne de 40 mètres. Les couches n°^{s} 2, 3 et 4, tantôt réunies complètement en une seule masse puissante de 6 à 10 mètres, comme cela se voit aux puits Hagerman et de la Garenne, tantôt séparées par des intercalations stériles de peu d'épaisseur, se trouvent souvent divisées, principalement au nord, et notamment dans le champ d'exploitation du puits Micheneau, en trois veines indépendantes, isolées par des distances de 15 à

20 mètres. Dans ce cas, chacune des veines offre une épaisseur de 0ᵐ 50 à 2 mètres.

Les charbons des veines n° 2 et n° 4 sont purs, collants, mais aussi tendres et friables. Ceux de la veine n° 3 se ressentent un peu des intercalations schisteuses qui divisent la couche, et ils sont généralement plus durs et d'une qualité moindre que ceux des veines n° 2 et n° 4.

Étage moyen. — L'étage moyen du bassin n'est, jusqu'à présent, qu'imparfaitement connu. Il se distingue par des grès grossiers, à gros grains, contenant des poudingues, et parfois même des conglomérats. Le puits François-Mathieu a coupé de ces conglomérats sur une hauteur de 30 mètres, entre les profondeurs de 330 mètres et de 360 mètres.

En richesses, l'étage moyen paraît ne renfermer que les couches irrégulières, peu puissantes et de qualité médiocre, connues par les exploitations de Pauvray, Marvelay et Dinay. C'est le plus puissant des trois étages, et ses limites extrêmes doivent au moins varier, selon le développement pris par les conglomérats et les poudingues, de 500 à 1,000 mètres. De là, la difficulté de déterminer les profondeurs auxquelles des puits creusés dans le centre du bassin d'Autun pourraient atteindre l'étage inférieur ou système d'Épinac. Cette détermination ne peut être faite qu'en passant du connu à l'inconnu. C'est ainsi que le puits creusé par M. Queulain, aux portes de la ville d'Autun, peut être considéré comme devant descendre à 1,200 ou 1,500 mètres de profondeur, pour atteindre les couches d'Épinac.

Étage supérieur. — L'étage supérieur, qui n'a pas été jusqu'à présent exploré d'une façon complète, correspond spécialement aux schistes bitumineux, qui alternent avec des grès fins. Il renferme aussi deux petites veines de houille ; mais ces veines n'ont été touchées que sur quelques points, dans le voisinage de la surface, et malheureusement dans des parties accidentées qui n'ont pu fournir que des données incomplètes et des résultats peu encourageants aux explorateurs.

CHAPITRE II.

Historique des Travaux d'Épinac, de 1774 à 1829. —

(A.) Ancienne Concession d'Épinac.

L'exploitation d'Épinac est une des plus anciennes de France ; elle date de près d'un siècle. C'est au village de Ressille et au hameau des Tréchards qu'elle a débuté. Les puits ou galeries par lesquels elle a eu lieu sont situés à l'extrémité orientale du bassin, sur les affleurements des couches, où ils se présentent en allant du nord au sud.

<small>Débuts de l'exploitation à Ressille et aux Tréchards.</small>

Nous allons les considérer dans l'ordre suivant *(Voir planches 1 et 2)* :

Le puits de l'Ouche, qui sert encore aujourd'hui à l'aérage des travaux du puits Hagerman, est situé à 450 mètres au sud de Fontaine-Bonnard ; son orifice se trouvant à 120 mètres environ au-dessus de l'orifice de ce dernier puits, placé au pied de la montagne de Ressille dans la vallée du ruisseau de Molinot. Il fut abandonné comme puits d'extraction avant l'année 1785, après avoir servi à l'exploitation d'une couche inclinée de 25 degrés et puissante de 3 à 5 mètres. La couche que le puits a atteinte à la profondeur de 58 mètres était divisée par un banc de nerf argileux, blanchâtre, de $0^m 03$ à $0^m 15$ d'épaisseur, en deux parties ayant, celle du mur, $0^m 60$ à 1 mètre, et celle du toit $2^m 40$ à 4 mètres de puissance. La partie supérieure de la couche a seule été exploitée. Le charbon qui la composait était de bonne qualité. C'était un beau charbon maréchal, recherché de tous côtés par les forgerons.

<small>Puits de l'Ouche.</small>

Pour faciliter l'exploitation du puits de l'Ouche, en le débarrassant des eaux, une galerie d'écoulement partant de ce puits et venant déboucher dans le petit ruisseau de Ressille, en face le bois des Tréchards, fut percée par les soins de M. Le Duc, ancien

<small>Galerie d'écoulement du puits de l'Ouche.</small>

seigneur d'Épinac. Cette galerie avait 200 mètres de longueur, et elle se terminait par une tranchée longue de 50 mètres. Sa section était de 1ᵐ 30 par 1ᵐ 30. Elle était établie en direction dans la couche, en passant par les puits dits « Puits de Saône », et par le puits désigné sous le nom de « Puits du pré Billard. »

Puits nombreux creusés sur le territoire des Tréchards. Les puits étaient nombreux à cette époque. Ils n'exigeaient qu'une très petite profondeur pour atteindre les couches, et ils n'étaient jamais dotés d'un champ d'exploitation étendu. Lorsqu'un puits avait été creusé, il servait à enlever la houille sur une étendue de 25 à 30 mètres en direction de chaque côté. Le roulage se faisait à la brouette, et l'extraction dans des paniers que l'on remontait au moyen de simples treuils à bras. Après avoir poussé les galeries à droite et à gauche du puits sur la longueur de 25 à 30 mètres, la houille était enlevée par éboulements revenant de leurs extrémités vers le puits. Les ouvriers pénétraient dans la mine par des échelles, ou en suivant des galeries inclinées. Ils étaient éclairés au moyen de simples chandelles. On devait alors creuser, chaque année, un puits pour la consommation de la verrerie.

C'est dans ces conditions d'exploitation que furent établis :

1° Six petites fouilles dans le bois des Tréchards.

2° Le puits de Saône n° 1, sur le chemin de Pataud à Ressille. A ce puits, la couche était moins forte qu'au puits de l'Ouche, et le charbon était plus friable, mais toujours gras et de bonne qualité.

3° Le puits de Saône n° 2, creusé au sud du précédent vers 1775, et descendu jusqu'à la profondeur de 27 mètres. Ce puits est celui qui sert encore aujourd'hui à l'aérage de la galerie de Ressille, et que l'on désigne sous le nom de « Puits de Michaud Jean de Collonge. » Il a été approfondi, pour atteindre cette galerie, de 10 mètres qui portent sa profondeur totale à 27 mètres.

4° Le puits de la rue Pataud n° 1, foncé vers 1795, et profond de 19ᵐ 50.

5° Le puits de la rue Pataud n° 2, foncé en 1805, à la profondeur de 19ᵐ 30.

6° Quatre petits puits foncés en 1805 et placés vers le sommet de la montagne qui sépare Ressille du Gurier, et qui n'ont trouvé que des charbons rocheux de qualité mauvaise.

7° Une descenderie pratiquée dans l'affleurement de la couche, à la limite est du bois des Tréchards.

8° Le puits du Cerisier, creusé en 1810 à la profondeur de 23ᵐ 30, et abandonné un an après, à la suite du feu qui prit dans les travaux. Le charbon de ce puits était, paraît-il, le meilleur de toute la contrée, et supérieur à celui des puits voisins.

9° Les puits Tréchards, n°ˢ 1, 2, 3 et 4, foncés de 1820 à 1828, et qui ont atteint les profondeurs de 55ᵐ 60, 45ᵐ 60, 23ᵐ 30 et 5ᵐ 25. Ces divers puits exploitaient aussi des charbons de première qualité. La couche, inclinée de 30 à 35 degrés, était pure, dépourvue de toute intercalation stérile, et avait une puissance de 2ᵐ 50 à 3ᵐ 50. Elle fournissait la houille nécessaire au coke employé à la verrerie de MM. Blum.

10° Une galerie d'écoulement placée au sud du petit ruisseau de Ressille et venant déboucher sur la rive gauche de ce ruisseau, comme la galerie du puits de l'Ouche sur la rive droite.

Les travaux de ces divers puits, envahis par les feux du puits du Cerisier, furent abandonnés en 1829, au moment où un nouveau puits était commencé à 400 mètres au sud-ouest du puits n° 4, pour prendre les couches en aval où il était estimé devoir les rencontrer à la profondeur de 170 mètres. Ce nouveau puits, connu sous le nom de « Puits des Grandes-Raies », lorsqu'il a été arrêté, était creusé à 26 mètres. Son abandon paraît tenir moins aux difficultés que rencontrait l'exploitation des Tréchards, envahie par le feu, qu'au développement pris au nord de la montagne de Ressille par le puits de Fontaine-Bonnard, divers petits puits sur les affleurements de la couche aux Souachères, et, enfin, les puits du Bois et du Gurier, qui ouvraient, dans une couche d'une puissance de 8 à 10 mètres, un vaste champ d'ex-

Causes de l'abandon des travaux des Tréchards. Découverte de la houille au Gurier.

ploitation, capable de subvenir largement à tous les besoins de l'époque. C'est alors que la Société des Mines d'Épinac, constituée plus tard, suivant décret du Président de la République en date du 2 juillet 1850, sous le nom de Société anonyme des Houillères et du Chemin de fer d'Épinac, achetait la concession de MM. Blum et Cie. A partir de ce moment l'exploitation, aux produits de laquelle on ouvrait des débouchés en la raccordant, par un chemin de fer de 28 kilomètres de longueur, avec le canal de Bourgogne, est entrée dans une période toute nouvelle d'activité et de progrès.

CHAPITRE III.

Développement pris par les travaux, de 1829 à 1863.

La Société d'Épinac continua les exploitations commencées par les frères Blum, et ouvrit de nouveaux puits, en laissant de côté le district des Tréchards. Cet abandon n'a rien de surprenant si l'on considère que les puits établis sur le territoire du Curier fournissaient du charbon en quantité suffisante, que le chemin de fer de la Mine au Canal de Bourgogne avait son point de départ au Curier, et qu'il ne pouvait pas être raccordé avec le district abandonné; enfin, que de nouveaux puits entrepris méthodiquement, en allant du connu à l'inconnu, en direction du sud au nord, et suivant l'inclinaison de l'est à l'ouest, vinrent successivement livrer de nouvelles richesses avec lesquelles on se passait aisément de celles des Tréchards. C'est ainsi que furent ouverts les puits du Domaine, Saint-Pierre, Sainte-Barbe, la galerie de Ressille, le puits des Souachères, le puits Hagerman et les puits Micheneau et de la Garenne.

En outre, la Compagnie d'Épinac, en obtenant en 1858 l'extension de sa concession par l'annexion des concessions de Sully et

DÉVELOPPEMENT PRIS PAR LES TRAVAUX.

Pauvray à la concession primitive, avait à faire de nouveaux travaux qui lui fournissaient un motif de plus de délaisser les Tréchards.

Nous allons raconter succinctement le rôle rempli par chacun de ces puits, dans la période qui s'étend de 1829 à 1863.

Le puits de Fontaine-Bonnard (haut) est resté en exploitation jusqu'en 1838. Il était à la profondeur de 63^m 90, avait affaire à une couche puissante de 8 à 10 mètres, qui fut envahie par les éboulements et par le feu en l'année 1838. Depuis cette époque, ce puits est resté fermé, les charbons que son champ d'exploitation renfermait ayant été extraits partie par le puits Fontaine-Bonnard (bas), partie par la galerie de Ressille. *Puits Fontaine-Bonnard (haut).*

Le puits de Fontaine-Bonnard (bas) a son orifice placé à 22^m 31 au-dessous de celui du puits Fontaine-Bonnard (haut). Il a atteint la couche à la profondeur de 75 mètres, et il l'a exploitée par deux recettes ouvertes, l'une à 80 mètres, l'autre à 86 mètres. Comme le puits précédent, le puits Fontaine-Bonnard (bas) avait affaire à une couche remarquable par sa puissance qui est de 8 à 10 mètres, et il eut comme lui aussi le désavantage de ne pouvoir pas, à cause des méthodes imparfaites alors suivies, profiter des richesses qu'il avait découvertes et mises en sa possession. En 1840, les incendies qui survinrent de différents côtés dans ce puits, forcèrent de l'abandonner ; il fut comblé et délaissé jusqu'en 1862, époque à laquelle fut entreprise sa restauration, pour revenir d'une part occuper le champ d'exploitation autrefois envahi par le feu, d'autre part approfondir le puits et créer au milieu d'un massif délaissé une exploitation nouvelle. *Puits Fontaine-Bonnard (bas).*

Le percement de la galerie de Ressille remonte à l'année 1845. Elle consiste en une galerie de niveau prise à 3^m 91 au-dessous de l'orifice du puits Fontaine-Bonnard (bas), et à 26^m 22 au-dessous de l'orifice du puits Fontaine-Bonnard (haut). Après une partie en travers bancs de 225 mètres de longueur, elle a pénétré dans la couche qu'elle a suivie en direction sur une longueur totale de *Galerie de Ressille.*

550 mètres, en reprenant ainsi les travaux faits par le puits Fontaine-Bonnard (haut) et par le puits de l'Ouche dont l'origine, qui est une des plus anciennes parmi les puits de la concession d'Épinac, remonte à 1775. La galerie de Ressille, délaissée de 1854 à 1860, a cessé de nouveau son exploitation en 1862, après avoir été poussée jusqu'à la distance de 125 mètres du petit ruisseau de Ressille, soit à 150 mètres de la limite nord des anciens travaux des Tréchards.

Ainsi que les puits de Fontaine-Bonnard, la galerie de Ressille eut un système d'exploitation vicieux ; comme eux, elle ne put dépouiller le gîte que d'une façon incomplète, et elle eut à faire une large part au feu, auquel les éboulements donnèrent naissance. En outre, elle occasionna à la surface des dégâts sensibles en faisant fissurer le sol et en ébranlant les maisons. Elle fut toutefois conservée au moyen de barrages qui purent contenir les feux, et elle est restée pour jouer le rôle de galerie de communication au vieux puits de l'Ouche approfondi à 62 mètres, et devenu puits de retour d'air des travaux neufs des puits d'extraction du Curier et Hagerman. La galerie de Ressille servit, pendant les années 1860, 1861 et 1862 à pratiquer, à 650 mètres de son entrée, et à 10 mètres au sud du puits de Saône converti comme le puits de l'Ouche en un puits d'aérage, une descenderie qui a été prise pour aller rejoindre un remontage venant des travaux supérieurs du puits Hagerman. Ce percement avait pour but d'améliorer l'aérage du puits Hagerman et de remplacer, à l'expiration de l'exploitation du puits du Curier, le retour d'air passant par les vieux travaux de ce puits. Il fut abandonné à la fin de 1862 pour deux causes : la venue des eaux qui avait atteint, à la longueur de 100 mètres dans la descenderie, le chiffre de 800 hectolitres par 24 heures, et la difficulté de conserver, du côté du remontage pris par le puits Hagerman, le nouveau retour d'air au milieu de vieux travaux dont il aurait fallu s'isoler, comme dans l'ancien, par des barrages plus ou moins nombreux et d'un entretien toujours difficile.

DÉVELOPPEMENT PRIS PAR LES TRAVAUX. 13

En aval pendage des travaux faits aux affleurements de la couche par les frères Blum, dans le district dit des Souachères, la Compagnie a fait ouvrir en 1845 le puits qui prit le nom de « Puits des Souachères ». Ce puits, de forme rectangulaire, est muni d'un revêtement en bois offrant une section intérieure de $2^m\ 60$ par $1^m\ 35$. Il a été descendu jusqu'à la profondeur de 58 mètres, et a exploité la couche par deux étages ouverts, l'un sur la couche même, à la profondeur de 31 mètres, l'autre à celle de 54 mètres à laquelle il est allé la rejoindre par une galerie à travers bancs de 15 mètres de longueur. Au-dessous de ce second étage, le puits a été approfondi de 13 mètres pour servir à l'ouverture d'une troisième recette qui devait être placée à la profondeur de 72 mètres, mais diverses causes ont fait abandonner, en 1863, ce projet hérissé de difficultés.

Puits des Souachères.

La couche, au puits des Souachères, est inclinée en moyenne de 15 degrés. Au-dessous du deuxième étage, elle affecte la forme d'un fond de bateau dont le relèvement à l'ouest se termine à un étranglement qui la sépare, par une distance de 120 mètres, des exploitations des puits du Bois et du Curier situées à l'aval pendage. En direction, elle est séparée aussi par une partie stérile du champ d'exploitation de Fontaine-Bonnard. C'est aussi un dérangement qui la limite au nord et l'isole des travaux des puits du Domaine et Saint-Pierre. Limitée à ces dérangements, la couche donnait au puits des Souachères un champ d'exploitation ayant 400 mètres en direction, 200 mètres suivant l'inclinaison, et d'une surface totale d'environ 80,000 mètres carrés ; ses richesses comprenaient 12,000,000 d'hectolitres.

Elle est divisée en deux parties, l'une au mur de 8 à 10 mètres d'épaisseur, l'autre au toit de 1 à 2 mètres de puissance. Ces deux parties de la couche sont séparées entre elles par un banc de grès schisteux d'une épaisseur variable de $0^m\ 50$ à $1^m\ 50$. La qualité du charbon est médiocre. C'est une houille maigre et rayée qui avait toutefois son prix dans le chauffage domestique pour lequel elle était fort recherchée. Elle produisait une très faible proportion de menu, résistait longuement dans le foyer, et, à ce double titre, son usage présentait d'assez grands avantages.

Il avait été projeté, dès 1847, de faire, avec des remblais descendus du jour, l'exploitation des Souachères. La couche devait être divisée par des galeries de niveau au mur placées à 10 mètres d'inclinaison les unes des autres, et par des galeries au toit placées de la même manière.

Les galeries au mur aboutissaient au puits d'extraction, et les galeries au toit au puits d'introduction des remblais. Les piliers devaient être enlevés par tailles en gradins que l'on remblaierait au fur et à mesure. Contrairement à ce projet conçu par l'ingénieur C. Courtin, l'exploitation a été faite aux Souachères, jusqu'en 1862, suivant le mauvais système des foudroyages. Elle a ainsi peu profité des richesses qu'elle renfermait et, ici, le feu ne fut pas la seule conséquence fâcheuse de la vicieuse méthode. Des dégâts considérables se produisirent à la surface qui fut déchirée, effondrée de tous côtés. De là des indemnités aux propriétaires du sol, et de là aussi et surtout des venues d'eau qui devinrent chaque jour de plus en plus abondantes, et d'autant plus dangereuses qu'une partie de l'exploitation se trouve seulement à 40 mètres au-dessous de la vallée du ruisseau de Molinot, que les pluies continuelles de l'hiver et les pluies torrentielles de l'été convertissent quelquefois en une sorte de fleuve. En vain, en 1863, les remblais furent employés pour arrêter les dégradations périlleuses à tous points de vue causées à la surface. On avait affaire à de vieux travaux en partie abandonnés, incomplètement connus, et malgré la tentative du remblayage appliqué dans ces vieux travaux, les venues ont été de plus en plus fortes. Elles ont atteint, vers la fin de l'année 1863, le chiffre de 18,000 hectolitres par 24 heures, et dès ce moment le puits a été abandonné.

Ce puits renferme encore des richesses estimées à 2,500,000 hectolitres; mais, pour les extraire, la machine à engrenage de la force de 25 chevaux qui avait pu, jusqu'en 1863, faire le double service de l'extraction et de l'exhaure, est devenue absolument impuissante. En présence de cette situation, on s'est demandé ce qu'il y avait à faire à l'égard de l'exploitation des Souachères.

Il fallait démerger les travaux inondés, les tenir à sec et les préserver contre les inondations d'autant plus à redouter que le ruisseau est placé directement au-dessus d'eux à une faible distance, qu'il pourrait à un moment donné faire irruption dans la mine, à la suite d'éboulements imprévus, et détruire non-seulement l'exploitation, mais causer aussi la mort des ouvriers. De là, la triple nécessité d'une machine plus forte, d'un nouveau puits sur lequel fonctionnerait cette machine, de là aussi le besoin de faire la rectification du ruisseau pour, à la fois, le déplacer et faciliter son écoulement, afin d'empêcher les eaux de s'amasser dans la vallée et de former au-dessus de la mine une sorte de lac. D'ailleurs, il était entendu que l'exploitation aurait lieu avec la plus grande régularité, par remblais, et qu'avec le puits armé d'une machine d'une force suffisante, on procèderait de telle façon que les vides produits par l'enlèvement du charbon fussent toujours comblés au fur et à mesure, afin que les eaux, dans le cas où elles viendraient à inonder la mine, y trouvassent les espaces les plus petits possibles à remplir.

Dans ces conditions, le projet d'exploitation a rencontré de nombreux embarras, tenant moins aux dépenses à faire pour le creusement du nouveau puits et l'installation d'une nouvelle machine, qu'aux difficultés à vaincre à la surface pour la rectification du ruisseau. En outre, il a été fait cette considération que le champ d'exploitation des Souachères se trouve, jusqu'à présent, isolé du reste des travaux, et qu'en procédant à son dépouillement complet, on était peut-être exposé à venir, par de vieux travaux inconnus du côté du dérangement qui le limitent en aval pendage, établir une communication avec les autres puits. Cette communication serait un désastre pour la mine, à laquelle elle enverrait journellement 18,000 hectolitres d'eau, et pour l'éviter, nous croyons que les précautions les plus grandes ne doivent pas manquer d'être prises. C'est cette considération qui, réunie aux difficultés de toutes sortes déjà apportées à l'exploitation, nous a fait jusqu'à présent penser, après avoir tenté de creuser le puits Audéoud arrêté à la profondeur de 8 mètres, que le meilleur était de continuer à délaisser le puits des Souachères. Il renferme, il est vrai, 2,500,000 hectolitres de houille, mais l'enlèvement de ces richesses est plein de périls, et il nécessiterait des dépenses considérables qui peuvent être plus utilement et plus simplement employées sur d'autres points de la concession. Les puits actuellement en activité offrent d'ailleurs d'immenses ressources qui permettront pour longtemps de subvenir et au delà à tous les besoins.

Puits du Bois. — Le creusement du puits du Bois fut entamé par MM. Jacob et Samuel Blum, qui le placèrent à l'amont pendage du puits du Curier. Il n'était qu'à une dizaine de mètres de profondeur lorsque les frères Blum vendirent leur concession à la Société d'Épinac. En 1830, à la date du 16 septembre, ce puits n'était encore qu'à la profondeur de 31 mètres. Il a atteint, à la profondeur de 70 mètres, la veine de houille du toit, connue depuis lors sous le nom de deuxième couche ; c'est cette veine qu'il exploitait en 1833, lorsqu'il fut creusé de 25^m 60 et descendu ainsi jusqu'à la troisième couche à laquelle il est arrivé, dans le courant de l'année 1834, à la profondeur de 95^m 60. Il a été relié à cette couche par une galerie à travers bancs ouverte à la profondeur de 90 mètres et longue de 20 mètres. Le puits du Bois avait été entrepris pour faciliter l'exploitation du puits du Curier et assurer son aérage. Il eut néanmoins sa vie propre comme puits d'extraction, et elle fut d'assez longue durée, bien qu'il ait eu à traiter tout d'abord une couche à allure un peu irrégulière, d'une houille de qualité médiocre, un peu schisteuse, et dans laquelle le feu ne manqua pas de se déclarer.

Après avoir cessé l'extraction du charbon, en 1850, le puits du Bois est resté ouvert jusqu'en avril 1863 pour servir à l'aérage du puits du Curier. Il fut abandonné complètement et fermé lorsque ce puits cessa son rôle de puits d'extraction.

Puits de la Pompe. — Il fut creusé en 1846, après l'éboulement du puits Fontaine-Bonnard (bas), à 25 mètres de distance de ce puits. Le puits de la Pompe est de forme circulaire, et il a intérieurement 1^m 66 de diamètre. Ainsi que son nom l'indique, il a été établi pour recevoir une pompe destinée à prendre, à la hauteur de 90 mètres, toutes les eaux des affleurements. Ces eaux, évaluées alors à 3,000 hectolitres par 24 heures, ont été retenues dans une galerie de niveau tracée suivant la direction, en passant au-dessous des travaux de Fontaine-Bonnard, et au-dessus des travaux exécutés par le puits du Curier, les puits du Bois et du Domaine. La pompe de Fontaine-Bonnard n'a cessé de fonctionner que dans le courant de 1864, après la reprise du puits Fontaine-Bonnard, et usée par un service de 18 années. Cette longue durée avait été obtenue parce que l'on avait prévenu la destruction des pompes par l'action corrosive des eaux, en faisant les corps de pompes élévatoires en bronze, et en préparant tous les tuyaux en fonte suivant le procédé indiqué par M. Juncker, dans son Mémoire sur les pompes d'épuisement de la mine de Huelgoat.

Le puits de la Pompe, profond de 100 mètres, après avoir cessé son rôle de puits d'exhaure, est resté comme puits d'aérage pour l'exploitation de Fontaine-Bonnard.

Le puits du Domaine, creusé par la Compagnie d'Épinac, était de forme circulaire et avait 3 mètres de diamètre. Ses parois sont restées à nu; les roches qu'il traversait se trouvaient à peu près horizontales, et leur solidité a été assez grande pour n'exiger aucun revêtement. Il est entré en extraction en 1839, après avoir atteint, à la profondeur de 139^m 80, la troisième couche, la seule exploitable. Cette dernière, qui avait une puissance de 6 à 7 mètres, n'était du reste séparée des deux autres, la deuxième et la quatrième, que par des intercalations stériles, schisteuses, de 0^m 10 à 1 mètre d'épaisseur. Elle affectait une allure toute particulière : elle avait la forme d'un dôme ou mamelon qui donnait à l'ensemble des travaux des dispositions toutes différentes des dispositions ordinaires, en même temps que les rochers du toit, dont le soutènement était difficile, créaient des difficultés à l'exploitation. Elle a été enlevée par foudroyages, et a été, comme cela est arrivé partout, envahie par les feux. Son exploitation a cessé en 1848, après une extraction totale de 1,526,726 hectolitres.

Puits du Domaine.

Les travaux du puits du Domaine ont été limités par ceux des puits du Bois, du Curier et de Sainte-Barbe, de tous côtés, excepté du côté du nord-est où se trouve la même faille qui limite la couche dans ces autres puits. Cette faille passe environ à 80 mètres au nord-est du domaine. Poursuivie en trois points différents, elle a été traversée sur l'un d'eux par une galerie qui a trouvé une couche d'environ 1^m 10 de puissance. C'est pour exploiter cette couche retrouvée au-delà du dérangement, considéré comme un simple abaissement du toit, que fut entrepris le creusement du puits Saint-Pierre.

Puits Saint-Pierre. Le puits Saint-Pierre a été commencé en décembre 1845. Il a 3 mètres de diamètre pris à l'intérieur de son muraillement construit avec soin en pierres calcaires. Il avait 31^m 60 de profondeur au 1er août 1846, et 71 mètres au 1er mars 1847. Entrepris dans le but d'exploiter la partie du bassin située en amont du dérangement auquel ont été limités les travaux supérieurs des puits du Bois, du Domaine et de Sainte-Barbe, il est arrivé sur le charbon à la profondeur de 143 mètres. Il a été descendu ensuite jusqu'à 191^m 45, profondeur à laquelle il a été arrêté dans la roche verte.

A la profondeur de 145 mètres fut ouverte une recette qui a exploré les couches représentées par deux veines très accidentées, d'une faible puissance, ayant au maximum 0^m 75. Ces deux couches, d'une inclinaison presque nulle, étaient séparées l'une de l'autre par un banc de grès d'une épaisseur variable, de 0^m 10 à 1 mètre. Elles ont été explorées au nord sur 100 mètres d'étendue, et au sud sur 30 mètres seulement, en revenant du côté du puits du Domaine. Ces explorations furent arrêtées, soit parce que l'aérage que l'on se proposait d'établir en mettant le puits Saint-Pierre en communication avec le puits du Domaine fit défaut lorsque ce dernier puits fut envahi par le feu, soit parce que l'on a cru bon de renoncer alors à des travaux peu productifs dont il était facile de se passer. Quoi qu'il en soit, si l'on considère la situation du puits Saint-Pierre par rapport à la limite du bassin et aux travaux des puits environnants, on trouve qu'il est placé au milieu d'un vaste espace encore inexploré aujourd'hui, et qui ne doit pas être entièrement dépourvu de richesses. Il y a lieu de croire au contraire que, dans cet espace, la couche doit se retrouver avec son allure de puissance normale ; c'est ce que nous essaierons de faire ressortir, en traitant plus loin la question du puits Micheneau et du sondage pratiqué à 1,100 mètres au nord de ce puits.

Le puits du Curier, entrepris par les frères Blum, fut laissé par eux, à la profondeur de 122ᵐ 55, après avoir atteint à cette profondeur la veine désignée aujourd'hui sous le nom de deuxième couche. Cette veine se présentait d'ailleurs sous une inclinaison de 30° avec une puissance de 2 à 3 mètres, et son charbon, assez gras, était considéré comme propre aux usages métallurgiques. *Puits du Curier.*

Approfondi par la Compagnie d'Épinac, ce puits a été descendu jusque sur la roche verte, à la profondeur de 177ᵐ 50, après avoir trouvé à 35 mètres plus haut la troisième couche. En mars 1833, la coupe de cette couche était ainsi donnée, de haut en bas, par l'ingénieur alors chargé de la direction des travaux :

Charbon de qualité un peu moindre que celui de la deuxième couche. 2ᵐ 30
Schistes noirs, tendres. . . . . 0 60   Total 5ᵐ 90
Charbon de forge 3 00

Il était en outre observé que la partie inférieure de la couche était partagée en deux parties par un petit banc de nerf blanc ou argile durcie, de 0ᵐ 10 à 0ᵐ 15 d'épaisseur, qu'il fallait avoir soin de trier lors de l'abattage du charbon. Quant au mode d'exploitation proprement dit, voici en quoi il consistait en 1833.

Des galeries de traçage percées en direction à une distance de 10 à 12 mètres les unes des autres, suivant l'inclinaison, étaient établies au mur de la couche. On se proposait alors de prendre seulement, au moyen de ces traçages, la partie inférieure de la couche, puissante de 3 mètres, et composée de charbon de forge. La couche du mur, après les traçages, devait être dépilée comme si elle avait été seule ; mais ce sacrifice n'empêchait pas l'enlèvement de la partie de couche au mur d'être difficile et incomplet. En effet, cette portion de couche avait pour toit les schistes noirs tendres de 0^m 60 d'épaisseur qui la séparaient de la partie supérieure. On devait, pour soutenir ce banc de schistes non consistants, employer un boisage continuel, et, lors de l'abattage, beaucoup de débris de schiste tombaient dans le charbon de la *bonne couche maréchale*, le salissaient et lui enlevaient sa valeur. Pour remédier à cet inconvénient, on avait pensé dès lors qu'il vaudrait mieux abattre la couche tout entière, en commençant l'attaque par le banc de schistes friables qui serait mis de côté pour combler les vides, en faisant tomber ensuite la partie supérieure de la couche jusqu'au toit solide, et en enlevant, en dernier lieu, la partie inférieure qu'il serait facile d'obtenir toujours propre et en aussi gros morceaux que l'on voudrait. Le travail devait ainsi se faire en deux gradins, dont le premier, comprenant le banc de schiste et la couche du toit, serait toujours en avance d'une dizaine de mètres sur le second, afin d'éviter toute confusion dans le travail, et surtout le mélange des diverses qualités de charbons.

Ce système ne réussit que très rarement et très imparfaitement, et les foudroyages durent être tout simplement exécutés la plupart du temps en attaquant la couche par la partie inférieure. C'est au moyen de ces foudroyages que l'exploitation s'est continuée au puits du Curier, par quatre étages ouverts aux profondeurs de 120, 130, 150 et 170 mètres. Le dépouillement de ces étages a été exécuté d'une façon plus ou moins incomplète : tantôt les éboulements et le feu ont fait perdre des quantités de charbon plus ou moins considérables; tantôt, pour ne pas aller provoquer à la surface des secousses nuisibles, et pour se protéger contre de grands incendies, il a fallu abandonner des cantonnements tout entiers, dans lesquels des galeries de traçage seulement avaient été percées. Dans ces conditions, le puits du Curier, par lequel l'extraction a eu lieu jusqu'à la fin dans de grands cuffats non guidés, à fond mobile, a marché jusqu'en 1863.

Depuis lors, il a été exclusivement employé à l'épuisement des eaux, et nous verrons plus loin comment, à ce rôle qu'il ne remplit que provisoirement, doit succéder plus tard celui de puits à remblais.

Le puits Sainte-Barbe, qui a la forme d'une ellipse dont le grand axe est de 3^m 35 et le petit axe de 2 mètres, a été mis en fonçage en 1832. Il a été divisé en trois compartiments destinés, deux à l'extraction, et le troisième à l'établissement d'une ligne d'échelles pour la descente dans la mine. Il a 208^m 70 de profondeur totale, et se trouve, à cette profondeur, dans la roche verte. Il a coupé la couche n° 2 à 165 mètres, et la troisième réunie à la quatrième, à 180 mètres. Il a été raccordé avec elles par trois galeries à travers bancs, l'une à 160 mètres, et les deux autres à 185 et à 195 mètres de profondeur. Il est entré en exploitation à la fin de 1837 et a duré jusqu'en 1860 comme puits d'extraction. Il a extrait 3,292,178 hectolitres.

Puits Ste-Barbe.

Le puits Berquin était situé à 400 mètres au sud-ouest du puits du Curier. Il a été creusé jusqu'à la profondeur de 50 mètres, et abandonné pour être remplacé par le puits Hagerman.

Puits Berquin.

Le puits Hagerman a été commencé à la fin de 1836, au moment où le puits Sainte-Barbe arrivait sur les couches. Il fut creusé en remplacement du puits Berquin, dont l'abandon fut jugé utile, parce que l'on croyait sa position mauvaise en ce sens que l'on considérait qu'eu égard à sa profondeur et aux dépenses que nécessiterait son installation, il ne se trouverait pas doté, du côté du sud, d'un champ d'exploitation assez vaste. Si, en 1836, on assignait au puits Berquin des limites aussi restreintes, c'est qu'alors on supposait l'existence d'un dérangement arrêtant les couches, dans la vallée du ruisseau de Molinot.

Puits Hagerman.

L'emplacement du puits Hagerman fut choisi au nord du puits du Curier et du puits Berquin, sur la ligne de pente des dernières galeries poussées par le Curier, à environ 300 mètres en direction nord de ce puits, 140 mètres en direction sud de Sainte-Barbe, enfin à une distance de 150 mètres prise, suivant l'inclinaison, au-dessous d'une ligne horizontale passant par la couche au niveau de son intersection avec le puits Sainte-Barbe. On se proposait ainsi de donner au puits Hagerman un champ d'exploitation qui comprendrait la plus belle partie des couches du Curier, et dont les galeries d'allongement iraient au sud à plus de 600 mètres de longueur avant de rencontrer la vallée du ruisseau de Molinot, sous lequel on craignait de trouver un dérangement et des venues d'eau; pendant qu'au nord elles seraient poussées assez loin pour aller reconnaître, en aval pendage, le bassin du côté d'Épinac, en même temps que le puits Sainte-Barbe ferait les mêmes explorations en amont pendage. On supposait alors au puits Hagerman 290 mètres de profondeur pour atteindre les couches, et en se proposant de le descendre à 45 mètres au-dessous d'elles, on lui affectait un champ d'exploitation contenant des richesses très considérables. Dans la prévision qu'il pourrait être un jour destiné à devenir un puits d'épuisement, on lui donna la forme rectangulaire, avec section de $4^m 60$ par $1^m 50$, divisée en trois compartiments, deux pour l'extraction de la houille, le troisième pour l'établissement d'échelles et d'une pompe chargée de prendre les eaux.

Le puits Hagerman est arrivé à la couche du toit épaisse de 3 mètres à la profondeur de 190 mètres, et aux veines de houille du mur d'une puissance totale de 6 mètres, à celle de 205 mètres. Il a été creusé jusqu'à la profondeur de 290 mètres. Quatre étages ont été ouverts, aux profondeurs de 205, 220, 250 et 280 mètres, à l'exploitation qui a commencé en 1839, et qui peut encore avoir une vingtaine d'années d'existence. De ces quatre étages, le premier est condamné et n'existe plus, il a dépouillé toutes les richesses qu'il contenait. Le second, dont la recette est encore ouverte pour le service des remblais, a également pris les divers charbons qui faisaient partie de son domaine. Le troisième est en pleine activité, et enfin, le quatrième, abandonné depuis l'année 1846, à la suite de la rupture de la machine d'épuisement et d'un éboulement survenu au puisard, n'a servi qu'au commencement de quelques galeries de traçage qui se sont allongées à 130 mètres au nord et à 80 mètres au sud.

Quant à l'exploitation proprement dite, elle a eu lieu au puits

Hagerman comme dans les puits du Bois, du Curier et du Domaine, d'après la méthode des foudroyages; elle n'a permis de dépouiller le gîte, qui s'est généralement présenté avec une grande puissance, que d'une façon très imparfaite, et en occasionnant des incendies qui ont amené des pertes considérables. Elle a causé aussi une influence désastreuse sur l'état du puits qu'elle a fait dévier de la verticale sensiblement.

C'est par ce mode de travail que, de 1837 à 1863, le puits Hagerman a dépouillé un champ d'exploitation d'une surface totale d'environ deux hectares et demi, dont il a retiré 6,965,608 hectolitres de houille. Ce chiffre est de 75 p. 0/0 au moins inférieur à celui des richesses réelles que renfermait le champ d'exploitation, et ces richesses, abandonnées au milieu d'éboulements et d'incendies nombreux sont peut-être perdues sans retour. Nous verrons dans le chapitre suivant comment ont été disposés les travaux pour continuer l'exploitation du puits Hagerman.

En ce qui concerne le rôle du puits Hagerman comme puits d'épuisement, il fut muni, en 1847, d'une pompe qui prenait par 24 heures 3,000 hectolitres d'eau. Cette pompe a cessé de fonctionner en 1851, et l'épuisement des eaux s'est fait depuis lors, soit au moyen de tonnes ordinaires, soit par des caisses à soupapes introduites dans des cages, après le guidage du puits qui eut lieu en 1856.

Les travaux du puits Sainte-Barbe étaient encore peu développés et le creusement du puits Hagerman ne faisait que commencer, lorsque le fonçage du puits Micheneau fut entrepris, en février 1837, afin d'aller du côté d'Épinac explorer le bassin et ouvrir un nouveau champ d'exploitation. Le puits Micheneau est de forme elliptique, son grand axe est de 3 mètres et son petit axe de $2^m 50$. Il a été divisé en deux compartiments, l'un pour l'extraction, l'autre pour les échelles et le retour d'air. Placé à 675 mètres au nord-ouest du puits Sainte-Barbe, et à 625 mètres du puits Hagerman, il forme avec eux un triangle dont la base est une ligne de 200 mètres de longueur passant par ces deux puits.

Puits Micheneau.

Le fonçage du puits Micheneau, commencé en février 1837, fut arrêté en janvier 1839 à la profondeur de 155^m 80. Il fut repris en mars 1845, et deux ans après il a rencontré : 1° une première couche de 0^m 20 de puissance, à la profondeur de 276 mètres ; 2° une deuxième couche de 0^m 75 d'épaisseur, à la profondeur de 288 mètres ; 3° une troisième couche de 0^m 70, à 309 mètres ; 4° une couche puissante de 1^m 30, à la profondeur de 317^m 40. Ces diverses veines de houille sont d'une allure toute différente de l'allure ordinaire de la couche. Elles sont généralement peu inclinées, peu puissantes, et séparées nettement les unes des autres ; aussi ont-elles constitué au puits Micheneau une exploitation toute différente de celle qui a été suivie dans les autres puits de la houillère.

Les couches ont été exploitées par trois étages placés aux profondeurs de 285, 308 et 336 mètres, et reliés aux couches par des galeries à travers bancs de 110, 50 et 30 mètres de longueur. Comme étendue, le puits Micheneau a eu son champ d'exploitation limité au nord-ouest, du côté d'Épinac, par un dérangement qui a étranglé complètement les couches, qui est peut-être le résultat d'une faille plus ou moins importante, mais qui n'a pas encore été franchi ; au sud, par les travaux du puits Sainte-Barbe et du puits Hagerman, et enfin au nord-est, en amont pendage, par un second dérangement qui coupe à peu près les couches, suivant la direction, et qui, en se prolongeant, est allé limiter aussi les travaux du puits Sainte-Barbe. Du reste, dans les petites couches, l'exploitation s'est faite avec plus de succès que dans les grandes, et le gîte a été dépouillé d'une façon à peu près complète, soit que l'on ait procédé par piliers et galeries, soit que l'enlèvement du charbon ait eu lieu par grandes tailles. C'est en suivant l'un ou l'autre de ces systèmes que le premier étage a enlevé les veines n°s 3 et 4. La veine n° 2 n'a pas été attaquée d'une façon complète, sans doute parce qu'elle s'est présentée avec une puissance moindre que les deux autres, et peut-être aussi avec une allure un peu irrégulière.

Jusqu'en 1863, le puits Micheneau a extrait 4,422,593 hectolitres de houille. Il a été guidé en 1858 ; il était depuis déjà une année mis en communication, d'une part avec le puits Hagerman, d'autre part avec le puits de la Garenne.

Le puits Démion, qui a été creusé de 45 mètres seulement, était placé sur le bord du chemin désigné aujourd'hui sous le nom de Boulevard Napoléon, à 30 mètres à l'ouest de la place de la Garenne. Il a été délaissé pour entreprendre le puits de la Garenne. *Puits Démion.*

Le puits de la Garenne, entrepris en avril 1837, en même temps *Puits de la Garenne.* que le puits Micheneau, pour découvrir les couches dans le centre du bassin, a été arrêté comme lui à la fin du mois de janvier 1839. Commencé d'abord sous la forme d'une ellipse ayant un grand axe de 3 mètres et un petit axe de $2^m 50$, il fut descendu jusqu'à la profondeur de $131^m 70$. Repris en 1845, il fut mis sous la forme circulaire au diamètre de 3 mètres, et après avoir été élargi sur la hauteur de $131^m 70$, il atteignait au commencement du mois d'avril 1847 la profondeur de 140 mètres. Il est arrivé, à la profondeur de 400 mètres, sur une première veinule de houille de $0^m 15$ d'épaisseur, en a coupé une seconde, à 12 mètres plus bas, d'une épaisseur de $0^m 25$, et a traversé de 420 à 430 mètres la grande masse d'une puissance de 8 mètres, inclinée seulement de 10 degrés. Il est entré en exploitation en 1851.

Le puits a été creusé au-dessous de la couche jusqu'à la profondeur de $444^m 44$, à laquelle il a atteint la roche métamorphique du mur, et son exploitation a été ouverte par trois recettes ou étages placés aux profondeurs de $376^m 50$, 405 mètres et $433^m 80$; les deux premiers au-dessus de la grande masse, et le troisième au-dessous d'elle.

Le premier étage a été relié à la couche par une galerie à travers bancs d'une longueur de 190 mètres. Au nord et au sud de cette galerie à travers bancs, la couche a été explorée et exploitée jusqu'en 1863 d'un côté, sur une longueur de 300 mètres en direction, de l'autre sur une étendue de 550 mètres. Suivant l'inclinaison, les travaux ont été poussés au nord jusqu'au niveau du troisième étage du puits Micheneau par le plan incliné dit plan n° 1, et au sud jusqu'à 60 mètres de distance en moyenne des travaux inférieurs d'Hagerman, par le plan incliné dit plan n° 2. Tous ces travaux ont été exécutés par la méthode des foudroyages, par cantonnements successifs attaqués sur toute la longueur de l'inclinaison et pris en avançant au fur et à mesure des explorations qui les précédaient, les uns du sud au nord, les autres du nord au sud. Dans les foudroyages, on a cherché tantôt à abattre la couche tout entière, en commençant par enlever le charbon situé sur le mur, tantôt à l'abattre en deux fois. Dans ce dernier cas, on prenait d'abord la couche du toit, et au-dessous d'elle la couche du mur, en se séparant des éboulements de la veine supérieure au moyen de la partie centrale de la couche. Ni l'un ni l'autre des systèmes n'a réussi, et de tous côtés le feu est venu arrêter la marche des dépilages. C'est ainsi qu'à la fin de 1861 les avancements du nord et du sud ont été abandonnés et barrés, l'un dans le voisinage du plan n° 1, l'autre dans le voisinage du plan n° 2, en délaissant d'un côté 300 mètres et de l'autre 250 mètres du champ d'exploitation.

Le deuxième étage communique avec la couche par une galerie à travers bancs de 70 mètres de longueur. Ses travaux, conduits à l'instar de ceux du premier étage, s'étendaient en direction à 300 mètres au nord et à 300 mètres au sud, lorsque les incendies forcèrent les exploitants d'en sortir en 1858. Il a été, à la suite de cette retraite, abandonné d'une façon complète et annexé au troisième étage.

Le troisième étage a été raccordé à la couche par une galerie à travers bancs de 30 mètres de longueur. Comme dans les deux étages supérieurs, c'est la méthode irrégulière des foudroyages qui a été appliquée ici. Aussi fut-il comme eux envahi par les feux, et vers la fin de 1862 il était limité par des barrages construits pour maîtriser les incendies, les uns au nord, dans le voisinage du puits, à l'entrée des galeries de roulage; les autres au sud, à côté du plan n° 1, et seulement à 100 mètres du puits. Ces barrages avaient été établis après avoir perdu, au nord 250 mètres, et au sud 270 mètres de longueur, suivant la direction de la couche.

Outre ces travaux, le troisième étage a servi, avant 1863, à pratiquer deux galeries inclinées. La première, placée directement sur l'aval pendage du puits, a été poussée sur une longueur de 75 mètres, avec une pente de 15 à 20 centimètres par mètre. A son extrémité, la couche, qui avait été sur tout le reste de sa longueur de grande puissance et de belle qualité, offrait une certaine irrégularité provenant, soit de l'apparition d'intercalations stériles, soit d'un changement d'allure dans l'inclinaison. La seconde descenderie a été prise à 170 mètres au nord du puits. Elle a été conduite en obliquant du côté du sud, avec une pente variable de 2 à 12 centimètres par mètre. On a trouvé, dans cette descenderie de 270 mètres de longueur, la grande masse avec sa puissance ordinaire de 6 à 8 mètres, toujours formée de charbons de première qualité. On a reconnu aussi, par là, que vers son extrémité on ne devait pas se trouver éloigné du fond du bassin, et sans les feux et les éboulements qui ont entravé le développement de l'exploitation, on aurait poussé avec activité cette reconnaissance d'aval qu'il a fallu abandonner au moment où elle présentait le plus vif intérêt.

Puits du Moulin. — Il est établi à 850 mètres au sud du puits Hagerman, et à 200 mètres du moulin Tacol d'où il a tiré son nom. Commencé en 1849, il a été arrêté, en 1850, à la profondeur de 80 mètres environ. Il est de forme circulaire de 3 mètres de diamètre. Il est revêtu d'un muraillement en moellons et divisé en deux compartiments égaux par une cloison formée de plateaux jointifs. Il a trouvé des venues d'eau assez abondantes, notamment à la partie supérieure, où l'on a construit pour les recueillir un batardeau situé à la profondeur de 40 mètres.

Le puits du Moulin, qui a été abandonné et remblayé en 1850, était heureusement placé pour faciliter l'exploitation, notamment au point de vue de l'aérage; son abandon est à regretter encore aujourd'hui.

Puits de la Vesvre d'Epinac. — Il était situé à 1,700 mètres du puits de la Garenne, dans le voisinage de la Vesvre. Il a été creusé de 19 mètres dans les alluvions tertiaires, sans atteindre le terrain houiller. Il remonte à l'année 1856.

Petit puits de recherche.

Placé à 1180 mètres du puits Hagerman et à 925 mètres du puits de la Garenne, à peu de distance du chemin de la Garenne à Ressille, ce petit puits de recherche a été creusé de 15 mètres. Il a été arrêté à cette profondeur sur des grès à gros éléments de feldspath rose et à poudingues, après avoir coupé une petite veine de houille divisée en deux parties de $0^m 20$ à $0^m 25$ d'épaisseur. Il a été creusé en 1845.

Puits François Mathieu, à Ladrée.

Le puits François Mathieu est établi à Ladrée aux limites de l'ancienne concession d'Épinac, dans le voisinage extrême de la concession de Sully, à cinq kilomètres de distance du centre des exploitations du Curier. Il se trouve sur le versant méridional du bassin, à l'est des travaux de Marvelay, et, comme eux, il doit, avant d'arriver aux couches de houille du système d'Épinac, traverser l'étage moyen du bassin. Il fut entrepris en 1858 par la Compagnie d'Épinac, dans le double but de découvrir en aval pendage les couches de charbon dont les affleurements avaient été explorés antérieurement par les petits puits du Val Saint-Benoît et de créer un siège d'extraction qui pût desservir en même temps un champ d'exploitation situé, partie sur le territoire d'Épinac, partie sur le territoire de l'ancienne concession de Sully.

Le puits François Mathieu est de forme circulaire. Son diamètre est de 3 mètres. Avant d'atteindre le terrain houiller, il a traversé, sur une hauteur de 10 mètres, les alluvions argilo-siliceuses tertiaires qui le recouvrent, et il a rencontré dans cette traversée des venues d'eau de 75 à 100 hectolitres à l'heure, qui ont été détournées et fermées au moyen d'un cuvelage. Ce cuvelage, dont la construction a eu un plein succès, est d'une hauteur totale de $47^m 20$, divisée en deux parties par deux trousses picotées posées, l'une à $33^m 70$, l'autre à $47^m 20$ au-dessous du revêtement en maçonnerie de briques qui termine l'orifice du puits sur une hauteur de $14^m 75$.

Débarrassé complètement des eaux par le cuvelage, le fonçage du puits François Mathieu s'est continué sans difficulté, et il est arrivé au 1er janvier 1863 à la profondeur de 325 mètres. Il a coupé sur toute cette hauteur des bancs de grès grossiers, à éléments désagrégés de feldspath, d'un aspect souvent granitique. Ces bancs que quelques veinules de schiste séparent seulement les uns des autres ont, malgré leur grossièreté, une allure des plus régulières, leur direction allant sensiblement de l'est à l'ouest, et leur pendage du sud au nord, avec une inclinaison moyenne de 38 degrés. D'une puissance variable de $0^m 50$ à 4 et même 5 mètres, ils renferment de temps en temps de gros poudingues, d'un aspect encore plus granitique qu'eux, et sans les petites veinules noires ou traces de schistes de l'épaisseur d'une feuille de papier par lesquelles ils sont séparés les uns des autres, ils n'auraient aucun caractère des roches du terrain houiller.

(B). Ancienne concession de Sully.

Les travaux de l'ancienne concession de Sully, annexée à la concession d'Épinac par décret du 31 août 1858, comprennent trois groupes distincts : le groupe du Centre ou de Veuvrotte, le groupe du versant méridional où se trouvent les puits de Marvelay, et le groupe du versant septentrional où sont placés les travaux de Dinay.

Nous allons faire successivement l'exposé rapide de ces travaux qui sont tous antérieurs à l'année 1863.

Recherches du hameau de Veuvrotte. — En face du hameau de Veuvrotte, et à 200 mètres environ au sud de la route d'Autun, il a été ouvert deux puits et une galerie. Le premier puits, appelé puits de Veuvrotte, a été creusé de 36 mètres. Des venues d'eau abondantes existaient dans ce puits, et il a été délaissé à cause d'elles. Il n'avait trouvé aucune veine de houille. Groupe du Centre ou de Veuvrotte.

Le second puits, dit puits du Cevalon, a été descendu à la profondeur de 38 mètres, à laquelle il fut arrêté comme le précédent à cause de trop fortes venues d'eau. Il a, à 14 mètres au-dessous du sol, traversé une couche de houille de 0^m 65 de puissance.

Cette couche a été explorée en inclinaison par une galerie de

4 mètres de longueur, et en direction par une autre galerie de 10 mètres. Il est à craindre que la mauvaise allure de cette couche n'ait motivé l'abandon des explorations. Il convient de remarquer toutefois que l'on avait affaire là à un simple affleurement.

Puits du Val Saint-Benoît. — Le puits du Val Saint-Benoît fut creusé au nord-ouest de l'ancienne abbaye qui porte ce nom. A 9 mètres de profondeur, il a coupé une couche de houille de $0^m 45$ d'épaisseur, d'une qualité fort médiocre, en présence de laquelle on n'aurait pas cru devoir poursuivre le fonçage.

Puits des Montadios. — Le premier de ces puits, désigné aussi sous le nom de grand puits du Val, est situé à 150 mètres environ au sud de la concession, et à 300 mètres au sud-est du hameau des Montadios. Il a été descendu à la profondeur de 81 mètres à laquelle il a coupé une couche de houille de 1 mètre d'épaisseur, mais schisteuse et de qualité très médiocre. Un éboulement est survenu dans le puits et il a été abandonné.

Petit puits du Champ du Bois. — Le second puits des Montadios, dit petit puits du Champ du Bois, était placé à peu de distance du précédent, à son amont pendage. Il n'a été creusé que de 10 mètres, et à cette profondeur il a traversé une couche de 1 mètre de puissance, correspondant probablement à l'affleurement de celle coupée par le puits précédent, à 81 mètres de profondeur. Cette couche était du reste comme elle de fort mauvaise qualité.

Groupe du versant méridional. — Travaux de Marvelay. Les travaux de Marvelay comprennent cinq puits et une galerie à travers bancs, savoir :

1° Le puits du Bois et le puits des Échelles.
2° Le puits du Pré.
3° Le puits de la Garenne.
4° Le puits de Marvelay.
5° La galerie Sainte-Barbe.

Puits du Bois et puits des Échelles. — Le puits du Bois a été creusé à peu de distance des affleurements qui se remarquent au-dessus de lui, et qui ont été fouillés par un petit puits et une fendue appelés puits et fendue de Grosne. Il a atteint, à 34 mètres de profondeur, une couche de houille de 0ᵐ 80 de puissance de la qualité grasse collante. En même temps que des travaux d'exploration étaient entamés dans cette couche, le puits des Échelles, situé à 36 mètres au sud du puits du Bois, était mis en fonçage pour aller aérer ce dernier et créer une voie d'accès dans la mine. Mais le puits des Échelles, par suite d'un dérangement, n'a pas atteint la couche du puits du Bois, et c'est au moyen de galeries à travers bancs qu'il a été mis en communication avec lui.

Puits du Pré. — Il fut établi à proximité du point le plus bas des travaux du puits du Bois, pour faire l'extraction de tout le charbon reconnu par ce dernier puits et explorer la couche à de plus grandes profondeurs, au moyen de galeries à travers bancs percées dans le mur. Le puits du Pré est arrivé à la couche à la profondeur de 144 mètres, et une recette pour l'exploitation fut ouverte à 150 mètres. Dans le petit district dont ce puits est entré en possession, la couche, d'une puissance variable de 0ᵐ 85 à 1 mètre et même 1ᵐ 20, était sur une partie de sa puissance, 0ᵐ 40 à 0ᵐ 50 environ, composée d'une houille pure, de nature grasse et collante, très propre à la maréchalerie et riche en gaz d'éclairage. Le reste de la couche, bien que d'un charbon encore propre aux emplois précédemment cités, était sali par des intercalations de matières schisteuses ou rocheuses. La couche a pour mur et pour toit deux bancs de schistes : le premier, celui du mur, est très consistant et non sujet aux boursoufflements ; le second, celui du toit, quoique moins consistant que le premier, se maintient assez pendant l'abattage, et ne vient pas, en tombant trop facilement et trop vite, se mêler au charbon et le remplir de matières impures.

Voici du reste comment s'exprimaient, à l'égard du charbon de Marvelay, les ingénieurs délégués par le tribunal de Chalon-sur-Saône pour établir, en 1844, la valeur de la concession de Sully.

« Les deux espèces de houille dont se compose le charbon de
» Marvelay conviennent bien pour le chauffage domestique ; elles
» sont également propres à la grille.

» Jusqu'à ce jour, on a peu livré au commerce, attendu qu'il
» n'a été fait que des travaux de recherches. On doit ajouter que,

» lors même qu'il pourrait être exploité une quantité illimitée de
» charbon, on ne pourrait probablement en vendre qu'une quan-
» tité assez restreinte dans la localité, faute de débouchés et de
» voies économiques pour expédier au loin. Sous ce dernier rap-
» port, les exploitants de la mine de Sully trouveraient des con-
» currents redoutables dans les concessionnaires d'Épinac. Le gîte
» de houille de Sully étant peu riche, on ne doit pas songer à
» créer spécialement de ces grandes voies de communication sur
» lesquelles les transports se font à bas prix, mais dont l'établis-
» sement occasionne de grandes dépenses ; on ne doit pas même
» songer à relier ce gîte au chemin de fer d'Épinac. La vente des
» produits de la mine de houille de Sully doit donc demeurer
» restreinte.

» Le champ d'exploitation préparé jusqu'à présent se trouve
» déjà à une grande profondeur, et ceux qui pourront être ouverts
» à l'avenir doivent se trouver, d'après les dispositions mêmes du
» gîte, à une profondeur plus grande encore, circonstances d'où
» résultent des frais considérables. A cette cause de dépenses, il
» faut ajouter la présence bien connue du gaz inflammable dans
» la mine. Les bénéfices des exploitants de Sully seront donc très
» restreints. Pour que les acquéreurs de cette mine puissent trouver
» dans son exploitation quelques avantages, il faut donc que le
» prix d'achat n'en soit pas élevé. »

Puits de la Garenne. — Le puits de la Garenne est situé à peu près directement au-dessous de la fendue de Grosne, à 150 mètres au nord de cette fendue. Il a été creusé jusqu'à la profondeur de 111 mètres et prolongé de 44 mètres par un trou de sonde. Il a coupé une veine de houille peu puissante, d'une allure tourmentée et irrégulière, qui a été explorée sans résultat satisfaisant à l'est et à l'ouest, sur une longueur totale de 200 mètres, par une recette ouverte au niveau de 100 mètres.

Puits de Marvelay. — Le puits de Marvelay, mené à la profondeur de 170 mètres, n'a pas eu plus de succès que le précédent, bien qu'il ait coupé des roches d'une allure assez régulière. Placé à 480 mètres de distance des affleurements en aval des puits du Pré et de la Garenne, il ne pouvait atteindre qu'à 225 mètres de profondeur la couche de houille trouvée par ces deux puits. Il n'y a pas lieu de croire, pensons-nous, que cette couche offrirait à cette profondeur des conditions meilleures qu'au puits du Pré. Ce sera toujours la couche peu importante du système de l'étage moyen que nous verrons encore, à Ladrée et à Dinay-Sully, se présenter d'une manière peu avantageuse. Il faudrait, pour avoir sur cette partie du bassin des richesses importantes, traverser l'étage moyen et arriver jusqu'au système inférieur d'Épinac.

Galerie Sainte-Barbe. — A l'est des puits du Pré et de la Garenne, et à 300 mètres de ce dernier puits, se trouve l'entrée de la galerie Sainte-Barbe. Cette galerie, menée à travers bancs sous une montagne de 80 à 100 mètres de hauteur, comprend deux séries de travaux. Les travaux de la première série consistent en galeries de traçage et en dépilages faits dans les couches du système de Marvelay, partie en amont de la galerie, partie en aval. Ils ont fait voir, dans ce district comme dans les précédents, que les couches de houille de l'étage moyen sont tourmentées, peu puissantes, irrégulières, dérangées par des accidents qui les partagent en lambeaux de peu d'étendue. Aussi, la Compagnie d'Épinac, qui a acheté la concession de Sully, a renoncé avec sagesse, en 1860, à ces exploitations sans valeur, après en avoir tiré une extraction de 26,106 hectolitres, pour entreprendre des travaux plus utiles, soit à Marvelay, soit sur les autres points de son nouveau territoire annexé.

Les travaux de la seconde série, dans la galerie Sainte-Barbe, sont précisément de ce nombre. Ils comprennent le prolongement de la galerie au-delà des couches exploitées, et le percement, à 680 mètres de distance de l'entrée de cette galerie, d'un faux puits désigné sous le nom de grand bure Sainte-Barbe et destiné à reconnaître l'épaisseur du bassin. Au 10 février 1861, le faux puits, profond de 103 mètres, fut remplacé par un trou de sonde qui atteignit, le 13 juin de la même année, la profondeur de $52^m 90$, après avoir coupé à 16 mètres une veinule de charbon de $0^m 12$, et à $35^m 10$ une nouvelle veinule de $0^m 15$ d'épaisseur. Du reste, le tout est dans des grès alternés de petits bancs de schiste.

Lorsque le sondage fut à la profondeur de $52^m 90$, des éboulements se produisirent. Le sondage fut alors arrêté pour recevoir un tubage et être au préalable élargi et porté de $0^m 09$ à $0^m 15$ de diamètre. A la fin du mois de juillet 1861, l'élargissement du trou était fait jusqu'à la profondeur de 40 mètres. Il a été descendu au diamètre de $0^m 15$ jusqu'à la profondeur de $97^m 95$ à laquelle il a été arrêté à la suite d'une rupture de tiges.

Le faux puits et le trou de sonde donnent ensemble une profondeur totale de $200^m 95$. A cette profondeur, rien n'indiquait qu'ils fussent sortis de l'étage moyen du bassin. Ils doivent donc encore se trouver à une distance considérable des couches de houille du système d'Épinac.

Groupe du versant septentrional. — Travaux de Dinay. Dans la partie septentrionale de la concession, il a été fait un sondage de 96 mètres et un puits de 36 mètres de profondeur. Ils sont placés tous deux au nord de la rivière de Ladrée, l'un à 1,000 mètres et l'autre à 500 mètres environ au sud du Petit-Moloy. Le sondage n'a point trouvé de charbon; le puits a traversé une couche de houille terreuse de 1 mètre d'épaisseur.

Puits de Dinay. — A la limite des communes d'Épinac et de Sully, à 300 mètres au nord de la rivière de Ladrée et à 25 mètres de distance du chemin de Dinay à Sully, a été fait le puits dit Puits de Dinay qui a coupé deux veines de houille, l'une puissante de $0^m 50$ à la profondeur de 8 mètres, et l'autre puissante de $0^m 60$ à la profondeur de 40 mètres. Les affleurements de la première sont visibles sur le chemin de Dinay, à l'amont du puits, et elle a fait ultérieurement l'objet de nouvelles recherches qui seront décrites au chapitre VI. Pour la seconde veine, dont la découverte remonterait à l'année 1834, elle n'est connue que par des renseignements que rien jusqu'à présent n'est encore venu appuyer.

(C). Ancienne concession de Pauvray.

L'ancienne concession de Pauvray fait suite, sur le versant méridional du bassin d'Autun, à la concession de Sully, à l'ouest de laquelle elle est située. Sa longueur est de 3,850 mètres, et sa largeur de 2,600 mètres. Elle présente une superficie de 1,048 hectares.

Aucune exploitation n'a eu lieu dans cette concession ; deux petits puits de recherches y ont seulement été creusés. Ces petits puits, profonds d'une vingtaine de mètres, sont placés, l'un au sud du hameau de Pauvray, l'autre sur des affleurements qui correspondent, selon toute probabilité, à ceux des couches de Marvelay. Ils ont fait voir qu'en cette contrée on se trouvait, comme à Marvelay, sur l'étage moyen du bassin, et que l'on doit, par suite, descendre à de très grandes profondeurs pour atteindre les couches d'Épinac de l'étage inférieur.

Si les explorations faites autrefois sur le territoire de Pauvray sont peu nombreuses et peu connues, il a été exécuté à côté d'elles, en 1863, à Drousson, diverses recherches qui, par leur voisinage immédiat de la concession de Pauvray, permettent de juger de l'allure géologique du bassin dans cette concession.

Ces recherches, entreprises par MM. Hubert, Debrousse et Cie, consistent :

1° En un puits et une tranchée situés à un kilomètre et demi au sud du village de Drousson, à une distance peu éloignée de la limite du terrain houiller.

2° En un puits placé au nord de Drousson, sur le côté droit de la route impériale n° 73, et à peu près en face du four à chaux désigné sous le nom de Tour Malakoff.

3° En un sondage ouvert sur la commune de Saint-Denis, à peu près en ligne droite, à travers le bassin, avec les puits du nord et du sud de Drousson.

Puits du sud de Drousson. — Le puits du sud a été placé sur le flanc de la montagne de Drousson, au-dessus et à 25 mètres de distance d'une tranchée par laquelle avait été découvert l'affleurement

<small>Faible importance des travaux de l'ancienne concession de Pauvray. — Recherches de Drousson, de St-Denis, faites dans le voisinage.</small>

d'une couche de houille irrégulière, bouleversée par une faille. Il fut descendu à la profondeur de 40 mètres, en coupant :

1° A 4^m 50 de profondeur, la couche de houille de la tranchée précitée, qui s'est présentée dans le puits avec une épaisseur totale de 1 mètre, mais mêlée de schistes.

2° Des schistes à allure et à stratification confuses, mélangés de fragments de grès, et se terminant, à la profondeur de 16 mètres, par une veinule de charbon de 0^m 30.

3° Des bancs de grès réguliers de 0^m 15 à 0^m 30 d'épaisseur, à beaux grains fins, noirâtres, alternés de schistes noirs, luisants et feuilletés, et inclinés, ainsi que les veines de houille, de 0^m 35 par mètre.

4° A la profondeur de 32 mètres, une veine de houille de 1^m 30 de puissance, divisée en deux parties par un banc de nerf de 0^m 30 d'épaisseur, à charbon assez beau quoique un peu rayé.

Une galerie à travers bancs a été ouverte à la profondeur de 40 mètres pour rejoindre les veines de houille recoupées aux profondeurs de 4^m 50, de 16 mètres et de 32 mètres. Cette galerie a retrouvé : 1° la couche n° 3, de la profondeur de 32 mètres, à la distance de 10 mètres; 2° la couche n° 2, de la profondeur de 16 mètres, à la longueur de 47 mètres; 3° elle a été avancée au-delà de cette longueur, c'est-à-dire par-dessus la couche n° 2, de 9 mètres, qui portent sa longueur totale à 56 mètres. Une galerie de direction a été prise dans la troisième couche. Elle a été poussée à 18 mètres à l'est et à 10 mètres à l'ouest, et l'on a fait du côté de l'est, à 10 mètres du travers bancs, une exploration en descenderie sur une longueur de 5 mètres. Il est résulté de ces travaux en direction et en inclinaison, que l'on avait affaire à une couche de 1^m 30 de puissance, divisée en deux parties par un banc de nerf de 0^m 30 d'épaisseur, et composée de charbon rayé de qualité ordinaire. Cette couche, dont l'allure n'est pas toujours régulière, serait sujette à étranglements et peut-être aussi à ressauts, et elle affecterait la forme des veines en chapelet.

La veine n° 2 a été recoupée par la galerie à 47 mètres d'avancement. Cette veine, qui n'avait que 0^m 50 d'épaisseur dans le puits, s'est présentée dans le travers bancs avec une puissance de

$1^m 15$; mais elle est composée de charbon rayé, sale, schisteux, inexploitable. Aussi, le travers bancs a-t-il été continué au-dessus d'elle, sans aucune exploration, pour aller rechercher la première couche qui, à $4^m 50$ de la surface, a déjà 1 mètre d'épaisseur.

Ce puits est établi à un demi-kilomètre environ de la limite nord-ouest de la concession de Pauvray. Il a coupé de petits bancs de grès alternés de veines de schistes contenant de petites parcelles de houille. Ses assises sont dirigées de l'est à l'ouest et inclinées de 15 degrés au nord. Il a été arrêté, à cause de l'abondance des eaux qu'il fournissait, à la profondeur de 23 mètres dans des bancs de grès dans lesquels l'élément dominant est le feldspath rose. Ces grès rappelleraient assez bien ceux des puits Hottinguer et Lestiboudois d'Épinac, s'ils ne renfermaient pas des paillettes de mica blanc qui ne se trouvent point dans ces derniers puits. Puits du nord de Drousson.

Le sondage de Saint-Denis est placé en face du village de Drousson, sur le bord du chemin de Curgy à Saint-Symphorien. Son diamètre est de $0^m 25$. Il a atteint le terrain houiller à la profondeur de 14 mètres au-dessous des alluvions supérieures. Il a été foré jusqu'à la profondeur de 89 mètres, à laquelle il a été arrêté par un engagement du trépan au fond du trou, dans des bancs de grès durs, à grains de feldspath rose et contenant une proportion notable de mica. Ces bancs, d'une puissance variable de $0^m 50$ à 3 mètres, sont séparés les uns des autres par de simples délits schisteux de l'épaisseur d'une feuille de papier. Ils ont, comme aux recherches mêmes de Drousson, une direction sud-ouest, et leur pendage a lieu du sud au nord. Sondage de Saint-Denis.

CHAPITRE IV.

Des Méthodes d'exploitation par remblais.

L'exposé des travaux précédents a fait voir, pour ce qui concerne les puits en exploitation, que les méthodes suivies dans ces puits jusqu'en 1863 n'ont jamais permis d'exploiter le gîte d'une manière convenable. Partout il n'a été dépouillé que très incomplètement, et presque toujours on a eu à se retirer devant les incendies naissant des éboulements. C'est ainsi que, malgré une extraction d'un chiffre relativement faible, le champ d'exploitation a été parcouru sur une étendue très considérable. Cet état de choses ne pouvait durer sans être une cause de ruine rapide.

Le rôle de plus en plus considérable joué par les combustibles minéraux les a rendus chaque jour plus précieux, et les exploitants d'Épinac ont été amenés, comme ceux des différents districts houillers, à perfectionner les méthodes d'exploitation pour tirer le meilleur parti possible des concessions. L'inventaire des richesses de ces concessions fut dressé en se demandant quels moyens il y aurait à employer pour en opérer le dépouillement complet. De là est résultée l'application de la méthode d'exploitation par remblais qui fut reconnue posséder, entre autres avantages, celui de favoriser à la fois les intérêts privés des concessionnaires et les intérêts généraux de l'industrie publique.

Nous nous proposons, dans ce chapitre, d'exposer que la méthode d'exploitation par remblais convient à Épinac, et de faire voir que son application doit y produire de bons résultats. Cela nous conduit à revoir l'allure générale du gîte, à considérer le mode d'exploitation par foudroyages auquel il a été soumis, et à décrire le système nouveau de travail suivi pour l'emploi de la nouvelle méthode d'exploitation.

Définition du gîte. — Son allure. — Sa puissance. — Le gîte houiller exploité à Épinac comprend une couche reconnue et percée de travaux sur une étendue d'environ 2 kilomètres. La direction de cette couche va d'abord, du sud au nord, à peu près en ligne droite, puis elle se contourne sensiblement pour prendre la direction est-ouest, et revient ensuite à la direction nord-sud, de sorte que sa trace sur un plan horizontal peut être considérée comme se composant de deux lignes droites parallèles, raccordées entre elles au moyen d'arcs de cercle par une troisième ligne normale aux deux premières. Sur une ligne se trouvent les puits des Souachères, de Fontaine-Bonnard, du Curier, Ste-Barbe, Hagerman et la Garenne; sur une autre ligne est établi le puits Micheneau. D'un côté la couche, divisée en deux ou trois parties par l'intercalation au milieu d'elles de bancs stériles de grès schisteux d'une épaisseur variable de 0 à $0^m.60$, possède une puissance moyenne de 6 mètres, et elle se présente avec une inclinaison variable de 0 à 50 degrés. D'un autre côté, par suite du développement des intercalations stériles qui la divisent, la couche se trouve nettement ramifiée en trois veines distinctes, de chacune $0^m.60$ à $2^m.10$ de puissance, séparées par des bancs de grès qui ont une épaisseur moyenne de 15 mètres environ chacun.

Le dépouillement des petites veines est simple et facile ; il se fait d'autant mieux que la plupart du temps les roches du toit foisonnent assez pour combler les vides produits par l'enlèvement du charbon. Mais il n'en est pas de même dans la grande masse désignée encore sous le nom de réunion, et c'est à cette partie du gîte qu'il convenait d'appliquer le système nouveau d'exploitation.

Voyons, du reste, en quoi consiste la méthode par foudroyages.

Deux systèmes ont été pratiqués dans cette méthode, selon que la couche se trouvait en une seule masse dépourvue de toute intercalation stérile, ou qu'elle était divisée en trois veines par la présence de bancs de schistes de faible épaisseur.

Dans le premier cas, les foudroyages ne permettaient pas de prendre plus du tiers de la totalité du charbon.

Dans le second cas, la couche, qui possède une puissance moyenne de 6 mètres, est divisée, en allant du mur au toit, en trois parties distinctes, comme cela a été dit, se succédant ainsi qu'il suit :

Comment le gîte était autrefois exploité.—Dépouillement complet des petites veines. — Dépouillement incomplet de la grande masse ou de la réunion. — Richesses perdues évaluées à 50 p. %.

Deuxième couche	$1^m\ 80$
Séparation stérile	$0^m\ 50$
Troisième couche	$1^m\ 90$
Séparation stérile	$0^m\ 50$
Quatrième couche	$2^m\ 30$
	$6^m\ 00$

Soit en tout une épaisseur moyenne de 6 mètres de charbon.

La méthode d'exploitation par foudroyages, dans ce cas le plus favorable pour elle, consiste à enlever d'abord la deuxième couche, puis au-dessous d'elle la quatrième couche, en se tenant par la troisième à l'abri des dépilages de la deuxième.

La deuxième couche, malgré sa faible puissance, n'est pas entièrement dépouillée; les éboulements que l'on ne peut empêcher, les piliers qu'il est de temps en temps nécessaire d'abandonner pour ne pas compromettre la sécurité des ouvriers, correspondent au moins à un cinquième de la houille renfermée dans la veine, de sorte que si sa puissance est de $1^m\ 80$, on n'en prend que $1^m\ 44$. La troisième couche est complètement délaissée; c'est donc $1^m\ 90$ de charbon qui est perdu. Pour la quatrième couche, on sera dans le vrai en disant qu'elle est à peine enlevée à moitié, c'est-à-dire que sur $2^m\ 30$, on ne prend là que $1^m\ 15$.

Il en résulte que les charbons laissés dans les travaux peuvent être représentés :

Dans la deuxième couche, par une veine de..	$0^m\ 36$
Dans la troisième id.	$1^m\ 90$
Dans la quatrième id.	$1^m\ 15$
Soit en total........	$3^m\ 41$

Ce qui veut dire que le gîte n'est pas même dépouillé de la moitié de ses richesses.

La méthode par remblais dépouille le gîte complètement. Dans la méthode par remblais, le gîte est entièrement dépouillé, et par conséquent un puits donné. a à extraire une quantité de charbon double de celle qui est extraite par foudroyages.

MÉTHODES D'EXPLOITATION.   41

Si l'on considère, en outre, que l'on est à une époque où les exploitations des couches de houille de grande puissance faites sans remblais sont taxées de gaspillage, et peut-être à la veille d'être interdites par l'État comme abus portant atteinte à la fortune publique, on est tout d'abord porté à donner la préférence aux méthodes d'exploitation par remblais. Mais avant d'arrêter ce choix, nous nous placerons au préalable au point de vue financier du concessionnaire, ainsi que nous l'avons fait dans une Note publiée sur les houillères de Doyet, Bézenet et les Ferrières (Allier), dans le tome VII du Bulletin de la Société de l'Industrie minérale, et nous chercherons à voir si l'on ne peut pas obtenir de plus gros bénéfices en enlevant aux mines, sans remblais, une partie de leurs richesses, qu'en les dépouillant entièrement, par remblais, de tout le charbon qu'elles renferment.

Le dépouillement complet est-il, au point de vue des bénéfices réalisés, plus avantageux que le dépouillement incomplet.

Examinons donc les deux systèmes.

Dans l'un, on fait une extraction moitié moindre que celle qui est faite dans l'autre. Si, par conséquent, l'on peut prouver que le second, qui est le système par remblais, permettra, d'une part, de réaliser des bénéfices totaux plus élevés que le premier; de l'autre, d'obtenir l'hectolitre de houille à un prix de revient tout au plus égal à celui de la première méthode, il sera démontré qu'il doit avoir la préférence.

Examen des deux systèmes. — Comment la méthode par remblais l'emporte sur la méthode sans remblais. — 1° Par les plus grandes quantités de charbon qu'elle permet d'extraire.

Dans la méthode par remblais, le prix de revient sera grevé des frais de remblais. Pour évaluer ces frais, nous poserons :

1° Qu'il faut introduire dans la mine d'Épinac une proportion de remblais égale en volume aux $\frac{40}{100}$ des produits extraits, pour arriver à un dépouillement complet du gîte.

2° Que les remblais peuvent être en moyenne préparés, introduits dans la mine et mis en place, dépenses de main-d'œuvre et de fourniture réunies, au prix moyen de 2 fr. le mètre cube.

Il résulte de là, en supposant dans les deux méthodes d'exploitation toutes choses égales d'ailleurs, que le prix de revient dans l'exploitation par remblais sera grevé par les remblais de $\frac{40 \times 2^{\text{f}}}{100 \times 10} = 0^{\text{f}} 08$ l'hectolitre. Et si l'on appelle b le bénéfice fait dans les foudroyages par hectolitre de houille, ce bénéfice, dans la méthode nouvelle, deviendra $b - 0^f 08$ par unité de houille, et les bénéfices totaux seront égaux à $50\,b$ dans la méthode sans remblais, et à $100\,(b - 0^f 08)$ dans la méthode avec remblais.

Pour que le nouveau système soit avantageux, il suffira par conséquent que l'on ait :

$$100\,(b - 0^f 08) > 50\,b$$
$$\text{Ou} \quad b \quad > \quad 0^f\,058$$

Donc si le bénéfice réalisé par la vente est de plus de $0^f\,058$ par hectolitre de houille, la méthode par remblais aura l'avantage sur la méthode sans remblais.

2º Par l'abaissement du prix de revient. Mais ce n'est pas seulement en permettant l'extraction d'une plus grande quantité de houille que la méthode par remblais doit donner des avantages, c'est aussi en abaissant le prix de revient.

En effet, dans le mode de travail par foudroyages, les chantiers sont placés suivant l'inclinaison du gîte qui est enlevé en partant du puits d'extraction, par cantonnements successifs limités à des plans verticaux à la direction de la couche. De là de nombreux plans inclinés ; de là une série de galeries superposées, un aérage plus difficile, de nombreuses manutentions, de grands frais d'entretien.

Dans le mode par remblais, tous les chantiers sont placés suivant la direction, sont tous distribués au même niveau d'un bout à l'autre du champ d'exploitation, et sont compris dans des zones limitées à des plans horizontaux. Avec cette disposition, tout le travail des approcheurs est supprimé ; il n'y a plus que des chargeurs qui prennent les produits aux tailles, et dont les chariots sont directement enlevés par les chevaux ou les mulets. La mine ne comprend plus que deux galeries qui assurent la facilité de l'aérage et qui servent, l'une à rouler le charbon, l'autre à rouler les remblais. Avec un étage organisé de cette sorte, les frais de l'abattage et du roulage sont diminués ; la consommation en bois est considérablement réduite ; les incendies, qui font perdre si souvent des piliers importants, sont supprimés ; les ouvriers, placés dans des conditions de travail aussi faciles que possible, sont en pleine sécurité, et enfin on a l'énorme avantage de pouvoir, par un puits donné, faire des extractions beaucoup plus fortes, qui atténuent d'une façon sensible la charge d'amortissement des frais d'installation et toutes les dépenses générales.

En résumé, on voit que le dépouillement complet du gîte au moyen des remblais, loin d'entraîner une élévation du prix de revient, contribue à son abaissement, et l'on ne pouvait moins faire que d'adopter à Épinac une méthode qui réunit de son côté tous les avantages.

Il ne reste plus, à présent, qu'à dire comment l'application de cette méthode a été faite et quel est le système particulier d'exploitation qui a été adopté. Examinons successivement ces divers points de la question. *Comment la méthode par remblais a pu être appliquée à Épinac d'une façon générale.*

Sur le premier point, l'application générale, il y a à examiner la position des chambres d'emprunt et les moyens employés pour introduire dans la mine les remblais qui doivent toujours arriver à la partie supérieure des dépilages.

On n'a pas songé aux chambres souterraines d'emprunt que l'expérience a partout proscrites. Elles sont d'une installation généralement fort dispendieuse, d'un rendement insuffisant et extrêmement irrégulier, d'un abord difficile et dangereux. C'est donc à l'extérieur que les remblais devaient être pris.

Or, la configuration du sol permettait d'établir des ateliers produisant en moyenne 20 m³ de terre par mètre carré de surface; d'où il suit que pour une extraction de 2,000,000 d'hectolitres de houille qui nécessite 80,000 m³ de remblais, on est conduit à dépouiller annuellement une surface égale à
$$\frac{80,000}{20} = 4,000 \text{ m}^2 = 0 \text{ hect. 40 ares.}$$

Le dépouillement de cette surface ne pourrait pas donner lieu à une indemnité moyenne de plus de 5,000 francs l'hectare, c'est-à-dire à une charge de plus de 2,000 francs, pour une extraction de 2,000,000 d'hectolitres de houille. Il ne peut résulter de là qu'une augmentation insignifiante des dépenses générales.

Pour le mode d'introduction des remblais, on ne pouvait pas, à cause de la grande profondeur à laquelle il faut descendre, employer des balances automotrices. Nous avons pris le parti, en mettant à profit la nécessité d'une réorganisation dans l'exhaure, de nous servir des puits disponibles, sans attendre de nouveaux puits spéciaux, longs et coûteux à creuser et à installer. C'est ainsi que l'exploitation a été combinée pour être desservie sous le rapport des remblais : à Fontaine-Bonnard, par le puits de Fontaine-Bonnard lui-même ; à Hagerman, par ce puits et le puits du Curier ; et à la Garenne, par le puits de la Garenne et le puits Micheneau d'abord, et plus tard par le puits Hagerman lorsqu'il sera devenu libre, à l'achèvement de son exploitation. Nous renvoyons du reste à l'exposé des travaux exécutés de 1863 à 1867, pour voir avec plus de détails le rôle joué par chacun des puits.

Choix particulier de la méthode. — Les considérations que nous avons dû faire sur les mines d'Épinac, à propos du choix de la méthode d'exploitation par remblais à appliquer au gîte, ont porté sur les tranches de petite et de grande hauteur, ou mieux sur celles qui consistent à pratiquer au même niveau, ou à des niveaux différents, les galeries de roulage des charbons et des remblais. Devant l'allure du gîte d'Épinac, nous avons jugé que le meilleur était de faire venir les remblais à un niveau supérieur au charbon, et il a été arrêté tout d'abord en principe que la couche serait exploitée par grands étages pris de haut en bas, dépouillés par zones successives de grande hauteur enlevées de bas en haut, et comprises entre deux plans horizontaux parallèles aux plans de séparation des étages.

Ce principe pouvait être mis en pratique sous une forme ou sous une autre. Cela nous a amené à examiner deux cas, selon que le gîte serait pris par tranches en travers ou en direction.

A notre avis, le système en travers convient dans les couches de grande puissance, aux charbons durs, dépourvus de délits, réguliers, de nature cristalline, constitués en quelque sorte en amas, et dans lesquels peuvent exister des intercalations dispersées sans loi générale. Il consiste à couper la couche du mur au toit ou du toit au mur par une série de galeries successives, de largeur et de hauteur variables, et comprenant entre elles une tranche limitée sur les six faces, par deux plans horizontaux dont la distance forme la hauteur de la tranche, par le mur et le toit de la couche, et enfin par deux plans verticaux sur sa direction et écartés l'un de l'autre de 2 à 3 mètres. C'est le système connu sous le nom de méthode en travers du puits Marseille, de la concession de Montrambert (Loire). Nous avons appliqué ce système aux couches puissantes des mines de Doyet, Bézenet et les Ferrières (Allier), et il a fourni des résultats satisfaisants.

A Épinac, où la couche est bien stratifiée, composée de charbons généralement tendres, et divisée en planches distinctes séparées par de simples délits ou par des intercalations stériles, régulières, de petite épaisseur, nous avons trouvé que le système en travers aurait contre lui la trop faible puissance de la couche, le peu de dureté des charbons, et l'inconvénient d'abattre des intercalations stériles qu'il valait mieux ne pas renverser. Pour ces motifs, nous avons donné la préférence au système en direction désigné sous le nom de méthode du puits Saint-Mathieu, de la concession de Montrambert (Loire).

Dans cette méthode, chaque étage est découpé en zones comprenant une hauteur verticale de 6 à 8 mètres. Deux galeries de roulage, tracées, suivant la direction de la couche, sur toute l'étendue du champ d'exploitation, sont établies, l'une à la base de la zone pour le transport des charbons, l'autre à la tête de cette zone pour le transport des remblais. La première communique avec le puits d'extraction, la seconde avec le puits des remblais. L'espace compris entre elles est dépouillé par tranches successives enlevées du mur au toit, remblayées et prises successivement par grandes tailles, comme si la couche était formée d'une série de petites veines de 2 mètres d'épaisseur superposées. Pour l'enlèvement d'une zone, les chantiers sont établis, selon les exigences de la production, à 25 ou à 50 mètres les uns des autres. On a ainsi autant de chantiers dans le champ d'exploitation que son étendue est de fois égale à 25 ou à 50 mètres.

Quand une zone est dépouillée sur toute son étendue, on passe à la zone suivante, pour la préparation de laquelle il a suffi de tracer une nouvelle galerie de direction à 6 mètres au-dessus de la galerie à remblais de la première zone, qui devient la galerie de roulage des charbons de la seconde zone. La première galerie de roulage des charbons disparaît alors d'une façon complète, et il n'y a toujours que deux galeries à entretenir pour l'exploitation.

On procède ainsi de zone en zone sur toute la hauteur de l'étage.

Quant au service des transports, il y a lieu, pourvu que les richesses du champ d'exploitation le justifient, de raccorder les galeries de chaque zone directement avec le puits à charbon et à remblais, au moyen de travers bancs. A défaut de ces travers bancs, on emploie des plans inclinés automoteurs par lesquels les galeries de roulage sont reliées au puits; mais ces plans inclinés, qu'il faut toujours établir à proximité des puits, ne doivent être mis en usage que si les richesses de la mine sont trop restreintes pour payer les frais des travers bancs.

Pour terminer ces considérations générales, nous ajouterons que la position des puits n'est pas sans importance. Dans l'intérêt du roulage, le puits à charbon doit être situé au milieu du champ d'exploitation; pour le même motif, le puits à remblais doit occuper la même position. Toutefois, à l'égard de ce dernier, il vaudra mieux, si l'on a affaire à des richesses d'un chiffre très considérable, avoir à chacune des extrémités du champ d'exploitation un puits spécial pour les remblais. Cette disposition facilitera l'aérage et permettra de donner aux galeries une pente qui, soit pour les charbons, soit pour les remblais, se trouvera toujours en faveur de la charge.

CHAPITRE V.

Exhaure.

Importance et conditions de l'exhaure. — Choix d'un siège central d'exhaure.

L'exhaure joue depuis longtemps un rôle important dans les houillères d'Épinac. Ce rôle est devenu chaque jour plus important encore, avec les venues plus abondantes des eaux, l'étendue et la profondeur des travaux. Le but de ce chapitre est de considérer les moyens employés pour son service, et de faire voir comment sa réorganisation se combine avec les dispositions prises pour l'application du système d'exploitation par remblais.

En laissant de côté le puits des Souachères, qui jouit à l'égard du reste de l'exploitation d'un isolement heureux qu'il serait irrationnel de faire disparaître, puisque le puits des Souachères reçoit à lui seul plus de 6,000 hectolitres d'eau par 24 heures, l'assèchement de la houillère exige l'épuisement moyen journalier de 10,000 hectolitres d'eau.

Cet épuisement se fait sur quatre points différents, dans les proportions suivantes :

Puits Fontaine-Bonnard..........	800 hectolitres.
Puits du Curier	6,000
Puits Sainte-Barbe.............	1,500
Puits Hagerman...............	1,700
TOTAL.....	10,000 hectolitres.

Il a lieu partout au moyen de caisses ou de bennes à eau.

Les eaux prises à Fontaine-Bonnard sont en très faible quantité, et il est à présumer qu'un jour viendra où, par suite de fissures provenant de mouvements dans les vieux travaux, elles cesseront d'arriver à ce puits et descendront au dessous, c'est-à-dire au puits du Curier.

Le puits du Curier reçoit les eaux provenant, partie des vieux travaux d'amont pendage de ce puits, partie de l'exploitation de Fontaine-Bonnard qui les déverse sur lui. Elles sont retenues au niveau du quatrième étage, à la profondeur de 175 mètres, dans l'ancienne galerie de roulage de cet étage qui est isolée, sur une partie de sa longueur, des travaux de l'aval pendage par une pile vierge. Mais les eaux accumulées au puits du Curier prennent, après quelques heures d'arrêt de la machine de ce puits, la route du puits Hagerman, d'où elles pénètrent, si le puits Hagerman lui-même est arrêté, dans les travaux des puits Micheneau et de la Garenne.

Le puits Sainte-Barbe reçoit, au niveau du troisième étage qui est à la profondeur de $198^m 90$, 1,500 hectolitres d'eau qui lui arrivent de ses vieux travaux et d'une galerie d'écoulement pratiquée au nord du puits du Curier.

A Hagerman, les eaux descendent de différents points du sud de son champ d'exploitation. Le puits les élève, de jour et de nuit, au moyen de caisses logées dans les cages d'extraction à charbon qui les prennent au puisard au fur et à mesure qu'elles y arrivent. C'est là une sujétion des plus gênantes pour le puits Hagerman, et des plus contraires à sa marche.

On voit, du reste, par cet exposé rapide des moyens d'exhaure, que la situation est telle que si, par une cause quelconque, le puits du Curier ou le puits Hagerman vient à être arrêté pour quelque temps, l'extraction est entravée ou suspendue à Hagerman d'abord, et court le risque d'être ensuite gênée aux puits Micheneau et de la Garenne, où les eaux descendent si elles ne sont pas arrêtées par le puits Hagerman.

Dans cette situation, on s'est demandé, en 1864, ce qu'il y aurait à faire pour se soustraire à de telles éventualités, et mettre les travaux à l'abri des inondations, en réservant les puits Fontaine-Bonnard et Hagerman à l'exploitation seule. C'est ainsi que le puits Sainte-Barbe a été choisi pour devenir un siège central d'exhaure.

Ce choix a été fait pour permettre en même temps :

1° De conquérir dans les anciens travaux des richesses estimées à 2,000,000 d'hectolitres.

2° De créer au puits Hagerman, débarrassé des eaux, un nouvel étage.

3° De faire l'application de la méthode d'exploitation par remblais, en mettant en liberté le puits du Curier pour desservir l'exploitation du puits Hagerman.

4° d'affranchir le puits Hagerman et d'en faire, à l'achèvement de son rôle comme puits d'extraction, un puits à remblais pour la Garenne.

5° Enfin de réaliser une économie journalière dans les dépenses générales de l'épuisement des eaux.

Toutes ces dispositions ont été prises pour que l'on pût, en cas d'accident, venir en aide au puits Sainte-Barbe. C'est ainsi que le puits du Curier et le puits Hagerman seraient, par la simple introduction de caisses à eau dans les cages employées, soit à la descente des remblais, soit à l'extraction du charbon, convertis en un instant en puits d'épuisement.

Entre une pompe et les bennes à eau élevées par une machine à molettes à traction directe, la préférence a été donnée à la machine à molettes. Une pompe est un appareil plus compliqué que les bennes, et avec elle les dérangements sont par conséquent plus à craindre. Les frais de premier établissement de la pompe sont aussi beaucoup plus élevés que ceux nécessités pour l'installation d'une machine à câbles. La pompe a encore le grave inconvénient d'entraîner des réparations qui peuvent devenir très fréquentes, si les eaux sont acides, et c'est précisément ce qui a lieu à Épinac. L'avantage des pompes est de coûter moins d'entretien que les bennes, à cause de la dépense en câbles. Mais à tout autre point de vue, elles ne peuvent rivaliser avec l'épuisement par bennes, surtout quand cet épuisement se fait au moyen de bennes guidées se vidant mécaniquement. Mode d'épuisement adopté.

Les travaux de réorganisation de l'exhaure sont en pleine voie d'exécution. Un travers bancs de 120 mètres de longueur a été percé, afin de conduire les eaux au puits que l'on approfondit pour l'atteindre au niveau de 275 mètres, et une machine de 200 chevaux de force, à deux cylindres verticaux conjugués, est en montage sur le puits. Cette machine aura à élever par jour, de la profondeur de 280 mètres, 10,000 hectolitres d'eau.

CHAPITRE VI.

Historique des travaux de 1863 à 1867.

Les chapitres II et III, relatifs à l'historique des travaux de 1774 à 1829 et de 1829 à 1863, ont donné l'exposé des conditions dans lesquelles ces divers travaux, qui comprennent 50 puits et

3 galeries, ont été établis sur le territoire de la concession, et ils ont fait connaître aussi le rôle rempli par chacun d'eux. Ils peuvent être, en résumé, distingués en deux classes :

1° Les travaux d'exploitation ;
2° Les travaux d'exploration ou de recherche.

Parmi les travaux de la première classe, il s'en trouve qui ont été complètement achevés, et qui sont abandonnés sans retour, comme le puits de Fontaine-Bonnard (haut), le puits du Domaine. D'autres, dépouillés incomplètement de leurs richesses envahies soit par le feu soit par l'eau, ont aussi été délaissés, mais avec la possibilité d'être repris par de meilleures méthodes de travail : tels sont les puits du district des Tréchards, le puits du Curier, le puits de Fontaine-Bonnard (bas), la galerie de Ressille, le puits des Souachères. D'autres, quoique mis de côté comme puits à charbon, sont encore en activité et servent, les uns à l'aérage, comme le vieux puits de l'Ouche, les autres à l'épuisement des eaux, comme le puits du Curier et le puits Sainte-Barbe. Enfin les autres, c'est-à-dire les puits Hagerman, Micheneau et de la Garenne, ont conservé leur rôle propre de puits d'extraction, et ont même subi dans leur organisation, tant intérieure qu'extérieure, diverses modifications pour permettre à leur production de se développer. Nous aurons, dans le présent chapitre, à continuer l'historique des travaux, et à faire connaître les modifications introduites dans chacun des puits restés en activité, soit comme puits d'extraction, soit comme puits d'exhaure, soit enfin comme puits d'aérage.

Si nous considérons les travaux de la seconde classe ou travaux d'exploration et de recherches, les uns ont été abandonnés parce qu'ils ne fournissaient pas de résultats assez encourageants ; tels sont les travaux de Marvelay qui n'ont pu découvrir qu'une veine de houille peu puissante, d'une allure peu régulière, coupée en lambeaux de faible étendue par des failles nombreuses. Ailleurs, on a renoncé aux travaux faute de moyens assez puissants pour les poursuivre, comme aux recherches de Veuvrotte et au puits de Dinay. Enfin, dans d'autres cas, les recherches ont été poursuivies avec une persistance sans égale, comme à Ladrée, par le puits François Mathieu. Nous continuerons dans ce chapitre l'historique de ces recherches, auxquelles viendront s'ajouter les nouveaux fonçages et les nouvelles explorations entrepris par la Compagnie d'Épinac, pour reconnaître l'importance de la concession, développer sa production, assurer l'avenir.

D'après cela, nous aurons à examiner les puits à l'extraction, les puits à l'épuisement, les puits en fonçage, les nouveaux fonçages entrepris, les recherches nouvelles de Montadios et de Dinay, les puits creusés à l'amont pendage de François Mathieu.

Après avoir été arrêté pendant 23 années, le puits Fontaine-Bonnard, réinstallé et guidé, a commencé à fournir du charbon en 1863. Dans ce but a été restaurée la recette de 86 mètres, de laquelle les anciens exploitants étaient sortis, chassés par le feu, en laissant des richesses d'un enlèvement difficile, mais d'un chiffre encore assez considérable.

Puits Fontaine-Bonnard (bas).— Il est remis en extraction au 1er janvier 1863.

Les richesses existant à la recette de 86 mètres consistaient :

1° En une bande de houille s'étendant d'une extrémité à l'autre du champ d'exploitation, sur une longueur de 20 mètres suivant l'inclinaison, au-dessous des travaux représentés par une succession de galeries de niveau et de remontages rapprochés les uns des autres et parsemés d'éboulements.

2° En une petite veine de charbon dite Petite Couche du Mur, de 0^m 60 à 1^m 50 d'épaisseur, régnant au nord, au-dessous de la grande masse du toit dont elle n'est séparée que par un banc de schistes argileux de 0^m 40 de puissance moyenne, et avec laquelle elle vient se confondre au sud, à peu de distance du puits.

L'état de ces vieux travaux commandait pour la reprise de l'exploitation une extrême réserve. Il fallait éviter de donner dans les anciens chantiers accès à l'air, où son effet immédiat eût été de provoquer le retour des incendies. Le système d'exploitation a été basé sur ce principe, et en conséquence fut introduite au puits Fontaine-Bonnard la méthode d'exploitation par remblais.

Nous avons choisi, dans ce cas, la méthode du puits Saint-

Mathieu, de Montrambert (Loire), ou méthode des tranches prises successivement, suivant l'inclinaison, du mur au toit de la couche. Pour l'application de cette méthode, deux galeries principales de roulage destinées, en même temps qu'à l'aérage, au double service des charbons et des remblais, et placées, la première au niveau de la recette de 86 mètres, la seconde à 7 mètres au-dessus d'elle, ont été tracées d'une extrémité à l'autre du champ d'exploitation, de manière à comprendre entre elles les massifs de houille laissés par les anciens, pour les enlever ensuite en battant en retraite, et en évitant le contact prolongé des vieux dépilages. Les charbons devaient naturellement s'écouler par la galerie de roulage du niveau de la recette de 86 mètres, et les remblais, introduits de l'extérieur, par le puits Fontaine-Bonnard lui-même, étaient amenés dans leur galerie spéciale de transport par une recette placée au niveau de cette galerie.

Ce système a eu un plein succès. Il a permis de dépouiller les vieux travaux des massifs de charbon qu'ils renfermaient, et pendant qu'il était appliqué, le puits était approfondi pour aller à 20 mètres plus bas, soit à la profondeur de 106 mètres, chercher les richesses encore vierges, qui s'étendaient jusqu'à la limite supérieure du premier étage du puits du Curier, et dont le chiffre certain minimum n'était pas moins de un million d'hectolitres.

Le puits Fontaine-Bonnard a été relié à la couche à la profondeur de 106 mètres, par une galerie à travers bancs au mur de 30 mètres de longueur. Dans ce nouvel étage, qu'il a exploité par deux zones prises de bas en haut, enlevées par tranches successives du mur au toit, il a continué l'application de la méthode par remblais, les remblais lui étant fournis par l'ancienne recette à charbon du niveau de 86 mètres. Soumis à l'application rigoureuse de cette méthode, il a dépouillé d'une façon complète et économique les massifs de houille qu'il a attaqués, et après s'être étendu en direction au sud, sur une longueur de 385 mètres en contournant au delà, par des galeries à roches de 75 mètres de longueur, d'anciens foudroyages pris par les incendies, il est allé entreprendre la conquête des richesses délaissées dans les anciens étages du puits du Curier. Par ce système de travaux développés déjà sur 650 mètres en direction, le puits de Fontaine-Bonnard s'avance sur le district des Tréchards, au-dessous du village de Ressille, où il trouvera des piliers importants, que d'une part le feu, et d'autre part la crainte d'occasionner par les foudroyages des dégâts trop considérables à la surface, ont fait autrefois laisser intacts. Il est à même de conquérir ainsi une surface exploitable de 75,000 mètres carrés, correspondant, en tenant compte des vides faits par les vieux travaux, à environ 4,500,000 hectolitres de houille. Avec ces ressources, le puits présenterait une durée de 15 ans, en faisant une extraction journalière de 800 à 1,000 hectolitres. Mais, pour tirer parti de toutes ces richesses, les remblais sont indispensables. En dehors d'eux, dans un district de vieux travaux découpés en piliers placés au-dessous du village de Ressille, l'exploitation ne pourrait pas avoir lieu. On ne saurait, en effet, toucher à ces piliers sans compromettre la surface, et les feux, qui ne tarderaient pas à surgir, obligeraient bientôt à condamner le puits comme cela a déjà eu lieu en 1840.

Du premier janvier 1863 au premier janvier 1867, le puits Fontaine-Bonnard a fait une extraction totale de 808,080 hectolitres. Cette extraction a été prise tout entière en dépouillant régulièrement le gîte, avec la méthode par remblais, sans avoir à combattre, dans cette couche puissante de 6 à 10 mètres, d'autre incendie qu'un échauffement survenu dans un éboulement, à la limite de la pile ménagée pour le soutènement du puits. Le feu, du reste, dans ce cas, a été promptement et facilement maîtrisé, sans perdre un pouce de terrain du champ d'exploitation.

Quantité de charbon extraite avec la méthode par remblais. — Quantité de remblais employés.

Pour une extraction de 808,080 hectolitres, il a été mis en place 36,000 mètres cubes de remblais. Ils ont coûté 1ᶠ 47 par mètre cube, ou 0ᶠ 07 par hectolitre de houille. Mais, par contre, ils ont fait réaliser dans le prix de revient une économie sur le boisage, l'entretien général, etc., et ils ont permis d'enlever des charbons qui, sans leur emploi, seraient forcément restés dans la mine. Ainsi a débuté dans les houillères d'Épinac, par le puits

Fontaine-Bonnard, la méthode d'exploitation par remblais, pour se généraliser dans les autres puits où la couche se présente avec une puissance assez grande.

Galerie de Ressille. — Son rôle dans le district des Tréchards. — Nécessité de l'emploi des remblais dans ce district.

La galerie de Ressille, délaissée en 1862, lors de la renonciation au percement tenté pour établir une nouvelle communication avec le puits Hagerman, a été reprise en 1866 pour aller pénétrer dans les vieux travaux des Tréchards, à la profondeur moyenne de 30 mètres, les démerger, et servir à l'extraction des charbons. En attendant qu'un puits spécial exploite ce district, la galerie de Ressille, secourue par un puits à remblais de 25 mètres de profondeur qui servira en même temps à l'aérage, fera l'extraction des charbons existants au-dessus de son niveau. L'emploi des remblais est nécessaire aux Tréchards. On est là en présence d'une couche divisée en deux parties de 3 mètres d'épaisseur chacune, composée de charbons de bonne qualité, qui, avant 1829, jouissaient dans le pays d'une grande renommée. La méthode par remblais est indispensable pour tirer parti du gîte, ne pas occasionner à la surface des dégâts qu'il faudrait réparer et qui faciliteraient l'introduction des eaux; enfin, ne pas être chassé des travaux par le feu, comme les exploitants de 1829.

Importance du district des Tréchards. — Avantages d'un nouveau puits dans ce district.

L'importance du district des Tréchards est incontestable. Un puits, spécialement affecté à l'exploitation de ce district, aurait donc un avenir certain. En effet, nous avons vu que tous les renseignements recueillis sur les anciens travaux faits aux affleurements avant 1830 sont favorables, et l'examen du plan d'ensemble des travaux actuels fait voir que ces renseignements sont confirmés par le prolongement de la galerie de Ressille, l'avancement des galeries de Fontaine-Bonnard et des niveaux sud du puits Hagerman. On sait, par ces travaux, que la couche, divisée en deux veines ou réunie en une seule, se présente avec une puissance totale de 6 mètres. D'ailleurs, le district à exploiter offre un pendage de près de 500 mètres de longueur, et le puits qui l'occuperait aurait l'avantage de pouvoir faciliter l'aérage des puits

Hagerman, la Garenne et Hottinguer. Ce puits, indiqué sur la planche 1re sous le titre de puits projeté, serait assez bien placé à 1,400 mètres du puits de la Garenne et à 1,500 mètres du puits Hottinguer, dans le voisinage de la route d'Épinac-les-Mines à la route impériale n° 73.

Dès l'année 1864, l'exploitation fut dirigée dans le but de préparer la méthode d'extraction par remblais, tout en continuant, dans les cantonnements compromis absolument par les vieux travaux ou d'un accès impossible aux remblais, l'emploi de l'ancienne méthode. Dans l'application de la nouvelle méthode, il fallait du reste, pour qu'elle fût véritablement avantageuse, suivre rigoureusement les deux grands principes sur lesquels elle est fondée, la simplicité des manœuvres, soit des charbons, soit des remblais, et la venue régulière des remblais.

Puits Hagerman. — Direction imprimée à l'exploitation dès 1864. — Introduction de la méthode par remblais.

La simplicité des manœuvres est obtenue par la concentration des chantiers entre deux galeries de roulage servant à transporter, l'une les charbons, l'autre les remblais. Elle tient aussi à la disposition des chantiers qui doit être prise pour permettre, d'une part aux charbons de venir directement à la galerie de niveau qui sert à les enlever, d'autre part aux remblais d'arriver aussi directement par leur galerie spéciale dans les chantiers, et de tomber dans ces chantiers par le simple versement des chariots. Quant à la venue régulière des remblais, elle est assurée par des chambres d'emprunt installées, non pas au fond de la mine, mais à la surface.

C'est dans ces conditions qu'a été commencée et poursuivie la préparation, au puits Hagerman, d'un grand étage à remblais régnant sur toute l'étendue du champ d'exploitation. Cet étage a pour galerie de roulage à charbon l'ancienne galerie de direction correspondant au niveau de la recette de 250 mètres, et parallèlement à elle, il a été établi, pour le transport des remblais, une seconde galerie de roulage placée verticalement à 6 mètres au-dessus de la première. La galerie des remblais a été mise en communication, au moyen d'un plan incliné de 60 mètres de longueur, avec la recette du deuxième étage du puits, et ce dernier a été lui-même relié, à 4ᵐ 78 au-dessous de son orifice, à une tranchée ou chambre à remblais aboutissant au territ ou dépôt de rochers schisteux qui, après être venus brûler au jour, rentrent dans le fond d'où ils sont sortis.

Ressources du puits Hagerman. — Son avenir. Par ces dispositions, le puits Hagerman s'est trouvé, dans l'année 1866, en possession d'un étage à remblais renfermant, dans une première zone comprise entre ses deux galeries de roulage, une tranche de houille de $(1,000 \times 15 \times 5) \frac{3}{2} \times 10 = 1,125,000$ hectolitres. Il n'a pu, jusqu'à présent, à cause des entraves qui lui sont créées par son triple service de puits d'extraction, de puits à remblais et de puits d'épuisement, exploiter cet étage avec activité. Mais il doit être déchargé de l'exhaure par le puits Sainte-Barbe approfondi et armé d'une machine de 200 chevaux. A la mise en marche de cette nouvelle machine au puits Sainte-Barbe, le puits Hagerman développera son extraction avec facilité, et, en outre, il sera mis à même, d'une part de conquérir de puissants massifs de charbon que le régime actuel des eaux oblige de délaisser, d'autre part d'ouvrir, à la profondeur de 270 mètres, un quatrième étage situé entre la nouvelle galerie d'écoulement des eaux et l'étage actuel. Le nouvel étage, qui sera ouvert à la profondeur de 270 mètres, à 20 mètres de distance verticale du troisième, comprendra des richesses dont le total a pour facteurs :

$$(1,200 \times 40 \times 6) \frac{3}{2} \times 10 = 4,320,000 \text{ hectolitres.}$$

D'après cela, toutes les richesses à extraire par le puits Hagerman se composent comme il suit :

3ᵉ étage.	Charbons à conquérir dans les anciens travaux, après la réorganisation de l'exhaure.....................	2,000,000 h.
	Charbons à enlever suivant l'ancienne méthode par éboulements.......	300,000
	Charbons de la zone à dépouiller par remblais.....................	1,125,000
4ᵉ étage.	id. id..........	4,320,000
	Total...	7,745,000 h.

HISTORIQUE DES TRAVAUX.

La marche du puits Hagerman se trouve ainsi assurée à une extraction annuelle de 774,500 hectolitres pour dix ans.

Le puits Micheneau a continué d'exploiter, après comme avant 1863, la couche divisée en trois veines. Cette exploitation a été faite au deuxième et au troisième étage ouverts, l'un à 308 mètres et l'autre à 335 mètres de profondeur. Le premier étage, dont la recette est à la profondeur de 285 mètres, est demeuré inactif, bien qu'il soit incomplètement dépouillé. En effet, dans cet étage, la troisième et la quatrième couche ont seules été exploitées, tandis que la deuxième n'a été attaquée que sur une surface très restreinte. D'un autre côté, il est à observer que les travaux, dans cet étage, ont été limités en amont à 52 mètres au-dessus de la base du premier étage, à un dérangement dont l'importance n'est pas encore connue, et qui laisse entre lui et la limite du bassin une étendue considérable de terrain houiller dans lequel les couches peuvent exister. Nous verrons plus loin, dans un article particulier, comment il appartiendrait au premier étage du puits Micheneau de servir à l'exploration de cette vaste étendue de terrain.

Puits Micheneau. — Son rôle après 1863. — Richesses aménagées dans ce puits.

Quant aux étages actuellement en activité, ils renferment encore des districts contenant des ressources aménagées assez grandes pour assurer la marche du puits pendant plusieurs années. Ces ressources se trouvent notamment au deuxième étage, dans le pli de couche situé entre les puits Micheneau et Hagerman, que l'on appelle golfe d'Hagerman, et au troisième étage au nord du puits Micheneau lui-même où l'exploitation n'a été poursuivie autrefois que dans l'une des veines, la veine n° 3. Le puits Micheneau possède ainsi un million d'hectolitres environ.

En outre, il est à la veille d'être mis en possession d'un quatrième étage ouvert à la profondeur de 352 mètres, soit à 17 mètres au-dessous du troisième. Ce quatrième étage, dans lequel le puits va être relié au gîte par une galerie à travers bancs de 120 à 130 mètres de longueur, déjà percée sur une longueur de 90 mètres,

Ouverture d'un quatrième étage. — Succès assuré de cet étage.

permettra au puits Micheneau de prolonger pendant longtemps encore son existence. Il va, en effet, avoir à enlever des charbons dont la présence est rendue certaine, d'une part par deux descenderies d'exploration partant du niveau de 335 mètres, d'autre part par les travaux du puits de la Garenne.

Les deux descenderies ont été faites dans la troisième couche et dans la quatrième couche, l'une au nord, l'autre au sud du puits. La première a été poussée à 20 mètres de longueur ; elle était dans du beau charbon, mais la couche tourmentée par le voisinage d'un dressant n'offrait qu'une puissance de $0^m 20$ à $0^m 30$, et elle se présentait avec une inclinaison de 50 à 60 degrés, suivant laquelle il n'était guère facile de descendre. La seconde descenderie établie au sud a été faite sur une longueur de 25 mètres. De ce côté, la couche avait $1^m 20$ de puissance et une inclinaison de 16 degrés. Elle était composée de charbon de bonne qualité, et si cette galerie de recherche en aval a été arrêtée, c'est qu'aux difficultés du travail, onéreux déjà par la nécessité d'avoir à remonter les charbons, est venue s'ajouter celle résultant de la rencontre d'une petite venue d'eau.

Les travaux faits par le puits de la Garenne, du côté du puits Micheneau, ont été arrêtés à 400 mètres de distance de ce dernier puits par les incendies qui ont obligé à les abandonner ; mais les galeries de direction ont été poussées assez loin pour enlever toute espèce de doute sur l'existence des veines de houille au-dessous du niveau de 335 mètres.

C'est donc avec l'assurance d'un plein succès que le quatrième étage du puits Micheneau est ouvert, et le champ d'exploitation qu'il desservira offre une surface totale de 3 hectares et demi, que l'on doit considérer comme renfermant environ deux millions et demi d'hectolitres de houille.

L'avenir est ainsi assuré au puits Micheneau, si l'on se reporte à ce qui a été dit des étages supérieurs, pour une extraction totale de trois millions et demi d'hectolitres. Ce chiffre serait du reste augmenté si, comme il y a tout lieu de le croire, les dérangements auxquels ont été limités les travaux au nord-ouest, du côté du puits Lestiboudois placé au pied du château d'Épinac, étaient sans importance. C'est ce que l'on reconnaîtra au moyen des travaux actuellement en cours d'exécution et poursuivis pour atteindre et franchir ce dérangement que diverses causes, tenant partie aux difficultés de l'aérage, partie à l'inutilité de faire de nouvelles découvertes, ont empêché d'étudier autrefois.

Du reste, le puits Micheneau, s'il a une durée limitée comme puits d'extraction, doit être maintenu pour l'aérage du puits de la Garenne, siège principal de l'exploitation d'Épinac. Il est en bon état, armé d'une machine horizontale à un seul cylindre de 70 à 75 chevaux de force, sortie des ateliers du Creuzot, et il sera utile pour descendre les remblais au puits de la Garenne. La galerie de roulage, ouverte par le quatrième étage à la profondeur de 352 mètres, doit être dans ce but raccordée avec le niveau du premier étage du puits de la Garenne, au moyen d'un plan incliné franchissant en descendant une verticale de $45^m 35$. A l'achèvement de ce percement, les remblais de la butte du territ du puits Micheneau pourraient être introduits au puits de la Garenne qui demeurerait alors exclusivement chargé d'une extraction de 1,000 chariots de 6 hectolitres par jour. *Rôle du puits Micheneau comme puits à remblais.*

Dans la période de 1863 à 1867, on s'est occupé tout d'abord, au puits de la Garenne, à reconquérir le terrain perdu dans les précédentes années, à la suite des incendies qui avaient fait condamner le deuxième étage tout entier et barrer les avancements nord et sud des deux autres étages, le premier et le troisième, à des distances très rapprochées du puits, ainsi que cela a été exposé dans le chapitre III. En reprenant ces vieux travaux, on a continué, dans les simples glanages auxquels ils pouvaient donner lieu, l'emploi de la vieille méthode ; mais tout en poursuivant ces travaux, on est allé préparer, dans la partie vierge de la couche, un nouveau champ d'exploitation installé pour l'application de la méthode par remblais, telle qu'elle a été décrite au chapitre IV. Voici comment on a procédé. *Puits de la Garenne.*

Le puits de la Garenne se trouvant entouré, au nord et au sud, d'anciens travaux d'une étendue considérable, il n'était pas possible de tenter, soit de les contourner au niveau de chaque zone au moyen de galeries à rocher, soit de les suivre à chaque zone en direction. C'est pour ces motifs que le puits est resté au milieu d'eux, dans le système nouveau, isolé entièrement des travaux neufs par toute l'étendue que présente la vieille exploitation. Au-delà de cet isolement, le puits prend sa vie nouvelle dans l'exploitation nouvelle à laquelle il communique à chaque étage (excepté le deuxième qui est délaissé et inabordable depuis de longues années) par les galeries de roulage correspondant aux travers bancs de chaque recette ou chambre d'accrochage.

Voyons la marche suivie dans chaque étage.

Premier étage. — Son exploitation ne doit être faite qu'après le dépouillement des étages inférieurs. Il y a double avantage à laisser en repos cet étage, car d'un côté il vaut mieux ne pas multiplier les étages en activité quand un seul peut suffire, et d'un autre côté il est bon, au puits de la Garenne, de prendre par exception les étages inférieurs les premiers, pour assurer avec plus de certitude la retenue des eaux au niveau du puits Hagerman. C'est par cette combinaison, du reste, que le puits Hagerman, devenu libre dans une quinzaine d'années, peut seulement devenir un puits à remblais pour le puits de la Garenne.

Troisième étage. — Le troisième étage prépare actuellement au sud du puits un grand district à exploiter par remblais. A cet effet, la hauteur totale de l'étage, qui est de 60 mètres comptés verticalement, est partagée en trois étages nouveaux ou trois sous-étages espacés verticalement l'un de l'autre de 20 mètres. Chaque sous-étage se divise en trois zones horizontales, et chaque zone en tranches de 2 mètres, en allant du mur au toit de la couche. Tous les charbons s'écoulent par la recette du troisième étage, au moyen de plans inclinés reliant les galeries de chaque sous-étage au niveau même de la recette; les remblais descendus, soit par le puits même de la Garenne, qui est muni d'une recette spéciale ouverte à 10^m 20 au-dessous de son orifice situé à 6^m 50 au-dessus des rails de la grande ligne de chemin de fer, soit par le puits Micheneau, arriveront par la galerie de roulage du premier étage, d'où ils seront distribués dans chacun des sous-étages au moyen de plans inclinés. (*Voir le plan général des travaux.*)

Les plans inclinés, en nombre égal au nombre des sous-étages en exploitation, sont disposés de telle sorte qu'ils vont du troisième au premier étage. Chaque plan se compose de trois parties : la partie inférieure, la partie du milieu, et la partie supérieure. La partie inférieure descend les charbons de chaque sous-étage à la galerie de roulage correspondant à la recette ; la partie du milieu raccorde l'une à l'autre les deux galeries de roulage à charbon et à remblais d'une même zone ; enfin, la partie supérieure sert à descendre les remblais du niveau du premier étage à la galerie de roulage des remblais dans chaque zone. Au fur et à mesure qu'une zone est dépouillée dans un sous-étage, le plan incliné à charbon de ce sous-étage se prolonge de la longueur d'une tranche, tandis que le plan incliné à remblais diminue de cette même quantité. La longueur du plan incliné est donc constante.

Chaque sous-étage doit être tracé sur une longueur de 500 mètres; on disposera ainsi à l'achèvement de ces traçages d'un champ d'exploitation composé de trois parties ayant chacune 500 mètres de longueur, soit d'une étendue totale de 1,500 mètres. Cette étendue de 1,500 mètres comprendra facilement 40 chantiers, dans lesquels travailleront 100 à 120 piqueurs abattant chacun 60 hectolitres de houille. La richesse d'un champ d'exploitation ainsi disposé peut être estimée à 8,000,000 d'hectolitres, et l'on peut donc compter qu'il présentera une durée de 5 à 6 ans. Ce champ d'exploitation est aujourd'hui créé à peu près en entier. On est en effet déjà arrivé au niveau de la galerie de roulage de la recette, à 500 mètres au-delà des vieux travaux.

Le service des remblais se trouve, au troisième étage, compliqué par l'emploi de plans inclinés. Il en est de même pour le service des charbons, mais cela résulte de la présence des anciens travaux qu'on ne saurait ni traverser, ni contourner au niveau de chaque zone.

Il est de plus à remarquer, pour ce qui concerne spécialement le service des remblais, que ces derniers sont assujettis à un roulage considérable, soit qu'ils entrent par le puits de la Garenne lui-même, soit qu'ils viennent du puits Micheneau. En outre, on conçoit que l'aérage dont l'activité et l'abondance sont les premières des conditions d'une bonne exploitation, ne se fera que d'une façon imparfaite, avec un courant partant du puits de la Garenne et allant à l'extrémité des chantiers qui s'étendront à plus de 1,000 mètres, pour revenir, en suivant un long parcours, sortir soit au puits Micheneau, soit par le retour d'air d'Hagerman.

A ces deux points de vue, l'introduction des remblais et l'aérage, il est nécessaire de posséder, dans la région du sud, une voie nouvelle, un nouveau puits. D'autres considérations viennent encore plaider en faveur de ce projet d'un nouveau puits.

D'abord, le puits projeté permettrait d'exploiter l'aval pendage des Tréchards; il servirait aussi à faciliter l'aérage du puits Hagerman.

En second lieu, le puits Hottinguer, pour sa propre exploitation, aura besoin d'air et de remblais. Il ne saurait, sans embarras pour les travaux, être borné à une communication avec le puits de la Garenne, et, comme le puits de la Garenne, il ne saurait non plus se procurer par lui-même les remblais qui lui seront nécessaires pour une production d'un chiffre élevé.

Le puits nécessaire aujourd'hui pour le puits de la Garenne pourrait servir aussi au puits Hottinguer, en le plaçant à la ligne de séparation des champs d'exploitation des deux puits. Il serait d'ailleurs à très large section, divisé en deux grands compartiments, armé de deux machines, et, selon les besoins, chaque machine fonctionnerait, l'une pour le puits de la Garenne, l'autre pour le puits Hottinguer, ou une seule pour les deux puits.

Quatrième étage. — Le quatrième étage est entièrement vierge. Ouvert à la profondeur de 466 mètres, il doit atteindre la couche à la distance de 150 mètres, par un travers banc qui n'est encore percé que sur 43 mètres de longueur. Il sera exploité avec la plus grande régularité; dans cet étage, tout plan incliné devra disparaître par le raccordement direct des niveaux de chaque zone avec les puits à charbon et à remblais. Traitée dans ces conditions, munie au nord du puits Micheneau et dotée au sud du nouveau puits à remblais situé à 950 mètres du puits de la Garenne, et à 1,100 mètres du puits Hottinguer, l'exploitation de la Garenne ne s'écartera pas sensiblement de la théorie générale qui a été donnée au chapitre IV, et elle jouira de tous les avantages qui en découlent.

L'avenir du puits de la Garenne est immense. Un coup d'œil jeté sur le plan d'ensemble des travaux actuellement exécutés suffit pour le démontrer. On voit en effet que ces travaux, dans les sous-étages du troisième étage, ont déjà exploré le gîte sur une longueur de 500 mètres comptée en direction au-delà des anciens travaux. Nous devons ajouter que sur toute cette étendue ils ont fait reconnaître à la couche sa puissance moyenne de 6 mètres, et nous ne craignons pas de dire que l'on est en droit d'affirmer que le gîte d'Épinac se comportera sensiblement comme l'indiquent les hypothèses indiquées pour représenter son allure entre les puits de la Garenne et Hottinguer. C'est déclarer que dans le district de ces deux puits existent des richesses qui comprennent 200,000,000 d'hectolitres de houille.

Le puits du Curier a conservé son rôle de puits d'épuisement, en attendant qu'il serve, après la concentration de l'exhaure au puits Sainte-Barbe, à descendre des remblais pour le puits Hagerman. Il a été armé, en 1866, d'une machine neuve à deux cylindres horizontaux conjugués, d'une force nominale de 90 chevaux. Cette machine a remplacé une machine de 25 chevaux, à engrenages, mise hors de service par une trentaine d'années de travail continu. *Puits du Curier.*

Le puits Sainte-Barbe ayant été choisi en 1864 comme siège central d'exhaure, un travers bancs a été ouvert à la profondeur de 267 mètres, par l'une des galeries supérieures du puits Micheneau, pour rejoindre le puits Sainte-Barbe approfondi et y conduire toutes les eaux. Ce travers bancs, qui doit avoir 112 mètres de *Puits Ste-Barbe.*

longueur, a été percé sur une longueur de 90 mètres. Il est dans le mur de la couche. Le puits doit, pour l'atteindre, être creusé de 75 mètres. A la distance de 92 mètres de la couche à laquelle il se trouve actuellement, le travers bancs pénètre dans des roches métamorphiques d'une grande dureté qui, par leur constitution et leur composition, se rapprochent de plus en plus des porphyres. On voit, par cet exemple, que la houille repose à Épinac à peu de distance du terrain d'origine ignée.

Puits neuf des Tréchards. — Un nouveau puits a été ouvert en janvier 1867 aux Tréchards, à la distance de 160 mètres du puits de Saône, pour atteindre la galerie de Ressille, l'aérer et lui fournir les remblais nécessaires à son exploitation. Ce puits a atteint, à la profondeur de 14^m 50, une couche qui a 6 mètres d'épaisseur divisés en deux parties par un banc de nerf de 0^m 50.

Puits François Mathieu. — Le fonçage du puits François Mathieu a été poursuivi au-dessous de la profondeur de 325 mètres, dans des bancs de grès puissants, toujours grossiers, à gros éléments de feldspath, jusqu'à la profondeur de 374^m 80, à laquelle il a été arrêté pour être remplacé par une galerie à travers bancs qui a été ouverte le 27 mai 1864, au niveau de 371^m 80. Les roches coupées par le puits, de 325 mètres à 374^m 80 de profondeur, ont été reconnues appartenir au système moyen du bassin. Elles consistent en grès d'une grande dureté, qui renferment fréquemment de gros poudingues qui passent parfois aux conglomérats. C'est sur ces conglomérats que le puits est arrivé, au commencement du mois d'octobre 1863, à la profondeur de 330 mètres. Ils ont présenté une hauteur de 30 mètres, et au-dessous d'eux, soit à la profondeur de 360 mètres, on a retrouvé les bancs ordinaires en stratification régulière et concordante avec les bancs supérieurs. Ils étaient comme eux dirigés de l'est à l'ouest et inclinés du sud au nord de 38 à 40 degrés. Cette inclinaison sous laquelle les assises sont, avec plus de rapidité et d'économie, coupées horizontalement que verticalement, c'est-à-dire par une galerie à travers bancs que par un puits, a été la cause de la suspension du fonçage. C'est pour cela qu'il a été arrêté à la profondeur de 374^m 80 et remplacé par la galerie à travers bancs ouverte au niveau de 371^m 80.

Le travers bancs ouvert au puits François Mathieu, pour aller du nord au sud à la rencontre des couches de houille, a été avancé à la longueur de 316^m 70. Il a fait reconnaître sur cette longueur une série de bancs de grès réguliers analogues à ceux coupés par le puits. Il a été arrêté le 6 avril 1867, après avoir constaté par le puits Mallet situé en amont pendage que la couche de houille rencontrée par ce puits, et que le travers bancs du puits François Mathieu devait atteindre après un avancement de 400 mètres, correspondait aux couches sans importance du système de Marvelay. Ainsi a été pris le parti, après des recherches qui ont duré plus de neuf années, de suspendre les travaux qui, au siège du puits François Mathieu, ne pourraient donner du charbon qu'en descendant à une profondeur de plus de 800 mètres.

Le puits François Mathieu était, en 1863, à la profondeur de 325 mètres que l'on reconnaissait qu'il se trouvait encore dans les roches appartenant au système de Marvelay ou étage moyen du bassin. Il était par là démontré que la rencontre du charbon par ce puits exigeait une profondeur de plus de 600 à 700 mètres. Aussi, pour hâter le moment de l'ouverture de l'exploitation à Ladrée et obtenir sur l'allure du bassin des données d'un caractère certain, on entreprit, au commencement de juin 1863, une série de petits puits de recherche qui, placés à l'amont pendage du puits François Mathieu et rapprochés de la limite du terrain houiller, devaient, en traversant le dépôt tertiaire qui le recouvre comme d'un manteau, découvrir les assises inférieures de l'étage d'Épinac. *Série de recherches au sud du puits François Mathieu.*

Le premier de ces puits, connu sous le nom de puits de recherche n° 1, fut placé à 610 mètres au sud du puits François Mathieu. Il a atteint le terrain houiller à la profondeur de 14^m 70, et a pénétré dans ce terrain sur une hauteur de 16 mètres. Les roches qu'il a traversées consistent dans des alternances de schistes et de grès *Puits de recherche n^b 1.*

d'une stratification régulière, comme celles du puits François Mathieu, avec une direction est-ouest, et une inclinaison sud-nord de 38 degrés. Fait à petite section rectangulaire de 2 mètres par 1ᵐ 50, le puits de recherche n° 1 n'a pas pu être creusé au-dessous de la profondeur de 30 mètres, à cause de l'abondance des eaux qu'il fournissait. Il a été arrêté et remplacé par le puits de recherche n° 2.

Puits de recherche n° 2, ou puits Caullet. — Le puits de recherche n° 2 a été désigné sous le nom de puits Caullet. Il est situé à 34 mètres au sud du précédent, à son amont pendage, et à 644 mètres du puits François Mathieu. Il a atteint le terrain houiller à la profondeur de 13 mètres, et il a été creusé, avec une section de 2ᵐ 50 par 1ᵐ 50, de 48ᵐ 30. Il a coupé jusqu'à cette profondeur des bancs de grès de 1 mètre à 3 mètres de puissance, tendres, mal agrégés, composés de grains de feldspath blanchâtre décomposé. Après avoir coupé ces bancs d'une couleur gris verdâtre, qui se succédaient les uns aux autres avec régularité comme les assises du puits François Mathieu, sous une direction est-ouest et une inclinaison sud-nord de 38 degrés, il a servi à l'ouverture de deux galeries à travers bancs, l'une nord-sud, longue de 85ᵐ 60 et ouverte à la profondeur de 45 mètres, l'autre sud-nord, longue de 136 mètres et placée au niveau de 30 mètres. On se proposait par ces deux galeries à travers bancs de recouper les diverses assises existant, d'une part entre le puits Caullet et le puits François Mathieu, d'autre part entre le puits Caullet et le puits de recherche n° 3. Ces travers bancs ont démontré la stérilité absolue de tout l'espace situé entre le puits François Mathieu et le puits Caullet, et entre le puits Caullet et le puits de recherche n° 3.

Puits de recherche n° 3. — Le puits de recherche n° 3 a été creusé à 96 mètres au sud du puits Caullet. Sa profondeur est de 25ᵐ 40. Il a rencontré les assises du terrain houiller dirigées toujours de l'est à l'ouest, mais inclinées de 70 à 90 degrés, et il a été remplacé par une galerie à travers bancs ouverte à 23 mètres au-dessous du sol, qui a été poussée du nord au sud à 114 mètres de longueur. Cette galerie a coupé des alternances de grès et de schistes offrant une inclinaison presque verticale, à allure irrégulière et confuse, mais présentant toujours néanmoins leur direction moyenne de l'est à l'ouest. La galerie a été arrêtée à 114 mètres, dans un éboulement provoqué par des venues d'eau considérables qui rendaient son avancement dispendieux. Elle venait de couper des bancs de grès très riches en cristaux de pyrite de fer.

Pour vider la question et achever d'explorer la partie du bassin entre sa limite et les explorations des puits de l'aval, le puits Mallet a été foncé à 166 mètres au-dessus du précédent, à 856 mètres sud du puits François Mathieu. Après avoir traversé, sur une hauteur de 14 mètres, les alluvions argilo-siliceuses tertiaires, il est tombé directement sur l'affleurement d'une couche de houille qui, sous une direction est-ouest et une inclinaison sud-nord de 60 degrés, s'est présentée avec une puissance de 1 mètre. Comme cela a presque toujours lieu à la surface, le charbon qui composait cet affleurement était rouillé et schisteux. Il était en outre chargé notablement de pyrite. Pour avoir la couche avec une allure normale, le puits a été descendu à la profondeur de 70 mètres, et deux travers bancs ont été ouverts, l'un à $34^m 30$, l'autre à 68 mètres. Par le premier, la couche a été coupée à 8 mètres de distance du puits, sous une inclinaison presque verticale. Elle se présentait divisée par un banc de grès de $0^m 30$ d'épaisseur, en deux parties ayant l'une $0^m 40$ et l'autre $0^m 30$ de puissance. La galerie de direction faite de l'ouest à l'est, sur une longueur de 21 mètres, a fait voir que la couche était irrégulière, souvent étranglée, et toujours composée de charbon de mauvaise qualité.

Puits de recherche n° 4, dit puits Mallet.

Par le second travers bancs ouvert à 68 mètres de profondeur, la couche a été retrouvée à 14 mètres de distance du puits, toujours verticale, mais représentée alors simplement par un petit banc de schistes un peu charbonneux, d'une épaisseur totale de $0^m 70$, et partagé en deux parties, comme la couche, dans le travers bancs de la recette de $34^m 30$. Suivie en direction ouest-est sur une longueur de $69^m 50$, la couche a continué de se montrer sous une mauvaise allure. A l'est, elle a aussi été reconnue sur une longueur de 41 mètres et trouvée inexploitable. De toutes ces explorations, il résulte que la veine de houille trouvée à la tête du puits Mallet est sans importance et sans valeur. Elle appartient au système moyen du bassin, et pour arriver à des couches exploitables, il faut, à Ladrée comme à Marvelay, traverser tout ce système. C'est ce qui a été entrepris par le puits Mallet au moyen d'une galerie à travers bancs, chassée du nord au sud pour aller sur la lisière du bassin. Cette galerie, percée actuellement sur une longueur de 105 mètres, a coupé des successions de grès et de schistes qui rappellent assez bien par leur ensemble les roches reconnues par les exploitations de Marvelay.

Puits Montadio. — Le puits Montadio a été fait en 1864 dans le but d'étudier, par une nouvelle exploration, l'allure et la composition du terrain houiller dans le périmètre du puits François Mathieu. Il est placé à 1,000 mètres de distance de ce puits.

La profondeur du puits Montadio est de 31 mètres. Il a été creusé dans des bancs de grès et de schistes de nature variable, les uns à gros grains et à poudingues, les autres à grains fins, de couleur tantôt blanchâtre, tantôt grisâtre ou noirâtre. Il a coupé deux petites veinules de houille terreuse et rayée, de qualité très mauvaise, l'une à 12 mètres, l'autre à 16 mètres de profondeur. Ces deux veinules, dirigées est-ouest et inclinées de 8 degrés du sud au nord, ont une puissance, la première de $0^m 15$, la seconde de $0^m 25$. Il a été prouvé, par une galerie à travers bancs ouverte à la profondeur de $29^m 50$, qu'elles n'ont pas la moindre valeur.

Si l'année 1863 a vu s'arrêter les vieilles exploitations du Curier, de la galerie de Ressille et des Souachères, c'est en revanche avec elle que deux grands puits nouveaux ont vu le jour. Au puits François Mathieu, augmenté de travaux d'exploration qui ont déterminé la position de puits plus rapprochés des affleurements présumés des couches, sont venus se joindre les puits Hottinguer et Lestiboudois.

Puits Hottinguer. — Le puits Hottinguer est placé à 900 mètres du puits de la Garenne, sur la rive méridionale du bassin. Il a été entrepris le

26 mai 1863, et il a été creusé de 295 mètres de cette époque au 1ᵉʳ janvier 1867. Après avoir coupé, sur une hauteur de 10ᵐ 30, les alluvions tertiaires, il a pénétré dans des bancs de grès séparés de temps en temps par des schistes d'une stratification régulière, dirigés sensiblement en moyenne du nord au sud, et inclinés de l'ouest à l'est. L'inclinaison des assises varie, sur la hauteur du puits, de 18 à 6 degrés. En dehors des schistes et des grès, le puits Hottinguer a coupé huit bancs de poudingues, d'une puissance variable, d'un banc à un autre, de 1 à 15 mètres, qui se trouvent aux profondeurs de 20, 65, 135, 200, 220, 240, 260 et 300 mètres.

Dans les conditions où il est placé, le puits Hottinguer rencontre les stratifications du bassin offrant, sous une inclinaison contraire, la même direction que la direction générale des couches exploitées sur le versant opposé par les puits Hagerman et de la Garenne. Le puits Hottinguer occupe d'après cela le relèvement des veines de houille dont le fond de bateau semblerait exister à peu près à la profondeur de 470 mètres, au niveau du quatrième étage ouvert par le puits de la Garenne. D'un autre côté, il est à observer que les grès traversés par le puits Hottinguer présentent, par leur composition et leur succession, une analogie remarquable avec ceux du puits de la Garenne. Ils sont comme eux à gros grains de feldspath rose, et comme eux aussi ils renferment des poudingues à noyaux variables. Il résulte de la similitude de roches de ces deux puits, que le puits Hottinguer qui les traverse sous une inclinaison de 18 à 6 degrés, est destiné à rencontrer les couches de houille à la profondeur de 390 mètres. Les courbes de niveau et les coupes verticales que nous donnons aux figures 1, 2 et 3 de la planche II, sont établies dans cette hypothèse.

En prévision de la grande profondeur à laquelle il devait descendre et de l'importance qui lui serait attribuée comme siège d'extraction, le puits Hottinguer a été ouvert au diamètre de cinq mètres, pour conserver à l'intérieur du muraillement en briques dont il doit être revêtu un diamètre libre de 4ᵐ 25. En attendant ce muraillement, les parois du puits sont provisoirement soutenues par un revêtement en bois composé de croisures décagonales, assemblées à mi-bois et au moyen de boulons en fer rond de 16 millimètres, qui pèsent avec l'écrou 0ᵏ 750 chacun. Les croisures prennent par les extrémités des cinq pièces principales dans les parois du puits; elles sont espacées les unes des autres de 0ᵐ 50 à 1 mètre, selon la nature et la solidité des roches, réunies par 20 porteurs et extérieurement garnies d'un blindage en croûte de chêne qui recouvre entièrement les parois du puits. Les pièces qui entrent dans la construction des croisures sont aussi en chêne, et leur équarrissage est de 0ᵐ 18 de côté.

Sur une hauteur de 293ᵐ 90, il a été posé 258 croisures. Chaque croisure revient en moyenne au prix de 136ᶠ 17, qui se décompose ainsi qu'il suit :

5 pièces principales de $3.00 \times 0\,18 \times 0\,18 = 0^{m3}\,486$ à 80ᶠ = 38 88
5 pièces ordinaires de $2.00 \times 0\,18 \times 0\,18 = 0^{m3}\,324$ à 80 = 25 92
20 porteurs   de $1.30 \times 0\,18 \times 0\,09 = 0^{m}\,403$ à 80 = 32 25
Croûtes chêne, 100 mètres à 0ᶠ 15   = 15 » »
Façon de la croisure et pose dans le puits   = 20 » »
Fourniture de 7ᵏ 500 boulons à 0ᶠ 25   = 1 87
Main-d'œuvre   id.   0ᶠ 30   = 2 25

TOTAL . . . 136 17

En ce qui concerne la main-d'œuvre du fonçage, elle a varié avec la profondeur, la nature des roches et les venues d'eau, entre 150 francs et 275 francs le mètre courant, abstraction faite des trente premiers mètres qui ont coûté de 25 à 100 francs. Au-delà de cette profondeur, le prix qui a été plus suivi est celui de 200 à 225 francs. Il comprend d'ailleurs les fournitures de poudre et d'outils qui sont à la charge des mineurs.

En ajoutant aux frais de revêtement provisoire en bois et au coût de la main-d'œuvre de fonçage les dépenses de machines et de machinistes, ainsi que toutes celles du service extérieur, on arrive, pour le prix du mètre de puits creusé, au chiffre de 600 fr., qu'il reste encore à grossir des frais de muraillement. Le puits achevé reviendrait, d'après cela, à 875 francs le mètre.

Le puits Lestiboudois, commencé le 5 juin 1863, est placé à 1,550 mètres à l'ouest du puits Micheneau, et à 1,650 mètres au nord-ouest du puits de la Garenne, au pied du château d'Épinac. Sans avoir à traverser d'alluvions supérieures, il a pénétré directement dans le terrain houiller, qui s'est présenté en bancs stratifiés, avec une régularité des plus remarquables. Ces bancs consistent en grès alternés fréquemment de veines de schistes. Ils ressemblent généralement aux roches du puits Hottinguer par leur élément prédominant, le feldspath rose; mais dans la partie supérieure du puits, ils en diffèrent par l'absence de toute espèce de poudingues et par la présence de bancs de schistes plus nombreux. Ils sont aussi à grains plus fins, empâtés dans un ciment assez dur et assez consistant, qui leur donne une solidité suffisante pour être employés dans les constructions. Leur direction est est-ouest, et leur inclinaison nord-sud.

Puits Lestiboudois.

Au-dessous de la profondeur de 30 mètres, le puits Lestiboudois a coupé jusqu'à celle de 116 mètres une série de bancs de grès, de puissance variable entre 1 mètre et $1^m\,10$, séparés parfois les uns des autres par des veinules de schistes. Les différents bancs de schistes et grès, dirigés de l'est à l'ouest et inclinés du nord au sud de 15 degrés, ont toujours été très réguliers. Mais entre 30 et 116 mètres de profondeur, la structure des grès composés essentiellement de feldspath rose, tantôt en petits, tantôt en gros grains, s'est rapprochée davantage de celle des rochers du puits Hottinguer. Outre des grains plus gros, on a aussi trouvé parmi eux, soit en bancs particuliers, soit disséminés, des poudingues de grosseur variable. Entre les profondeurs de 169 et de 175 mètres, au-dessous d'un second banc de poudingues d'une épaisseur de $3^m\,20$ recouvrant des schistes compacts de $1^m\,40$ de puissance, le puits a traversé plus tard un banc de gros poudingues de 6 mètres d'épaisseur. Au-dessous comme au-dessus de ces poudingues, les assises sont restées d'une régularité remarquable, et l'on a eu à constater ce fait que leur inclinaison, tournée d'abord du nord au sud, est devenue de moins en moins grande, qu'elle a été nulle à la profondeur de 268 mètres, et qu'au-dessous de cette profondeur elle a passé successivement de zéro à 10 degrés, mais en plongeant alors en sens inverse des assises coupées de l'orifice du puits à la profondeur de 268 mètres. Il suit de là que le puits Lestiboudois se trouve à peu près situé sur le grand axe est-ouest du bassin d'Autun, et l'on en peut conclure qu'il n'atteindra pas avant la profondeur de 600 mètres les couches du système d'Épinac. Il est à la profondeur de 302^m 55 à laquelle il a été arrêté le 1er septembre 1866, pour reporter sur les puits en exploitation les ouvriers qui l'occupaient ; il est donc à peine à moitié chemin du parcours qu'il a à traverser pour arriver au charbon.

Les dimensions et le mode de revêtement du puits Lestiboudois sont les mêmes qu'au puits Hottinguer. Il est, sur une hauteur de 26 mètres comptée au-dessous de son orifice, revêtu d'un muraillement en briques de 0^m 375 d'épaisseur, lui laissant dans œuvre un diamètre de 4^m 25.

Le fonçage du puits Lestiboudois a marché plus vite que celui du puits Hottinguer, et il est revenu à un prix moindre. Ainsi, la main-d'œuvre des mineurs payée dans quelques cas seulement 175, 180 et 200 francs, a été le plus souvent de 150 francs par mètre, tandis qu'elle est de 200 et 225 francs au puits Hottinguer. La différence sensible existant entre les deux prix tient à deux causes. A part les gros poudingues qui ont été trouvés sur 6 mètres de hauteur, on a eu au puits Lestiboudois des bancs plus minces qu'au puits Hottinguer, des grains plus fins, des délits plus fréquents et plus épais. En outre, le puits Lestiboudois a sur le puits Hottinguer l'avantage de fournir beaucoup moins d'eau, 5 hectolitres au lieu de 30 hectolitres à l'heure, et il présente ainsi beaucoup plus de facilité dans le travail.

Sondage nord de Micheneau. — Si l'on jette un coup d'œil sur le plan d'ensemble des travaux exécutés par les puits Sainte-Barbe, le Domaine, Hagerman et Micheneau, on trouve que dans le puits Micheneau l'exploitation a été limitée au-dessus de la recette du premier étage situé à 285 mètres, sur une ligne dont le niveau moyen est à la profondeur de 237 mètres. Cette ligne doit correspondre à celle d'un amincissement ou dérangement faisant disparaître les veines de houille arrêtées à une ligne passant suivant leur direction. Au-dessus de ce dérangement, aucune recherche n'avait été faite autrefois, soit parce qu'alors on disposait de richesses assez considérables, soit parce que l'on avait à vaincre des difficultés d'aérage qui rendaient ces travaux difficiles du côté du puits Micheneau. Il nous a paru intéressant de rechercher les couches à l'amont pendage des parties exploitées entre la ligne du dérangement et la limite du bassin houiller, et dans ce but a été commencé en 1864, à 1,100 mètres de distance du puits Micheneau et au nord de ce puits, un sondage présumé ne devoir descendre qu'à une cinquantaine de mètres pour arriver sur les couches de houille.

Mais les prévisions faites ont été déjouées par l'allure des assises qui, au lieu de se prolonger au-dessus des travaux connus avec leur inclinaison normale de $0^m 20$ à $0^m 25$ par mètre, restent à peu près horizontales entre la limite du bassin et la ligne du dérangement qui limite en amont l'exploitation du puits Micheneau. Ce changement d'allure fait que le trou de sonde a été descendu à la profondeur de 120 mètres sans atteindre les couches cherchées. Il a été arrêté à cette profondeur à cause de son faible diamètre qui n'est que de $0^m 04$, de l'insuffisance de son outillage qui consistait en un simple levier tiré à la corde, et du chemin trop long qui lui restait à parcourir. Il a traversé des successions horizontales de bancs de grès alternés de minces délits de schistes, qui ont fait juger par leur nature, et surtout par leur allure, que le trou de sonde pouvait exiger une profondeur de 200 mètres environ. Avant d'entamer le creusement d'un puits pour descendre à cette profondeur, on a pris le parti de procéder du connu à l'inconnu, et de revenir, par le puits Micheneau lui-même, explorer le dérangement auquel ont été limités ses travaux au-dessus du premier étage.

Les travaux de recherches entrepris en 1864 sous le nom de recherches de Dinay-Sully, ont été pratiqués dans un affleurement qui se voit sur le chemin de Dinay à Sully, vers la limite du territoire de la commune d'Épinac, à côté de l'ancien puits donné sous le nom de puits de Dinay, et creusé par les frères Blum. Ces travaux

Recherches de Dinay-Sully.

sont de deux sortes. Les uns consistent en galeries de direction et d'inclinaison pratiquées dans une petite couche de houille ; les autres comprennent un faux puits partant de la galerie principale de direction des travaux précédents pour explorer les couches inférieures.

1° *Galeries de direction et d'inclinaison dans la couche de houille.* — Les galeries faites dans la couche de houille sont divisées en deux parties par une galerie principale de direction est-ouest, débouchant par le flanc de la vallée, au niveau de la rivière Ladrée. A la partie supérieure se trouvent les premières explorations des affleurements qui ont été exécutées au moyen d'une descenderie d'une longueur de 100 mètres, plongeant du nord au sud. A la partie inférieure, la descenderie est prolongée de 120 mètres dans le but de poursuivre la reconnaissance du gîte.

Les travaux de la partie supérieure, ou travaux d'amont, ont fait découvrir à l'ouest de la descenderie un gîte peu régulier présentant, dans son allure la meilleure, une puissance moyenne de $0^m 60$, divisé par des intercalations stériles et sans valeur industrielle réelle, bien qu'elle ait, par tout l'ensemble des travaux décrits ici, produit en totalité 23,231 hectolitres de houille.

A l'est, l'allure de la couche est encore moins avantageuse. Une galerie de direction, avancée sur une longueur totale de 160 mètres, n'a eu affaire sur toute cette étendue qu'à une veine sans importance et entièrement inexploitable, divisée tantôt en deux, tantôt en trois ou quatre veinules de houille de $0^m 05$ à $0^m 20$ d'épaisseur.

A la partie inférieure, la descenderie, prolongée de 120 mètres au-dessous de la galerie du lit de rivière, n'a pas fait reconnaître en aval une allure meilleure au gîte. La couche y est divisée comme à l'est, et elle disparaît laminée et resserrée par un dérangement dans lequel on est entré sur une longueur de 170 mètres sans en sortir.

2° *Faux puits de la galerie du lit de rivière.* — Un faux puits, placé à 65 mètres à l'ouest de la descenderie, a été creusé dans le but de rechercher les couches inférieures, ou mieux de reconnaître si, suivant le dire des *anciens*, le puits dit puits de Dinay, situé à 70 mètres en amont au nord, avait été réellement arrêté, à la profondeur de 45 à 50 mètres, par une veine de charbon de 1^m 50 de puissance. Ce faux puits est descendu à la profondeur de 60 mètres sans avoir recoupé à 40 mètres la couche cherchée. Il n'a traversé que des bancs de grès alternés de schistes. Il a, par là, été prouvé que la version laissée par les anciens était inexacte, et que l'ancien puits de Dinay, creusé par les frères Blum, n'a trouvé de charbon que la couche de la descenderie qu'il a dû couper à la profondeur de 10 mètres; que le niveau auquel cette couche a été atteinte a pu être confondu avec la profondeur du puits, et qu'enfin ce dernier n'a traversé, comme le faux puits, que des grès alternés de schistes.

Ce que l'on peut penser des recherches de Dinay.

La couche de la descenderie a été reconnue sur 27 mètres en direction, et sur une longueur totale de 220 mètres suivant l'inclinaison. Elle se trouve par ces travaux suffisamment déterminée pour ne pas être considérée comme un gîte exploitable. C'est une veine de l'étage moyen du bassin, rappelant les couches irrégulières de Marvelay auxquelles elle correspond peut-être. La poursuite des travaux serait donc, d'après cela, inutile.

Quant au faux puits, on sait par sa position qu'il a dépassé les stratifications qui se trouvent au fond du puits creusé par les frères Blum, et que la couche de charbon que l'on disait se trouver au fond de ce puits n'existe pas. La poursuite du fonçage du faux puits ne saurait donc avoir lieu qu'à titre de recherches de couches nouvelles.

Mais à ce titre, le faux puits ne saurait convenir. En effet, il occupe dans le bassin une position qui le place dans l'étage moyen qu'il lui faudrait traverser avant d'atteindre l'étage inférieur ou système d'Épinac, dont il est distant de plusieurs centaines de mètres, peut-être 700 ou 800 mètres, peut-être encore davantage. Sa place, si les recherches de Dinay devaient être maintenues, devrait ainsi être reportée à la lisière du bassin, soit à 1,200 ou 1,500 mètres au nord des travaux actuels.

Tableau des puits creusés à Épinac.

Les puits creusés sur la concession d'Épinac, telle que cette concession est réglée par décret du 31 août 1858, sont au nombre de 50, en laissant de côté diverses petites fouilles et recherches restées ignorées ou de peu d'importance. Ils sont résumés dans le tableau ci-après, qui fait connaître leurs noms et leurs formes, leur origine et leur rôle. On voit aussi par ce tableau que sur le nombre de 50 puits, 4 seulement sont aujourd'hui en activité à l'extraction. Les autres, au nombre de 4, sont employés à l'exhaure, à la descente des remblais ou à l'aérage; d'autres sont en fonçage; le reste est complètement abandonné.

CHAPITRE VII.

Conditions générales de la main-d'œuvre. — Transports souterrains par mulets. — Consommation en bois.

Base générale des salaires.

Les salaires, pour la plus grande partie des ouvriers, sont basés sur le travail à la tâche, qui permet à chacun de travailler selon ses forces, et d'être rémunéré selon ses œuvres. Ils sont évalués sur la production en charbon pour le piquage ou abattage, sur la pose des bois pour le boisage, et sur la quantité de chariots chargés et roulés pour les manœuvres. Les ouvriers des diverses catégories sont intéressés ainsi d'abord à produire le plus possible, pour réaliser un gain plus élevé, ensuite à ne pas délaisser les charbons dans les chantiers, et à ne point négliger le boisage qui leur est payé tant pour assurer leur propre sécurité, que pour garantir la marche régulière de l'exploitation.

Abattage ou piquage.

L'abattage est payé au chariot de charbon livré. Le prix du chariot, dont la contenance est de 6 hectolitres, varie, selon les circonstances de dureté de la houille, de $0^f 25$ à $0^f 35$. Ce prix est du reste combiné d'une part avec le mètre d'avancement et le

TABLEAU

Des puits creusés dans la concession des Mines de houille d'Épinac, telle que cette concession est réglée par décret du 31 août 1858.

N° d'ordre	NOMS des puits.	FORMES.	Dimensions.	MODE de revêtement.	Profondeurs.	DATES du creusement	DATES d'entrée en service	NATURE du service.	DATES d'abandon des puits.	ROLE actuel des puits.	OBSERVATIONS.
1	L'Ouche	circulaire	1.60	muraillé	62.»»	1774	1775	extraction	»	aérage	
2	Saône n° 1	id.	2.»»	id.	inconnue	1774	1775	id.	1780	nul	
3	Saône n° 2	id.	2.»»	id.	17.»»	1775	1775	id.	1825	aérage	
4	Pataud n° 1	inconnue	inconnues	inconnu	19.50	1795	1795	id.	1825	nul	
5	Pataud n° 2	id.	id.	id.	19.30	-1805	1806	id.	1825	id.	
6	Cerisier	circulaire	id.	muraillé	23.30	1810	1810	id.	1811	id.	
7	Trécbard n° 1	rectangulaire	id.	boisé	50.»»	1826	1826	id.	1829	id.	
8	id. n° 2	id.	id.	id.	48.30	1826	1826	id.	1829	id.	
9	id. n° 3	id.	id.	id.	24.»»	1826	1826	id.	1829	id.	
10	id. n° 4	id.	id.	id.	5.28	1828	néant	néant	1828	id.	
11	Les Grandes Raies.	circulaire	3.»»	muraillé	20.»»	1829	id.	id.	1829	id.	
12	Fontaine-Bonnard (haut)	id.	3.»»	id.	63.90	1826	1829	extraction	1838	id.	
13	Fontaine-Bonnard (bas)	id.	3.»»	id.	110.»»	1826	1839	id.	»	extraction	
14	Sonachères	rectangulaire	2.60 × 1.35	boisé	67.»»	1843	1846	id.	1863	nul	Délaissé à cause des eaux.
15	Du Bois	id.	2.76 × 1.39	id.	96.60	1829	1831	id.	1851	id.	A servi à l'aérage jusqu'en 1863.
16	De la Pompe	circulaire	1.66	muraillé	100.»»	1846	1848	exhaure	1864	aérage	
17	Du Domaine	id.	3.»»	nu	138.80	1837	1830	extraction	1848	nul	
18	Saint-Pierre	id.	3.»»	muraillé	191.45	1845	1850	recherches	1851	id.	N'a extrait que 2,957 hectolitres.
19	Curier	id.	3.»»	id.	177.50	1826	1828	extraction	»	remblais	A cessé l'extraction en janvier 1863.
20	Sainte-Barbe	elliptique	3.35 × 2.»»	id.	206.70	1833	1837	id.	1860	exhaure	Le puits Ste-Barbe est elliptique que sur une hauteur de 160 mètres; au-dessous de cette profondeur, il est rectangulaire avec section de 2.65 × 2.»»
21	Berquin	rectangulaire	2.70 × 1.30	boisé	30.»»	1835	néant	recherches	1836	nul	
22	Hagerman	id.	4.60 × 1.50	id.	290.»»	1836	1839	extraction	»	extraction	Le puits Hagerman est divisé en 3 compartiments de chacun 1.47 par 1.50.
23	Micheneau	elliptique	3.»» × 2.50	muraillé	357.»»	1837	1848	id.	»	id.	
24	Démion	rectangulaire	2.76 × 1.30	boisé	45.»»	1836	néant	recherches	1836	id.	
25	Garenne	circulaire	3.»»	muraillé	470.»»	1847	1854	extraction	»	extraction	
26	Audéoud	rectangulaire	2.63 × 1.50	boisé	8.»»	1865	néant	recherches	1865	id.	
27	Du Moulin	circulaire	3.»»	muraillé	80.»»	1849	id.	id.	1850	néant	
28	De la Vesvre	rectangulaire	1.50 × 2.»»	boisé	19.»»	1856	id.	id.	1856	id.	
29	Recherches Garenne	carrée	1.50	id.	15.»»	1858	id.	id.	1845	id.	
30	François Mathieu	circulaire	3.»»	muraillé	314.80	1858	id.	id.	»	recherches	
31	Recherches n° 1	rectangulaire	2.»» × 1.50	boisé	30.»»	1863	id.	id.	1863	néant	
32	Caullet	id.	2.50 × 1.50	id.	48.30	1863	id.	id.	1863	id.	
33	Recherches n° 3	id.	2.»» × 1.50	id.	25.40	1863	id.	id.	1864	id.	
34	Mallet	id.	2.»» × 1.50	id.	70.»»	1865	id.	id.	»	recherches	
35	Montadios N	id.	2.»» × 1.50	id.	31.»»	1864	id.	id.	1865	recherches	
36	Hottinguer	circulaire	4.25	muraillé	»	1863	id.	fonçage	»	id.	Fonçage suspendu le 1er septembre 1866.
37	Letihoudois	id.	5.04	néant	302.55	1853	id.	id.	»	néant	
38	Sondage Micheneau	rectangulaire	2.»» × 1.50	boisé	120.»»	1864	id.	recherches	1865	néant	
39	Faux puits Dinay	circulaire	2.66	muraillé	60.»»	1865	id.	id.	1866	id.	
40	Montadios V	id.	id.	id.	81.»»	1833	id.	id.	1836	id.	
41	Dinay	inconnue	inconnues	inconnu	42.»»	1836	id.	id.	1836	id.	
42	Du Bois-Marvelay	carrée	2.»»	boisé	38.»»	inconnue	inconnue	extraction	inconnue	id.	
43	Du Pré	circulaire	2.40	muraillé	151.80	id.	id.	id.	id.	id.	
44	Garenne-Marvelay	id.	2.40	id.	141.»»	id.	néant	recherches	id.	id.	
45	Marvelay	id.	2.40	id.	170.»»	id.	id.	id.	id.	id.	
46	Sainte-Barbe, faux puits	id.	2.»»	nu	103.»»	1860	id.	id.	1861	néant	Le faux puits Ste-Barbe est situé à l'extrémité de la galerie Ste-Barbe à Marvelay. Il est prolongé d'un trou de sonde de 97.95 m de profondeur.
47	Trécbard N	rectangulaire	2.84 × 1.40	boisé	18.50	1867	inachevé	id.	»	aérage et remblais	
48	Cévalon	inconnue	inconnues	inconnu	38.»»	inconnue	néant	id.	inconnue	néant	
49	De Veuvrotte	inconnue	inconnues	inconnu	36.»»	inconnue	néant	id.	inconnue	néant	
50	Val Saint-Benoît	inconnue	inconnues	inconnu	9.»»	inconnue	néant	id.	inconnue	néant	

cadre de boisage dans les galeries de traçage, de l'autre avec le boisage dans les dépilages. Dans les traçages, au prix du chariot de charbon s'ajoutent une somme de 1 à 2 francs par mètre courant de galerie, et une somme de 1^f à 1^f 50 par cadre de boisage.

Dans les dépilages, les mineurs sont payés à raison de 0^f 20 à 0^f 25 de chaque bute qu'ils placent. Partout, le boisage des chantiers est exécuté par les mineurs sans le secours de boiseurs spéciaux. Cette organisation nous a fourni, dans le département de Saône-et-Loire, comme dans le département de l'Allier, des avantages notables.

Le charbon est livré par les mineurs à l'état de tout venant, et rien, jusqu'à présent, ne les intéresse directement à chercher à produire le plus de gros possible. Ils sont seulement intéressés à prendre soin du charbon, à surveiller son chargement, à tenir la main à ce qu'il soit propre, exempt de matières stériles, à faire en sorte qu'il ne soit pas abandonné dans les tailles; mais rien ne porte l'ouvrier à le fournir d'une qualité déterminée au point de vue de la grosseur. Placer l'ouvrier dans cette condition nouvelle, c'est le moyen d'obtenir, mieux que par une surveillance qui ne saurait être de tous les instants, qu'il travaille de telle sorte que le charbon soit abattu en gros blocs, en fournissant le moins de menu possible.

Cet usage d'intéresser les ouvriers à la production du gros est depuis longtemps en pratique dans la Loire. Nous l'avons installé en 1859 dans l'Allier, et il est en général suivi dans toutes les mines où le salaire a pour base la quantité d'hectolitres extraits. On fait alors à l'intérieur même des puits deux classes de charbons, le gros qui est mis à la main dans les chariots, et le tout venant qui est, selon l'habitude ordinaire, chargé à la pelle. Ces charbons sont payés à des prix différents aux ouvriers qui les produisent; le gros est payé le double ou le triple du tout venant, selon les circonstances.

De là ne résulte pas que l'application de ce mode de salaire entraîne une élévation du prix d'abattage. Le salaire est seulement divisé en deux parties : l'une plus forte pour le gros, l'autre plus faible pour le menu, et la moyenne des deux prix est égale au prix ordinaire. C'est ce qui découle du raisonnement suivant :

Un ouvrier mineur dans un chantier placé dans des conditions convenables de dépilage, dans une veine de puissance et de dureté ordinaires, abat dans sa journée 10 chariots de la contenance de 6 hectolitres qui, payés au prix de 0^f 40, représentent une somme totale de 4 francs. Au moyen d'un travail bien entendu, les dix chariots de charbons peuvent se composer de 4 de gros et 6 de tout venant. Qu'au lieu de les payer les uns dans les autres à 0^f 40, on fixe les premiers à 0^f 60, il restera pour les seconds une somme de 4 francs — 0^f 60 $\times$ 4, et le prix du chariot de tout venant sera de $\frac{4 - 0.60 \times 4}{6} = 0^f$ 27.

Ainsi, sans changer en rien le prix de revient du piquage, on arrivera, en payant le gros séparément à 0^f 60 et le menu à 0^f 27, à engager l'ouvrier à faire en sorte de produire la plus grande quantité possible de gros.

En supposant en vigueur ce système dont l'application vis-à-vis d'ouvriers toujours ombrageux ne devrait être faite à Épinac que lentement, chantier par chantier, et sans avoir l'air d'attacher à la mesure une importance sérieuse, il reste à dire ce que les charbons classés dans la mine deviennent au jour.

Le tout venant est versé sur les cribles où il est divisé en menus et grelassons partagés eux-mêmes, selon les circonstances commerciales, en petit carré et en châtilles.

Le gros est conduit dans les chariots d'extraction sur un quai de chargement, d'où il est mis directement dans les wagons d'expédition, ou bien sur lequel il est, en attendant le moment de partir, emmagasiné en tas réguliers comme des briquettes d'agglomérés. Il y a là des manipulations coûteuses, il est vrai, mais les bénéfices que l'on en retire, l'expérience l'a démontré partout où l'on a dû éviter les menus, compensent largement les frais que ces précautions occasionnent.

La manière dont sont traités les gros charbons dans le mode d'opérer qui vient d'être énoncé dit assez que ces charbons pourraient toujours, au sortir de la houillère, être livrés dans un état de propreté irréprochable.

Dans les traçages en grande couche, les piqueurs produisent de 5 à 6 chariots de charbon, soit 30 à 36 hectolitres de houille par piqueur, et 0ᵐ 50 environ d'avancement de galerie. Généralement ils font, outre le boisage du chantier, le chargement et le roulage du charbon. Le travail moyen revenant à chaque piqueur comprend ainsi pour sa journée :

Abattage de 6 chariots de charbon, à 0ᶠ 30 . . .	1ᶠ 80
Avancement, 0ᵐ 50 à 2 » » . . .	1 » »
Boisage	1 » »
Chargement et roulage, 6 chariots, à 0 10 . . .	0 60
Total . . .	4 40

En dépilage, à la méthode par remblais, avec des tranches inclinées prises dans le sens de la direction, de 2 mètres de hauteur et de 15 à 20 mètres de longueur, suivant la pente, on place tantôt trois, tantôt quatre piqueurs, selon que l'on a 15 ou 20 mètres. Dans tous les cas, les piqueurs boisent leur chantier, et ils font glisser le charbon au point de chargement. Dans ces conditions, chaque piqueur fait 60 à 72 hectolitres, et le gain moyen de la journée se trouve établi sur les éléments ci-après :

Chariots, 12 à 0ᶠ 30	3ᶠ 60
Boisage, 4 bois, à 0ᶠ 25	1 » »
Total . . .	4 60

Dans l'exploitation des petites veines, au puits Micheneau, le prix du chariot, dont la capacité est d'un hectolitre moindre que celui des autres puits, est de 0ᶠ 35 ; mais alors le boisage est à la charge des piqueurs, soit en traçages, soit en dépilages. Dans les traçages, il est donné, selon l'allure de la veine, sa dureté, sa puissance, et la quantité de roches à couper pour l'établissement de la galerie, une somme variant de 1ᶠ 50 à 2, 3 et 6 francs. En dépilage, un mineur produit 50 à 60 hectolitres de houille, dont il fait le chargement et le roulage à 30 ou 50 mètres de distance. Ce travail est payé séparément à raison de 0ᶠ 10 le chariot, et la journée ressort ainsi entre 4 francs et 4ᶠ 95.

Boisage.

Le boisage d'entretien proprement dit est payé à la paire de bois, le prix variant de 1 franc à 2 francs, selon qu'il s'agit de cadres ordinaires, de cadres moyens ou de grands cadres. Les boiseurs reçoivent en outre 0ʳ 25 par chariot de charbon qu'ils produisent, mais alors ils sont tenus de faire le chargement et le roulage de ce charbon. Les charbons sales sont payés 0ʳ 10 le chariot. Enfin, selon que la réparation de la galerie se trouve à nécessiter l'attaque d'une proportion de rocher plus ou moins forte, il est donné, en dehors des prix ci-dessus, qui restent toujours les mêmes, une somme variable de 1 à 3 francs par mètre courant de galerie reboisée.

En cas de boisage exceptionnel, comme celui de la recette du troisième étage du puits de la Garenne qui est fait, partie en chapeaux de deux pièces, partie en grands cadres ordinaires doublés de cadres intérieurs composés de montants ordinaires surmontés de chapeaux à trois pièces assemblées entre elles, et d'un cadre à l'autre, au moyen de longrines, le prix du boisage est beaucoup plus élevé. Il revient à 9 francs le mètre de galerie, soit à 3 francs la paire. L'élargissement ou le percement de la galerie, qui a 3 mètres de largeur par 2ᵐ 60 de hauteur, sont en outre payés de 4 à 15 francs, selon les conditions de roches et de dureté dans lesquelles elle se trouve.

Dans ces conditions, les boiseurs gagnent des journées qui varient de 4ʳ 90 à 2ʳ 90, soit en moyenne de 3ʳ 75.

Manœuvres.

Les rouleurs sont occupés à la tâche. Ils chargent et roulent en moyenne et par homme 30 chariots à 60 mètres ou 20 chariots à 100 mètres de distance. Ils reçoivent dans le premier cas 0ʳ 10 du chariot, et dans le second cas 0ʳ 15. Ils se font ainsi un gain journalier de 3 francs. Dans le travail du rouleur chargeur, on peut estimer à 0ʳ 05 le chargement du chariot.

Les remblayeurs se divisent en rouleurs et en remblayeurs proprement dits. Les premiers sont au chariot; selon la distance à parcourir et l'état des galeries, ils sont payés à des prix différents, et ils gagnent de 2ʳ 50 à 3 francs. Les remblayeurs proprement dits, ceux qui sont occupés dans les tailles à régler la mise en place des remblais, sont payés à la journée. Ils reçoivent 3 francs, et ils ont en moyenne à manipuler 12 mètres cubes par homme, dans les tranches disposées suivant l'inclinaison où les remblais viennent naturellement glisser par la gravité.

Le service des plans inclinés est fait par des manœuvres payés à la journée : selon l'importance du travail, le prix de la journée est de 2^f 75 ou 3 francs.

Les muletiers sont tantôt à la journée, tantôt au chariot. A la journée, ils gagnent de 1^f 75 à 2^f 50. Au chariot, ils reçoivent des prix variables dans chaque puits, selon la nature des transports. Ce prix est en moyenne de 6 francs par cent de chariots, à partager entre une équipe de muletiers. Dans tous les cas, le prix des journées ressort dans les limites ci-dessus données.

Les encageurs sont aussi à la journée. Ils sont payés de 4 francs à 3 francs, selon l'importance de leur travail.

Les machinistes touchent par jour une somme qui varie, selon que leur poste est plus ou moins important, de 2^f 75 à 3^f 50. Sur un siège d'extraction comme le puits de la Garenne, ils reçoivent en outre, au-dessus d'une extraction journalière de 500 chariots, une prime de 0^f 25 pour le premier cent, de 0^f 30 pour le second cent, et ainsi de suite jusqu'au cinquième cent dont la prime est de 0^f 45.

La journée des chauffeurs est de 2 francs à 2^f 25.

Les receveurs sont payés 2^f 25. Les ouvriers employés au transport des charbons au jour sont à la tâche. Ils reçoivent 0^f 02 du chariot. Placés dans les conditions les meilleures pour travailler, sous des halles de roulage, à l'abri de la pluie, du vent et du froid, sur des chemins de fer bien établis, ils roulent, par journée de neuf heures, cent chariots par homme, au prix de 0^f 02 le chariot; la distance moyenne du parcours est de 80 mètres.

Le tableau ci-dessous résume, pour chacune des catégories d'ouvriers, les prix maxima et minima des journées ; il donne aussi le prix moyen de chacune de ces journées.

TABLEAU DES SALAIRES.

CATÉGORIES D'OUVRIERS.	MAXIMA.	MINIMA.	MOYENNE.
Mineurs.	6f » »	3f » »	4f 25
Boiseurs.	4.90	2.90	3.75
Rouleurs et chargeurs.	3.25	2.50	3. » »
Remblayeurs.	3. » »	2.25	2.75
Manœuvres divers.	3. » »	2.25	2.50
Muletiers.	2.50	1.75	2.25
Encageurs.	4. » »	3. » »	3.50
Machinistes.	3.50	2.75	3.10
Chauffeurs.	2.25	2. » »	2.15
Receveurs.	2.25	2.00	2.10

Transports souterrains par mulets. — Avantages des mulets sur les chevaux dans les mines. Aucun transport par machines n'a jusqu'à présent eu lieu dans les travaux souterrains d'Épinac. En dehors du roulage à bras, le transport des charbons a lieu par mulets. Les mulets ont été préférés aux chevaux sur lesquels ils ont l'avantage, à force à peu près égale d'ailleurs, d'être moins délicats, d'exiger moins de soins, d'offrir une taille plus petite (elle n'est que de $1^m 25$ à $1^m 40$), et de passer par conséquent dans des galeries de moindre section, d'être d'un prix d'achat moins élevé, et enfin de ne demander que des frais relativement minimes de nourriture et d'entretien.

Un cheval dépense journellement $4^f 05$, savoir :

Avoine, 18 litres à $0^f 10$ .... $1^f 800$
Foin, 25 kil. à $0^f 07$ .... $1^f 750$
Entretien des harnais et usure du cheval...... $0^f 500$

    TOTAL.................... $4^f 050$

Un mulet ne coûte que $1^f 305$, savoir :

Avoine 5 litres à $0^f 10$ .... $0^f 500$
Foin, 6k 500 à $0^f 07$ .... $0^f 455$
Entretien des harnais et usure du mulet....... $0^f 350$

    TOTAL.................... $1^f 305$

Il y a donc, dans la dépense journalière, une différence de 2ᶠ 745 à l'avantage du mulet sur le cheval.

Les mulets employés à Épinac traînent des convois formés, au puits Fontaine-Bonnard, Hagerman et de la Garenne, de six chariots de la contenance de 6 hectolitres, et au puits Micheneau, de six chariots de la capacité de cinq hectolitres. Les premiers, dont le poids brut est de 244 kilog., portent une charge utile de 0ᵗ 50; les seconds, qui pèsent 203 kilog., contiennent une charge utile de 0ᵗ 40, le poids de la houille à l'état de tout venant étant de 83 kilog.

Dans l'un et l'autre cas, les mulets sont conduits par un conducteur aidé d'un suiveur de convois. Le tableau suivant donne les conditions et le prix de revient de la traction dans chacun des puits. Il fait voir : 1° qu'à conditions égales de parcours, le prix de revient est d'autant moins élevé que l'on fait usage de wagons d'une capacité plus grande;

2° Qu'il est encore d'autant moindre que le parcours de chaque voyage est d'une longueur plus grande.

TABLEAU
De la Traction souterraine par Mulets.

NOMS DES PUITS.	LONGUEURS parcourues par voyage à charge. mètres.	Nombre de voyages.	DISTANCES parcourues à charge par journée.	DISTANCES totales parcourues par journée.	NOMBRE de chariots par train.	POIDS par chariot vide. Kilog.	CHARGE utile du chariot.	CHARGE utile trainée par train. Tonnes.	CHARGE utile trainée par journée. Tonnes.	QUANTITÉS utiles de tonnes kilométriques.	DÉPENSES. Entretien.	DÉPENSES. Conducteurs.	DÉPENSES. Total.	REVIENT de la tonne kilométrique.
Fontaine-Bonnard.	500	15	7 kil. 500	15 kil. 000	6	244	0t500	3.060	45.000	22TK500	1f30	4f00	5f30	0f.236
Hagerman.	1100	6	6.600	13.200	6	244	0.500	3.000	18.000	19.800	1.30	4.25	5.55	0.288
Micheneau.	200	23	4.600	9.200	6	203	0.400	2.400	55.200	13.040	1.30	4.25	5.55	0.425
Id.	560	15	8.400	16.800	6	203	0.400	2.400	36.000	20.160	1.30	4.25	5.55	0.265
Id.	250	18	4.500	9.000	6	203	0.400	2.400	43.200	10.800	1.30	4.00	5.30	0.490
Garenne.	500	10	5.000	10.000	6	244	0.500	3.000	30.000	15.000	1.30	4.00	5.30	0.353
Id.	200	33	6.600	13.200	6	244	0.500	3.000	99.000	19.800	1.30	4.25	5.55	0.288

Si après la traction par mulets nous considérons le roulage à bras, nous trouvons que le revient de la tonne kilométrique varie de 1ᶠ 66 à 2ᶠ 50, selon qu'il s'agit de chariots de plus grande ou de plus petite capacité, et que la distance parcourue est plus ou moins longue. C'est ce que fait voir le tableau suivant :

Traction à bras.

ROULAGE A BRAS.

NOMS des puits.	Distance parcourue par voyage à charge.	Nombre de voyages.	Distance totale parcourue à charge par jour.	Poids du chariot vide.	Charge utile de chariot.	Charge utile traînée par jour.	Quantités utiles de tonnes kilométriques.	Dépenses.	Revient de la tonne kilométrique.
Garenne.	100 m.	20	2 kil. 000	244 k.	0 T. 500	10 T 000	1 T. K. 000	2 F » »	2 F. » »
Id.	60	30	1.800	244	0.500	15.000	0.900	1.50	1.66
Micheneau.	100	20	2.000	203	0.400	8.000	0.800	2. » »	2.50
Id.	60	30	1.800	203	0.400	12.000	0.720	1.50	2.08

Il est d'ailleurs à remarquer qu'il s'agit ici de rouleurs qui font le chargement des chariots, estimé 0ᶠ 05 l'un. C'est pour cela qu'au roulage proprement dit sont affectées, dans la colonne des dépenses, des sommes de 2 francs et de 1ᶠ 50, selon qu'il s'agit de 20 ou de 30 chariots roulés qui ont été chargés par le rouleur. Enfin, il convient d'ajouter que le plus souvent les rouleurs ont à faire, en dehors du roulage proprement dit, les manœuvres d'accrochage et de descente des chariots, soit aux voies de garage, soit aux plans inclinés.

Le roulage par mulets l'emporte de beaucoup sur le roulage à bras, mais avec les étendues de plus en plus considérables données aujourd'hui aux champs d'exploitation, on se demande avec raison s'il ne conviendrait pas de faire généralement usage des moteurs mécaniques fixes pour la traction souterraine, comme cela se pratique dans plusieurs mines de l'Angleterre, et mieux, de chercher à introduire dans les mines l'emploi de petites locomotives.

Consommation en bois.

Les bois employés dans les travaux souterrains sont de diverses essences, appartenant au chêne, au sapin, et même au peuplier. Il n'est fait usage de ce dernier, le peuplier, que dans des cas exceptionnels, dans des dépilages où le soutènement est facile, soit par suite de la solidité du toit, soit à cause de la présence constante des remblais. Le sapin sert aux dépilages et aux galeries de roulage; le chêne est exclusivement destiné aux galeries de roulage.

Pour chacune de ces espèces de bois, les dimensions sont réglées ainsi qu'il suit :

DIMENSIONS DES BOIS D'ÉTAI.

CHÊNE.								BOIS BLANC.						
Longueurs.								Longueurs.						
1.40	1.60	2.»»	2.20	2.33	2.66	3.»»	3.33	1.40	1.60	2.»»	2.20	2.33	2.66	3.»»
Diamètre au petit bout.								Diamètre au petit bout.						
0.12	0.12	0.12	0.15	0.15	0.15	0.15	0.15	0.12	0.12	0.12	0.15	0.17	0.18	0.20

La fourniture en boisage grève l'exploitation de $0^f 05$ à $0^f 06$ par hectolitre de houille. Il est dépensé, par hectolitre de houille, une longueur moyenne d'étais de $0^m 15$, et le prix moyen du mètre d'étais est de $0^f 31$ à $0^f 33$.

Tous les bois sont dépouillés de leur écorce, et c'est au-dessous de l'écorce que les mesures du tableau ci-dessus sont prises.

Les croûtes et les barres dites barres de mine sont employées au blindage et au garnissage des galeries. Les premières coûtent 53 francs le mille, et les secondes $0^f 30$ le mètre courant. Les croûtes doivent être employées chaque fois qu'il s'agit d'une galerie de longue durée et à parois ébouleuses.

CHAPITRE VIII.

Perforateurs mécaniques.

Nous croyons qu'il est réservé à l'avenir d'introduire dans l'art des mines l'usage des outils machines hydrauliques ou à air comprimé ; mais nous ne sommes pas au nombre de ceux qui penseraient que l'on pourra les employer d'une façon générale et absolue dans toutes les exploitations. Les dépilages nécessiteront toujours l'action directe du bras de l'homme. La plupart du temps, le traçage des galeries obligera aussi dans les houillères, à cause de la faible dureté des gîtes, et pour éviter des éboulements, à laisser de côté les machines.

Les mines devront, pensons-nous, employer d'abord les perforateurs mécaniques pour le percement des galeries principales de roulage, surtout des galeries que, dans bon nombre de cas, on est appelé à pratiquer au rocher, en dehors du gîte, soit pour faire une économie de boisage, soit pour mieux assurer le service de la traction, qui deviendra de plus en plus considérable sur chaque siège d'extraction, à mesure que l'on aura à descendre à des profondeurs plus grandes. A ce point de vue, il nous a paru intéressant de faire connaître les résultats des essais faits à la mine d'Épinac sur les perforateurs.

Les perforateurs avec lesquels on a expérimenté sont au nombre de deux, le perforateur Lisbet, et le perforateur de MM. Barbier, Forel et Berthier, entrepreneurs du génie à Pierre-Châtel (Ain).

Le perforateur Lisbet a été essayé au puits Micheneau en 1865, *Perforateur Lisbet.* dans le travers bancs destiné à servir à l'écoulement général des eaux sur le puits Sainte-Barbe.

Voici les résultats des expériences faites avec cet appareil dans le forage de trois trous de 30 millimètres de diamètre, percés dans un banc de grès à grains fins, mais contenant parfois quelques gros grains disséminés.

Un trou d'une longueur de 0^m50, plongeant d'environ dix degrés, a été foré en 49 minutes. Le montage de l'appareil a demandé 17 minutes. Le forage a eu lieu à sec, et le trou ne se curait plus lui-même, à partir de la longueur de 10 centimètres.

Un second trou montant, situé à peu de distance de la paroi de la galerie, a été creusé en 20 minutes sur une longueur de 0^m60. La mise en place de l'appareil a nécessité 10 minutes. Les débris du forage tombaient naturellement au fur et à mesure de l'avancement de l'outil.

Un troisième trou montant, de 0^m50 de profondeur, a été percé en 28 minutes, sur lesquelles 10 minutes ont été employées au montage de l'appareil. Ce trou a rencontré successivement deux grains d'une grande dureté qui ont nui à la célérité du forage. Pendant les 28 minutes qu'a duré le forage, un mineur a creusé un trou de 0^m40 de longueur dans le même grès, mais sans rencontrer de gros grains.

Il est résulté pour nous de ces expériences suivies de plusieurs autres analogues, que l'appareil Lisbet ne devait pas être préféré au fleuret à bras. Il a le défaut d'être d'un maniement peu facile, de ne pouvoir pas à volonté occuper toutes les positions, surtout lorsqu'il s'agit de percer des trous rapprochés des parois latérales et de la couronne des galeries.

Perforateur de MM. Barbier, Forel et Berthier. — Définition de l'appareil et considérations générales. — Le perforateur de MM. Barbier, Forel et Berthier, entrepreneurs du génie à Pierre-Châtel (Ain), consiste tout simplement en une machine à percer mise en mouvement par une vis qu'un ouvrier tourne au moyen d'un levier. Il est d'une très grande simplicité, d'un déplacement commode et d'une manœuvre facile. Il se fixe dans la galerie comme les machines à bras à percer les métaux, en butant d'une part contre le trou à forer, d'autre part contre un point quelconque obtenu soit directement, soit au moyen d'une pièce de bois quelconque. Mais il a, comme l'appareil Lisbet, le désavantage de ne pouvoir pas prendre à volonté toutes les positions, de manière à permettre le forage dans tous les sens et avec toutes les inclinaisons. En outre, il rend aussi, comme le perforateur Lisbet, lent et difficile le curage des trous inclinés de haut en bas. Il ne travaille avec fruit que lorsqu'il travaille de bas en haut, ce qui permet aux détritus des roches de sortir sans embarras et sans retard des trous d'où ils proviennent.

Par suite de ces conditions tout opposées d'où dépend son fonctionnement, et abstraction faite de la composition des roches, l'appareil Berthier réussit plus ou moins, selon l'allure des roches dans lesquelles il se trouve. Ainsi, s'il s'agit d'une galerie à travers bancs à percer dans des stratifications inclinées de 45 degrés, selon que le percement se fera des assises inférieures aux assises supérieures, ou bien des assises supérieures aux assises inférieures, les résultats obtenus seront tout différents. Dans le premier cas, en effet, le pendage des roches demandera que les coups de mine soient placés pour la plupart à la couronne de la galerie et de bas en haut; tandis qu'au contraire, dans le second cas, il faudra avoir le plus grand nombre de ces coups à la base de la galerie et de haut en bas.

C'est dans ces deux conditions qu'a été essayé le perforateur Berthier, au puits François Mathieu d'abord, et au puits de la Garenne ensuite.

1° *Expériences du puits François Mathieu.* — L'expérience a été faite du 11 au 16 septembre 1865, dans la galerie à travers bancs de la recette de $371^m 80$ du puits, alors avancée à $124^m 25$ de longueur. On avait en ce moment affaire à des grès grossiers, comprenant de gros éléments de feldspath blanc irréguliers, leur donnant une structure poudingiforme. L'extrême dureté de ces roches, leur défaut d'homogénéité, et enfin le sens de l'inclinaison suivant laquelle elles se présentaient (les roches devaient être coupées des assises supérieures aux assises inférieures), ont contribué à l'insuccès des essais. Les coups ont été difficiles à creuser, d'une part à cause de la dureté de la roche, et d'autre part par suite de l'inclinaison à leur donner la plupart du temps de haut en bas, ce qui retarde le forage par la lenteur avec laquelle s'exécute le nettoyage.

Dans ces conditions et en six postes de huit heures, l'appareil a avancé la galerie de 0^m 40 de longueur, et il a été dépensé pour cet avancement, soit en main-d'œuvre, soit en fournitures :

12 journées de mineur, à	4^f » »	=	48 » »
6 1/2 k. de poudre, à	2 50	=	16 25
60 mètres mèches, à	0 10	=	6 » »
			70 25

d'où il suit pour le prix du mètre :

$$\tfrac{70.25}{40} \times 100 = \tfrac{7025.50}{4} = 175^f\,62.$$

Le prix de revient du mètre dans les conditions ordinaires, au burin, a coûté 87 francs, savoir :

13 journées de mineur, à	4^f » »	=	52 » »
8 k. poudre, à	2 50	=	20 » »
150 mètres mèches, à	0 10	=	15 » »
			87 00

2° *Expérience du puits de la Garenne.* — La seconde expérience du perforateur Berthier fut faite en 1865, du 18 au 30 septembre, au premier étage du puits de la Garenne, à la rectification du travers bancs du puits. Là, on était en présence de grès homogènes, à grains assez fins, peu puissants, d'une faible dureté, alternés de délits schisteux, et offrant une inclinaison telle que l'on se trouvait à passer des roches inférieures aux roches supérieures. L'appareil a servi à l'avancement de 4^m 20 d'une galerie à section de 2^m 00/2^m 00, et cet avancement a exigé :

15 journées de mineurs, à	4^f » »	=	60 » »
3 » de manœuvres, à	3 » »	=	9 » »
15 k. de poudre, à	2 50	=	37 50
95 mètres mèches, à	0 10	=	9 50
			116 » »

d'où le prix du mètre $= \tfrac{116.»»}{4.20} = 27^f\,60.$

Au burin, le prix consenti par les mineurs était de 30 francs, de sorte qu'ici l'on peut dire que le perforateur, qui avait été si désavantageux au puits François Mathieu, se rapprochait cette fois du procédé ordinaire, auquel il était même d'un revient inférieur. Mais cette infériorité du revient était à peu près détruite par l'état moins fini de la galerie dont les parois de côté et de fond laissaient à désirer, à cause des aspérités qu'elles présentaient, et qui, pour être enlevées, devaient exiger quelques coups de mine, et occasionner une dépense de 1 franc 50 à 2 francs le mètre.

Résumé des deux essais du perforateur Berthier. — Des essais du perforateur Berthier, il résulte :

1° Que l'usage de cet appareil est impraticable dans des roches de grande dureté, dépourvues d'homogénéité ;

2° Qu'il peut être employé avec d'autant plus de succès qu'il est appelé à fonctionner dans des roches plus tendres, homogènes, en bancs de faible puissance ;

3° Que le maniement de l'appareil est simple et facile, mais que son fonctionnement exige, pour être avantageux, d'avoir affaire à des bancs de rochers présentant leur inclinaison dans un certain sens, afin que le plus grand nombre de trous à percer soient placés de bas en haut, parce que les trous renversés de haut en bas exigent, pour le curage des débris provenant du forage, un temps très long.

Il suit de là que l'appareil Berthier est un instrument qui ne peut convenir que dans certaines circonstances, qui est encore bien imparfait, mais qui, cependant, constitue l'un des premiers pas de l'application des outils-machines au percement des roches dans les mines, et à ce titre il mérite d'être encouragé.

CHAPITRE IX.

Richesses des Houillères.

Division des richesses en trois parties. Il nous paraît convenable, pour exposer les richesses des houillères d'Épinac, de les diviser en trois parties : les richesses certaines, les richesses presque certaines, et les richesses probables. Nous appelons richesses certaines celles qui sont mises en évidence par les travaux d'exploitation mêmes, et sur lesquelles existent des données assez nombreuses, assez exactes pour les inventorier avec la précision du calcul. Nous entendons par richesses presque certaines celles que tout ce qu'on sait autorise à voir comme existant, mais au milieu desquelles on n'a encore pénétré par aucun puits, par aucune galerie. Enfin, nous considérons comme richesses probables les richesses que l'on n'ose pas affirmer positivement, parce qu'elles ne reposent que sur des études géologiques, sans faits authentiques pour les appuyer.

D'après cela, voici comment il convient, selon nous, de dresser l'inventaire des richesses d'Épinac :

Richesses certaines. La définition donnée de ces richesses fait sentir assez que les massifs de houille dont elles se composent ne peuvent pas être mis en doute. C'est dire qu'elles sont ce que donne le cubage des massifs reconnus et mis en évidence complète. Nous les avons évalués en quelque sorte, puits par puits, dans le chapitre VI. Il n'y a donc, pour ainsi dire, qu'à les reproduire pour chaque champ d'exploitation, de façon à les réunir. C'est ainsi que nous trouverons le chiffre de 68,245,000 hectolitres, savoir :

Puits Souachères	2,500,000 hectolitres.
Puits Fontaine-Bonnard	4,500,000
Puits Hagerman	7,745,000
Puits Micheneau	3,500,000
Puits de la Garenne.	50,000,000
Total	68,245,000 hectolitres.

L'existence des richesses presque certaines résulte de l'ensemble général des travaux qui permettent de les définir avec une grande exactitude, mais qui ne peuvent être mesurées et exploitées qu'à la suite du percement de nouveaux puits ou galeries. Ainsi, sans parler de l'espace du bassin compris entre sa lisière nord et les travaux du puits Micheneau, les anciens travaux des Tréchards, la galerie de Ressille qui est allée les rejoindre, les travaux neufs d'Hagerman et de la Garenne, l'allure et la composition des bancs de rochers coupés par le puits Hottinguer, viennent prouver que la couche se continue depuis les Tréchards jusqu'à 7 ou 800 mètres au-delà du puits Hottinguer. Elle occupe sur cette étendue 2,500 mètres de longueur sur 800 mètres de largeur, soit 200 hectares. En admettant une puissance réduite à 5 mètres d'épaisseur moyenne, pour tenir compte d'un amincissement possible, on trouve que cette surface renfermerait cent cinquante millions d'hectolitres.

Richesses presque certaines.

Les évaluations précédentes sont arrêtées à l'ouest du puits de la Garenne, à peu de distance des parties explorées. Au-delà de cette limite que l'on s'est fixée en se bornant à un dérangement dont l'importance n'est pas connue, et qui ne peut consister qu'en une faille ou en un étranglement local, la couche doit se prolonger avec son allure ordinaire; seulement, elle s'enfonce à une profondeur de plus en plus grande, au fur et à mesure que l'on avance de l'est à l'ouest dans le bassin, au-dessous de l'étage moyen et de l'étage supérieur. La continuité de la couche est en quelque sorte prouvée par le fonçage des puits Lestiboudois et François Mathieu, dans lesquels l'ensemble des stratifications est d'une régularité parfaite; les recherches opérées à Dinay et à Ladrée par le puits Mallet, l'exploitation du Grand-Moloy, et la découverte des affleurements du système inférieur à Autun, au puits Saint-Blaize, et à la Selle, à l'extrémité ouest du bassin. Ces dernières recherches n'ont fait découvrir, il est vrai, que des lambeaux de couche disloqués et laminés par la grande faille qui borne au sud le bassin. Mais ces lambeaux sont une preuve de la présence de la

Richesses probables

houille en profondeur, et si, jusqu'à présent, elle n'a été découverte ni au puits Lestiboudois, ni au puits François Mathieu, ni au puits Queulain, c'est que ces divers puits doivent tous descendre à de très grandes profondeurs pour l'atteindre.

Ces considérations nous font estimer, en tenant compte de l'amincissement possible de la veine, et en ne prenant que la moitié de la surface de la concession, pour faire une large part aux contrées dérangées ou stériles, que l'on peut considérer la concession d'Épinac comme renfermant une couche de 3 mètres d'épaisseur. Il en résulte un volume de houille de 1,500,000,000 hectolitres. Ainsi, les richesses totales comprises dans le périmètre de la concession d'Épinac seraient de : 1,718,245,000 hectolitres, savoir :

Richesses certaines................	68,245,000 h.
Richesses presque certaines........	150,000,000
Richesses probables..............	1,500,000,000
TOTAL.............	1,718,245,000 h.

On voit par ces chiffres quelle est l'importance de l'avenir d'Épinac qui, en richesses certaines ou aménagées, jointes aux richesses pour ainsi dire certaines, possède aujourd'hui 218,245,000 hectolitres. La marche de l'extraction est ainsi assurée pour plus de 70 années avec une production de 3,000,000 hectolitres par année, et pour plus d'un demi-siècle avec une extraction journalière de 10,000 hectolitres.

DEUXIÈME PARTIE.

INSTALLATIONS ET MATÉRIEL DES PUITS.

CHAPITRE X.

Installations provisoires avec machines locomobiles et avec machines fixes.

Selon la destination et l'importance des puits, leurs installations sont faites avec des machines plus ou moins fortes, et avec des dispositions qui dépendent de leur situation, de leur usage, de leur profondeur, de leur section, etc. C'est à ce point de vue que nous nous placerons, en donnant, pour les mines d'Épinac, un type de chacune des installations que l'on y rencontre, pour les fonçages, l'extraction, l'exhaure, la descente des remblais. Dans le présent chapitre, nous allons considérer les installations provisoires, soit avec machines locomobiles, soit avec machines fixes.

Le puits Mallet est desservi par une machine à vapeur locomobile de la force de 10 chevaux. Cette machine, munie d'un changement de marche par la coulisse Stephenson, est fixée sur ses roues à côté de la charpente à molettes, qui est reliée, par l'extrémité des jambes de force, à un châssis en bois qui supporte l'arbre des bobines. Elle porte sur l'arbre moteur, d'un côté un petit volant de 1^m 60 de diamètre, de l'autre un pignon commandant la roue d'engrenage des bobines. Ce pignon a 0^m 20 de diamètre et 0^m 125 de largeur à la couronne. Les dents sont au nombre de 13, et il est, avec la roue d'engrenage dont le diamètre est de 2 mètres, dans le rapport de 1 à 10.

Le diamètre de l'arbre moteur est de 0^m 085. La machine donne

Machine locomobile du puits Mallet.

200 coups de piston par minute, et 20 coups pour un tour de bobines.

L'arbre des bobines a 0^m 127 de diamètre. Le poids total de la machine est de 5,000 kilos, y compris le train sur lequel elle est montée. Elle a été construite par M. Flaud, de Paris, pour la somme de 8,000 francs.

Établie dans ces conditions, la machine locomobile dessert le puits profond de 70 mètres. Elle fait le voyage en 1^m 30″ avec une charge utile de 300 kilogrammes, la pression moyenne étant de 4 atmosphères dans le cylindre. Elle peut ainsi extraire en 24 heures de marche, 200,000 kilog. du fond du puits. On voit par là quels services peuvent rendre de pareilles machines, dont l'installation est faite avec célérité et à peu de frais, sans avoir besoin de maçonnerie. Ces machines, outre qu'elles peuvent être déplacées et transportées avec la plus grande facilité, ont encore un autre avantage, celui de ne consommer, grâce à leurs chaudières tubulaires, qu'une faible quantité de charbon. Aussi, à tous ces points de vue, doivent-elles convenir pour les puits de recherche, et d'une exploitation limitée comme profondeur et comme durée. Ce sont ces considérations qui nous ont déterminé à nous en servir. C'est là aussi ce qui en a fait généraliser l'emploi dans les minières de la Chapelle-Saint-Ursin, près Bourges (Cher), et c'est ce qui devrait, dans l'Autunois, les faire principalement adopter pour les exploitations des schistes bitumineux.

Le puits Mallet est installé dans une baraque en planches de 20^m 80 de longueur, de 8^m 86 de largeur, et de 3 mètres de hauteur au carré et 5^m 75 au faîtage, qui renferme le puits, le chevalement, la machine et une chambre pour les mineurs. Une pareille installation coûte $10,183^f$ 50, savoir :

Baraque, 450 mètres carrés à . . . . 3^f 33 = $1,498^f$ 50
Chevalement, 6m³ 850 à . . . . . . 100^f » = 685 »
Machine à vapeur locomobile = 8,000 »

Total. . . . 10,183 50

La façon de la baraque est comprise dans les prix ci-dessus pour

0^f 55 le mètre carré; la main-d'œuvre du chevalement y entre aussi pour 22 francs le mètre cube.

Les puits François Mathieu, Hottinguer, Lestiboudois, ont été, en 1864, organisés sur un type commun avec machines à engrenages de la force de 40 chevaux. Dans ce type d'installation provisoire, on a cherché à réaliser toute l'économie possible, sans nuire à la solidité de la construction. Ainsi, de bonnes maçonneries ont été établies pour l'appui du cylindre et des bobines, et une simple baraque, entièrement en planches, recouvre la machine. Une cheminée en briques, de forme carrée, offrant une section intérieure minima de 1^m 10 de côté et d'une hauteur de 22 mètres, a été élevée de préférence à une cheminée en tôle. Enfin, deux chaudières cylindriques de 11 mètres de longueur et de 1^m 30 de diamètre, munies de dômes de prise de vapeur de 1 mètre de hauteur et de 0^m 60 de diamètre, timbrées à six atmosphères, ont été placées pour assurer le service.

<small>Installations provisoires avec machines fixes.</small>

Les molettes ont un diamètre de 1^m 62 dans l'intérieur de la gorge. La gorge, qui est plate, a une longueur de 0^m 23, et des rebords d'une hauteur de 0^m 11. Elles pèsent chacune 665 kilog. et coûtent 35 francs les 100 kilog., soit 232^f 75 chaque molette. Elles ont six bras; le diamètre du moyeu est de 0^m 20 et celui de l'axe de 80 millimètres.

La charpente à molettes est tout entière construite en bois de chêne; elle est d'une forme permettant le libre passage des bennes par-dessus les poulies, afin de parer aux éventualités qui résulteraient dans le fonçage de l'ascension d'une benne aux molettes. En outre, tous ses assemblages sont faits de façon à permettre de la démonter et de la remonter sans avoir à craindre la rupture des pièces. (V. planche 5.)

Elle est entourée d'une baraque en planches de 10^m 50 $\times$ 10^m 50, qui abrite le puits et les ouvriers attachés au service du fonçage.

Une installation de ce genre revient à la somme de 41,495^f 30, savoir:

Machine.

Maçonnerie du cylindre et des chaudières................... fr.	4,000 »»	
Cheminée................ fr.	1,000 »»	
Machine de quarante chevaux à engrenage................ fr.	22,000 »»	fr. 39,166 »»
Deux chaudières........... fr.	11,500 »»	
Baraque de la machine, 200ᵐ à 3ᶠ 33.................... fr.	666 »»	

Chevalement et Baraque du puits.

Bois de chêne du chevalement, 8m³ 640 à 100ᶠ.............. fr.	864 »»	
Deux molettes, à 230ᶠ l'une... fr.	460 »»	fr. 2,329 30
Main-d'œuvre du chevalement, 8m³ 640 à 20ᶠ............... fr.	172 80	
Baraque, 250 m à 3ᶠ 33...... fr.	832 50	

TOTAL... fr. 41,495 30

Les maçonneries sont faites en briques, à l'exception des fondations établies en moellons.

Les baraques sont construites en planches de sapin avec joints recouverts en lambris. Les poteaux des baraques sont en perches d'un équarrissage de 0^m 10 sur 0^m 10. Toutes les pièces de charpente entrant dans la baraque offrent du reste cet équarrissage, à l'exception des semelles dont la section est de 0^m 10 sur 0^m 15.

Le prix du mètre carré de baraque, soit pour les parois ordinaires, soit pour la toiture, comprend les éléments suivants résultant des différentes pièces de bois entrant dans sa construction :

Planches sapin.....	3ᵐ	à 0ᵐ 50.........	1ᶠ 50
Lambris bois blanc .	2ᵐ 50	à 0ᵐ 20.........	0ᶠ 50
Perches sapin......	1ᵐ 42	à 0ᵐ 48.........	0ᶠ 68
Pointes..			0ᶠ 10
Main d'œuvre.............................			0ᶠ 55
TOTAL.................			3ᶠ 33

CHAPITRE XI.

Installation du puits de la Garenne.

Le puits de la Garenne, appelé à un rôle très important et à un travail considérable, par suite de ses richesses et de la grande profondeur dont il faut les extraire, a été armé, en 1866, d'une machine de la force de 200 chevaux.

L'installation du puits avec cette machine comprend :
1° Le bâtiment des chaudières.
2° Le bâtiment de la machine et du puits.
3° Le bâtiment de roulage et les chambres de criblage et de triage.
4° Les voies de fer aboutissant au puits pour le raccorder d'une part avec la gare du Curier (ligne d'Épinac à Velars), d'autre part avec la gare d'Épinac (ligne de Santenay à Étang). (V. planche 6.)

L'installation est établie sur un grand axe passant par le centre du puits normalement à l'arbre de la machine. (V. planches 7, 8, 9, 10, 11, 12 et 13.)

La cheminée, de forme circulaire, d'un diamètre intérieur minimum de 1^m 90 et de 50 mètres de hauteur, est entièrement en dehors des chaudières. Placée sur l'axe de l'une des principales rues de la cité ouvrière, elle occupe en même temps une position qui la met à l'abri de toute explosion de chaudières et qui, en aucun cas, n'entraverait les réparations à faire à ces dernières. Elle se compose de trois parties : la base qui a 5 mètres de côté et 4^m 35 de hauteur, une partie octogonale inscrite dans un cercle de 4^m 87 de diamètre et élevée de 3^m 30, et la partie conique qui a une hauteur de 42^m 35. Elle est tout entière construite en briques, à l'exception des angles et des corniches de la partie carrée et de la partie octogonale qui sont en pierres de taille. *Cheminée et bâtiment des chaudières.*

Les chaudières sont placées entre la cheminée et le bâtiment de la machine et du puits, derrière la machine. Elles sont rangées en une batterie disposée de façon à communiquer sans contour raide à la cheminée par une galerie principale dans laquelle arrivent tous les gaz et toutes les fumées. Elles sont couvertes d'une toiture en ardoises placée sur une charpente en bois reposant sur des colonnes en fonte. Cet abri les protége contre les pertes de calorique, et facilite les réparations et l'entretien des appareils. Il est du reste disposé pour couvrir les chauffeurs en avant des foyers.

Bâtiment de la machine et du puits. La machine et le puits sont compris dans un vaste bâtiment, large de 10 mètres, long de 41 mètres, élevé de 20 mètres au-dessus du sol, et couvrant entièrement le puits et la charpente à molettes.

Ce bâtiment comprend au rez-de-chaussée les cylindres de la machine, une chambre pour les chefs ouvriers ou marqueurs, une lampisterie, une salle d'attente pour les ouvriers, deux chambres ménagées autour des piliers du puits et servant, l'une à un moteur spécial affecté à l'alimentation de la machine, l'autre, à mettre le puits en communication avec la salle d'attente et les ateliers.

Le rez-de-chaussée est séparé de l'étage par un plafond en briques, construit en voussettes reposant sur des fers à T de 0^m22 de hauteur, pesant 28 kilog. le mètre courant, espacés les uns des autres de 0^m50, et supportés, sur le milieu de leur longueur, par un gros mur de refend découpé en arceaux et établi, au milieu de la salle d'attente des ouvriers, au rez-de-chaussée. A l'étage auquel correspond l'orifice du puits, le bâtiment renferme la chambre proprement dite de la machine, deux bureaux, l'un pour le contrôleur, l'autre pour le maître-mineur, et la grande chambre de service pour la réception des chariots au jour.

Le rez-de-chaussée et l'étage, distants l'un de l'autre de 6 mètres, communiquent par un vaste escalier établi entre la lampisterie et la chambre des marqueurs, et qui va du fond des cylindres au niveau de la recette du puits. Cet escalier franchit la verticale de 6 mètres, en deux intervalles séparés par un palier établi à 3 mètres au-dessus du point de départ, et il comprend 30 marches de 0^m25 de largeur et de 0^m20 de hauteur. Entre le point de départ et le palier, l'escalier a une seule branche; au-dessus du palier, il se divise en deux branches passant à droite et à gauche de la branche inférieure avec un jour de 0^m 15. Les marches, dans chacune des branches, ont 1 mètre de longueur.

Les limons de l'escalier sont en tôle de 0^m 30 de largeur et de 12 millimètres d'épaisseur. A ces limons sont adaptées, au moyen de rivets, des cornières qui reçoivent les marches.

Les marches sont en fonte striée et à nervures; elles portent, chacune à la partie inférieure, quatre appendices de 0^m 01 de diamètre et de 0^m 03 de longueur, qui permettent de les fixer sur les cornières des limons. L'épaisseur des marches est de 15 millimètres; le poids de chaque marche est de 24 kilog. L'escalier est muni d'une rampe en fer couverte d'une main courante en bois.

Établie dans ces conditions, la construction de l'escalier revient à la somme de 2,358^f 50, savoir :

Limons en fer avec cornières rivées ajustées, balustres et rampes, boules, boulons, marche palière et marches ordinaires, 2,264 kilog. à 1 franc........ 2,264^f

Main courante, 18^{m}90   à 5 francs....... 94^f 50

TOTAL............ 2,358^f 50

L'étage est relié avec le niveau du sol par deux rampes jetées à droite et à gauche du bâtiment, et traversant, au moyen de grandes voûtes, les différentes voies ferrées qui enveloppent le puits pour amener les wagons aux points de chargement sous les cribles. Ces rampes, d'une largeur de 6 mètres, sont faites pour la circulation des piétons et des voitures. Ces dernières peuvent ainsi arriver directement sur le puits, dont l'orifice se trouve à 6^m 50 au-dessus du sol, et y amener les engins et matériaux de toutes sortes nécessaires pour l'exploitation.

Tout le bâtiment, dans l'une des extrémités duquel est dressé le chevalement, est couvert par une charpente taillée en croupes, avec ardoises placées sur chevrons à vives arêtes et voliges blanchies au rabot. La charpente, laissée à nu à l'intérieur, est revêtue d'une couche de peinture à l'huile, dans la grande salle de la recette du puits, comme dans la chambre même de la machine.

Le bâtiment est éclairé et aéré par 44 ouvertures consistant en 4 grandes portes, 6 portes ordinaires, 16 fenêtres et 18 œils-de-bœuf. Il est clos d'une manière parfaite, et le puits, placé à l'abri de toutes les intempéries, se trouve par conséquent soustrait aux inconvénients et aux difficultés résultant, tantôt du froid ou de la pluie, tantôt du mauvais éclairage par lequel surtout les manœuvres sur les mines deviennent fréquemment tardives et dangereuses.

Toutes les maçonneries sont en briques, avec saillies aux ouvertures, aux angles et aux contreforts.

Bâtiment de roulage et chambres de triage et de criblage des charbons. A la suite du bâtiment de la machine et du puits, et du côté du puits, dans le prolongement du grand axe de ce bâtiment, se trouvent placées la halle de roulage aux cribles, et les chambres de triage et de criblage des charbons.

La halle, construite en maçonnerie de briques et couverte en ardoises, a une longueur de $27^m 25$ et une largeur de $10^m 50$. Comme le bâtiment du puits, elle a rez-de-chaussée et étage, distants l'un de l'autre de 6 mètres, et séparés par un plafond construit en briques sur fers à T de $0^m 20$ de hauteur, pesant 20 kilogrammes le mètre courant.

Au rez-de-chaussée, elle comprend une galerie de 3 mètres de largeur, de chaque côté de laquelle sont situés les ateliers de forge et de charronnage, et les magasins de fer, de bois ouvragés, de câbles et de fourrages. La galerie aboutit au puits, communique avec la salle d'attente des ouvriers, avec les ateliers et les magasins, et sert au triple service de la réception des eaux épuisées par caisses guidées, de la descente des bois et matières diverses d'approvisionnements, et du changement des cages qui viennent y passer pour être placées dans le puits ou pour en sortir, sans avoir besoin d'être élevées par les rampes à 6 mètres de hauteur au niveau de l'orifice du puits.

INSTALLATION DU PUITS DE LA GARENNE.

A l'étage, la halle comprend les voies de roulage, qui servent à la circulation des chariots extraits du puits. Elle est éclairée au moyen d'une lanterne qui règne sur les deux tiers de sa longueur, par deux grandes fenêtres, une porte et onze fenêtres en œil-de-bœuf. Elle est percée sur chacune de ses faces latérales de six ouvertures de $1^m 50 \times 2.00$ dans lesquelles sont logés les culbuteurs destinés à recevoir les chariots d'extraction, et elle donne accès par deux portes dans chacune des chambres de criblage. Trois grandes ouvertures, situées dans le pignon du bâtiment du puits, la mettent en communication avec ce bâtiment en livrant passage, l'une, celle du milieu, aux chariots pleins, et les deux autres aux chariots vides. Ces derniers passent vides par les portes latérales à la sortie des culbuteurs, pour revenir au puits sur la face opposée à celle d'où ils sont partis à charge. — La porte située à l'extrémité de la halle opposée au puits sert à la sortie des chariots destinés à être versés en dépôt au moyen d'estacades, soit que ces charbons doivent être emmagasinés, soit qu'ils doivent être chargés directement sur voitures.

Les chambres de criblage consistent en deux vastes salles rectangulaires, de 25 mètres de longueur et de 14 mètres de large, construites à droite et à gauche de la halle de roulage. Elles sont supportées sur des colonnes en fonte dont la ligne extérieure est formée de poutres armées en fer à T, de $0^m 26$ de hauteur, sur lesquelles sont bâtis les murs en briques qui constituent leurs parois, et établi le plancher correspondant au pied des appareils de criblage, élevé de $4^m 25$ au-dessus du sol, pour permettre le passage des grands wagons de toutes sortes dans lesquels la houille doit être expédiée. Chaque salle est éclairée par une lanterne, par quatre grandes fenêtres, neuf petites et trois tabatières. La toiture est en zinc ondulé. Le zinc est placé sur un plancher en voliges jointives, fixées sur un chevronage composé de pièces ayant la section de $0^m 06 \times 0^m 20$ et espacées les unes des autres de $0^m 60$.

Dans chacune des chambres sont établies six tables inclinées, larges de $1^m 50$, longues de $6^m 40$, sur lesquelles les charbons sont versés à la sortie du puits. Il y a ainsi dans les deux chambres douze tables pour recevoir la houille, la trier et la cribler. Chaque table renferme, à la suite l'un de l'autre, deux cribles qui ont $1^m 50$ par 3 mètres, et qui sont formés de barreaux à couteau écartés les uns des autres de 7 millimètres dans le premier et de 25 millimètres dans le second. Le premier laisse passer les charbons menus, le second les grelassons, et à son extrémité reste le grèle. Toutes ces sortes de houille ainsi divisées descendent chacune par des trémies dans des wagons différents. Il est à remarquer que les cribles sont peu inclinés pour que le charbon, en ne glissant pas trop vite, puisse être à la fois divisé en classes bien distinctes, et soumis surtout à un triage parfait.

Telle est la disposition générale de la halle et des chambres de criblage. Elle permet une surveillance facile, et elle assure la classification et le triage des charbons qui sont exécutés sur des cribles nombreux, offrant une surface totale de 108 mètres carrés, dans des chambres closes, mais bien aérées, qui sont facilement éclairées la nuit au moyen de lampes à schiste en attendant des becs de gaz. Ainsi, on peut en toute saison et à toute heure travailler sans aucun embarras, sans aucun retard, à l'extraction, à la classification et au triage des charbons.

Voies de fer raccordant le puits avec les grandes lignes. Le puits de la Garenne est compris entre deux branches de chemin de fer divisées en autant de ramifications que le comportent l'importance de sa production, les besoins du triage et de la classification des charbons. Il se trouve situé, en quelque sorte, au milieu d'une gare, et il a de chaque côté de lui, sur la façade nord et sur la façade sud :

1° Une voie de service pour les locomotives.

2° Une voie servant à la distribution des wagons aux voies suivantes.

3° Voie des grèles.

4° Voie des grelassons.

5° Voie du menu et du tout venant.

En avant et en arrière du puits, toutes ces voies se réunissent en une seule sur laquelle sont établies deux voies de garage, l'une pour les wagons pleins, l'autre pour les wagons vides. De plus, ces voies réunies aboutissent d'une part à la gare du Curier (ligne d'Épinac à Velars), et peuvent d'autre part être prolongées pour rejoindre la gare d'Épinac (ligne de Santenay à Étang), se souder aux voies spéciales des puits Micheneau et Hagerman, soit pour aller dans un sens, soit pour aller dans un autre. En dehors de ces embranchements, une voie spéciale de voyageurs pourrait être établie pour raccorder les deux chemins d'Épinac à Velars et de Santenay à Étang. Les charbons qui ont des voies spéciales, soit à une gare, soit à une autre, ne passeraient pas par le tronçon de jonction des deux chemins qui servirait spécialement aux voyageurs, aux marchandises ordinaires et à l'exploitation qui pourra être faite dans le district qui s'étend entre l'aval pendage des Tréchards et l'amont pendage des puits Hagerman et de la Garenne, et qui nécessitera l'établissement d'un siège plus ou moins important entre ce puits et le puits Hottinguer.

La machine du puits de la Garenne est du type vertical. Ce type a été préféré aux cylindres couchés, parce que les cylindres verticaux s'ovalisent moins par l'usage, et qu'en général les frottements des divers organes sont moins considérables. Il permettrait aussi, par suite de la position élevée de l'arbre des bobines, d'augmenter considérablement l'angle d'inflexion des câbles sur les molettes, et de diminuer les frottements qu'ils y éprouvent. La machine est à deux cylindres conjugués de $0^m 80$ de diamètre et 2 mètres de course ; elle est disposée pour élever à l'heure, de la profondeur de 500 mètres, 100,000 kilogrammes à la pression maxima de trois atmosphères dans les cylindres. Elle est montée sur colonnes et entablements en fonte, ces derniers prenant par leurs extrémités dans les deux pignons du bâtiment. La disposition de ce bâti est agencée avec les jambes de force du chevalement du puits, de manière à éviter ou à détruire toutes oscillations anormales des divers organes mis en jeu pouvant nuire à la régularité de leur marche et à la solidité générale.

La hauteur des colonnes en fonte est de $5^m 30$.

Les cylindres sont attelés au moyen de bielles de 4ᵐ 60 à l'arbre des bobines. Ils sont amarrés par la tête sur de grosses plaques en fonte fixées sur des massifs en maçonnerie. Les colonnes des entablements reposent sur ces mêmes massifs, qui sont recouverts d'un carrelage en marbre au niveau des plaques en fonte, et à 2ᵐ 50 au-dessous du niveau de la recette du puits.

Cette différence de niveau est rachetée par un escalier métallique à deux montées, qui aboutissent sur un palier de 2ᵐ 10 de long et de 0ᵐ 75 de large. Cet escalier est construit d'une façon analogue à celui qui a été donné dans la description du bâtiment du puits. Il est à limons en tôle de 12 millimètres d'épaisseur, de 0ᵐ 25 de largeur et de 0ᵐ 20 de hauteur. Il pèse 1,378 kilogrammes. Le poids de chaque marche est de 18 kilogrammes. La largeur maxima de la tôle des limons est de 0ᵐ 35.

Le machiniste est placé au-dessus du carrelage, sur une sorte d'estrade longue de 4 mètres, large de 2ᵐ 65. On y arrive par deux escaliers courbes établis de chaque côté, et construits en limons en tôle de 12 millimètres d'épaisseur. Chacun de ces escaliers offre un poids total de 600 kilog. Ils sont munis de garde-corps qui se continuent autour de l'estrade du machiniste, et que l'on retrouve aussi autour des entablements, raccordés ensemble par une petite passerelle, et sur lesquels on circule pour aller graisser les paliers de l'arbre moteur, les manivelles et les bielles.

La machine est construite avec coulisses Stephenson, dont les mouvements sont disposés de manière à augmenter ou diminuer à volonté la détente variable, en donnant plus ou moins d'ouverture aux lumières, d'après la position donnée par des encoches au levier de manœuvre.

Une double sonnerie est adaptée à l'arbre des bobines pour avertir le machiniste du point de rencontre des cages dans le puits, et de leur arrivée au jour.

L'arbre moteur, dont le diamètre est de 0ᵐ 337, les bielles, les manivelles et les tiges de piston, sont en fer forgé de première qualité.

Le calage des manivelles, des bobines et du volant du frein, est fait avec des cales en acier.

Le frein est à vapeur. Le cylindre du frein est installé sur l'un des entablements, et le frein fonctionne, soit à la volonté du machiniste, au moyen d'un levier spécial mis à sa portée avec le levier d'admission et celui du changement de marche, soit au moyen d'un arrête-cages qui agit par des tringles pour ouvrir la vapeur sur le frein, lorsque les cages sont élevées aux molettes.

La vapeur est donnée aux cylindres moteurs d'un régulateur central, communiquant avec les chaudières par une ligne de tuyaux en fonte de $0^m 25$ de diamètre.

Deux colonnes d'échappement, de $0^m 30$ de diamètre et de 20 mètres de hauteur, entraînent la vapeur au-dessus du toit du bâtiment. Une partie de la vapeur en s'échappant vient réchauffer l'eau de deux bâches d'alimentation de chacune 50 hectolitres de capacité. Ces bâches sont construites en tôle de $0^m 006$ d'épaisseur avec armatures en fer à T.

Les bobines ont un diamètre extérieur de 6 mètres. Leur noyau est en fonte ; il a $1^m 75$ de diamètre. Les bras, au nombre de huit sur chaque face des bobines, sont en bois de chêne ; leur longueur est de $2^m 68$ et leur section de $0^m 18 \times 0^m 17$ à la partie inférieure, et de $0^m 16 \times 0^m 15$ à leur extrémité. Ils sont fixés aux noyaux par des boulons de 25 millimètres de diamètre, et réunis à leurs extrémités par une couronne en fonte.

La longueur libre des bras pour l'enroulement des câbles est de $2^m 12$.

L'alimentation des chaudières est faite, soit au moyen d'une machine spéciale de la force de trois chevaux, soit au moyen de giffards. L'eau est prise soit dans les bâches, soit dans un château-d'eau dont la capacité est de $46m^3$, et où elle est élevée au moyen d'un moteur spécial de forme pyramidale, attelé à deux pompes qui élèvent l'une les eaux recueillies dans le puits à la profondeur de 48 mètres, l'autre les eaux d'un réservoir établi à la surface pour ramasser les eaux de pluie. Le château-d'eau dans lequel les eaux sont amenées est établi sur l'axe de l'installation générale, à la suite de la cheminée. Il est de forme elliptique : le grand axe étant de 8 mètres et le petit axe de 5 mètres à l'intérieur.

La machine qui vient d'être décrite sort des ateliers de M. François Dorzée, constructeur à Boussu près Mons (Hainaut).

Les chaudières ont été construites par MM. J.-F. Révollier jeune et Cie, à Saint-Étienne (Loire).

Les escaliers métalliques, qui complètent l'installation de la machine, ont été livrés par M. Laurent aîné, fondeur et constructeur de machines à Dijon (Côte-d'Or).

Telle qu'elle est établie, la machine du puits de la Garenne donne aujourd'hui, pour descendre à la profondeur de 433 mètres, 60 coups de piston. Les bobines font 30 tours dont la circonférence moyenne est de 14^m 40, et les circonférences extrêmes de 18 et 10 mètres. Le parcours de 433 mètres est fait en 60 secondes. La machine donne en conséquence, en moyenne, 60 coups de piston par minute en marche normale.

Le chevalement, construit en bois de chêne, est dressé sur quatre semelles reposant sur quatre gros piliers en maçonnerie, élevés à 6 mètres au-dessus du sol, au niveau de l'orifice du puits. Il a 10^m 50 de hauteur. Il consiste en une charpente à quatre montants assemblés au moyen de traverses, de liens et de bras de force. Deux arcs-boutants butent la charpente du côté de la machine. Ils sont eux-mêmes assemblés au moyen de moises et de traverses, et réunis aux quatre piliers du chevalement par des contre-fiches. Ils reposent, à leur extrémité inférieure, sur les murs construits en prolongement des entablements en fonte de la machine. Ils se trouvent ainsi à 6 mètres au-dessus du niveau des voies de la recette du puits, en même temps qu'ils sont disposés de manière à détruire les chocs que la marche de la machine pourrait produire dans tout l'attirail.

Les pièces qui supportent les molettes sont armées sur chaque face de poutrelles en fer à T de 0^m 26 de hauteur, pesant 44 kilog. le mètre courant, et provenant de l'usine de Saint-Jacques, de la Compagnie anonyme des forges de Chatillon et Commentry, à Montluçon (Allier).

Les molettes, qui proviennent du chevalement de l'ancienne machine, ont 3^m 10 de diamètre extérieur, 2^m 90 dans la gorge et 0^m 25 de largeur. Leurs axes ont un diamètre de 0^m 17 et 0^m 95 de longueur, dont 0^m 50 pris dans le moyeu de la bobine. Elles sont à moyeu et à couronne en fonte avec bras en fer rond de 35 millimètres. Les bras sont au nombre de 24. Les moyeux ont 445 millimètres de diamètre. Elles pèsent l'une 1553, l'autre 1554 kilog., et elles ont coûté 47 francs les 100 kilog., soit ensemble 1,460^f 29. Elles ont été fondues à Chalon-sur-Saône chez MM. Prieur frères.

L'accès aux molettes, qu'il importe de visiter fréquemment pour le graissage des tourillons, a lieu au moyen d'escaliers allant du niveau de la recette au pied des jambes de force, et franchissant ainsi la verticale de 6 mètres. Ces escaliers se continuent sur les arcs-boutants eux-mêmes du chevalement, qui sont comme eux munis de garde-corps en fer. Les gardes-corps contournent toute la charpente et enveloppent la plate-forme des molettes.

Les quatre montants du chevalement et les deux arcs-boutants ont un équarrissage de 0^m 50 au gros bout et de 0^m 40 au petit bout. Ils sont tous en deux pièces assemblées à trait de Jupiter soutenu par de fortes armatures en plaques de fer reliées au moyen de boulons. Les chapeaux qui reçoivent les supports des molettes ont une section de 0^m 55 / 0^m 40.

Le chevalement cube 45m³ 932. Il revient à 183 francs le mètre cube, dont 150 francs pour fourniture de bois, et 33 francs pour la main-d'œuvre. Dans ce prix de 33 francs, la mise au levage est comprise.

Substitution d'une installation à une autre au puits de la Garenne. — Pour éviter au puits, en renouvelant son installation, un chômage qui eût été ruineux, nous avons imaginé de nous servir d'un puits auxiliaire, creusé dans les alluvions tertiaires, profond de 8^m 50, au moyen duquel les changements de machine, de chevalement, de molettes et de câbles ont été opérés sans occasionner une seule journée de chômage dans l'extraction. Le rôle du puits auxiliaire a été de reprendre, au moyen d'une galerie destinée à la descente des remblais et le mettant en communication avec le puits, les charbons que ce dernier n'élevait qu'à 8^m 50 de son orifice, ses câbles passant horizontalement sur des molettes de 1^m 30 de diamètre installées dans le puits lui-même. Ces molettes ont été placées en quatre heures pendant un dimanche, et avec elles on a pu, grâce au concours du puits auxiliaire, continuer l'extraction sans subir un seul instant d'arrêt pour construire le nouveau bâtiment, établir autour du puits en sous-œuvre, au moyen de petites galeries souterraines, les gros piliers du nouveau chevalement, enlever le vieux chevalement, monter le nouveau, organiser la recette définitive du puits, faire prendre le service par la nouvelle machine et démonter l'ancienne.

L'ensemble des dispositions suivies pour l'exécution de ces diverses opérations est représenté à l'une des planches de l'Atlas joint à ce Mémoire. On trouve aussi sur cette planche l'agencement adopté pour la machine locomobile du puits auxiliaire, qui empruntait d'ailleurs sa vapeur aux chaudières de la vieille machine. (V. pl. 16.)

Estacades. — Les estacades destinées à recevoir les charbons à mettre en dépôt ou à livrer sur place à la vente locale, sont établies en prolongement de l'axe de l'installation générale du puits, au-delà de la halle de roulage. Elles consistent en un tablier en bois supporté par des chevalets en fer construits en rails de 30 kilog. le mètre courant. Des liens en fer carré de 0^m 04 de côté, arrondis en forme d'arcs de cercle, consolident les montants de chaque chevalet et réunissent, les uns aux autres, les chevalets espacés de 3 mètres.

Les chapeaux des chevalets sont en bois. Ils ont 3^m 75 de longueur et un équarrissage de 0^m 20 / 0^m 12. Ils supportent quatre poutrelles ou longrines de 0^m 18 × 0^m 12 et de 0^m 18 × 0^m 10 qui servent, celles du milieu, au roulage des chariots de charbon sur un culbuteur mobile; celles des côtés, à recevoir les trottoirs nécessaires pour la circulation des ouvriers. (V. pl. 16.)

Les estacades sont munies sur chaque face d'un garde-corps de 1 mètre de hauteur. Le garde-corps est formé d'une barre posée sur des poteaux reliés entre eux par des croisillons, et soutenus par des contre-fiches prenant sur les chapeaux des chevalets.

Construites dans ces conditions, les estacades reviennent à

316ᶠ 39 la travée d'une longueur de 3 mètres. Cette somme de 316ᶠ 39 se compose comme il suit :

1° *Chevalet*.

Chapeau en bois....................	0m³ 084	à 150ᶠ» »	12ᶠ60
2 montants fer de 5ᵐ 67.............	340ᵏ	à 21 50	73 10
2 liens extérieurs de chapeau........	28	à 56 » »	15 68
1 lien extérieur double..............	30	à 56 » »	16 80
4 équerres de chapeau..............	12	à 56 » »	6 72
7 boulons id...................	7	à 56 » »	3 92
8 vis pour liens....................	4	à 80 » »	3 20
8 vis pour équerres................	4	à 80 » »	3 20
2 grands liens de chevalet	120	à 56 » »	67 20
4 boulons de liens	4	à 80 » »	3 20
1 boulon de longrine...............	1ᵏ 5	à 56 » »	0 84
			206ᶠ46

2° *Tablier de 3 mètres de longueur*.

2 longrines extérieures de 3ᵐ×0.18×0.12 = 0m³ 130	à 150ᶠ» »	19ᶠ50
2 longrines .... 3ᵐ×0.18×0.10 = 0m³ 108	à 150 » »	16 20
2 mètres trottoir de.................	6m²	à 7 » »	42 » »
Garde-corps..........	0m 097	à 150 » »	14 55
Contre-fiches de garde-corps.........	0m 024	à 150 » »	3 60
Plaques d'assemblage des longrines	24k	à 40 » »	9 60
Boulons id. id.........	8	à 56 » »	4 48
			109ᶠ93

La main-d'œuvre de forge et d'ajustage dans les prix ci-dessus est estimée à 0ᶠ 30 le kilogramme. La main-d'œuvre sur bois est évaluée à 45 francs le mètre cube, pose comprise.

Le culbuteur mobile est un culbuteur ordinaire porté sur un train à quatre roues. Les chariots sont conduits dans ce culbuteur sur un petit train se raccordant avec les rails du culbuteur. (Voir planche 17.) *Culbuteur mobile.*

Un culbuteur ordinaire coûte 241^f 51 qui se composent comme suit :

2 volants en fonte	428^k à 40^f	171^f 20
2 paliers id.	13 à 37	4 81
2 axes en fer laminé	8 à 24	1 92
5 boulons d'écartement . . .	48 à 35	16 60
2 supports de paliers	42 à 24	10 08
8 boulons de supports	8 à 35	2 80
8 id. de paliers	6 à 35	2 10
Main-d'œuvre, forge		20 » »
Id. ajustage		8 » »
Tour et alésage		4 » »
	Total . . .	241 51

Chariots à charbon et voie de roulage. — Les chariots employés à l'extraction du charbon sont de forme rectangulaire, à caisse en tôle fixée sur un fond en bois, et supportés par des roues en fonte de 0^m 30 de diamètre. (V. pl. 19.)

Leur capacité est de 6 hectolitres.

La caisse est en feuilles de tôle de 2 1/2 millimètres. Les tôles sont assemblées au moyen de rivets sur cornières de 4 centimètres, et le bord supérieur est garni extérieurement d'un cadre en fer mi-plat de 30 sur 10 millimètres. Le poids de la caisse est de 65 kilogrammes.

Le train en bois est formé de plateaux de chêne de 6 et de 4 centimètres d'épaisseur. Il pèse 75 kilog.

Les roues sont calées sur les essieux écartés de 0^m 50 d'axe en axe. Chacune a un poids de 14^k 75. Chaque essieu, dont le diamètre est de 40 millimètres, pèse 7^k 5.

Les diverses ferrures qui complètent le chariot pèsent 20 kilog. et son poids total est de 244 kilogrammes.

Il revient à la somme de 84^f 82, savoir :

1° *Caisse en tôle.*

4 tôles de 2 1/2 millimètres...	50^k à 0^{f}40	20^f » »
Fers d'angle pour montants...	11 à 0 30	3 30
1 cadre fer plat laminé.......	16 à 0 42	6 72
120 rivets.................	6 à 1 » »	6 » »
Main-d'œuvre................		7 » »
		43 02

2° *Fond en bois.*

Bois (fourniture)	8^f » »
Main-d'œuvre.........................	2 50
Montage du chariot...................	1 10
	11 60

3° *Train.*

Fournitures.	4 roues de 14^{k}75........	59^k à 25^f » »	14^f 75
	2 essieux de 7^k 5........	15 à 15 » »	3 45
	Ferrures diverses	20 à 25 » »	5 » »
Main-d'œuvre	Alésage des roues........	4 à 0 15	» 60
	Id. des essieux.......	2 à 0 50	1 » »
	Clavetage id	2 à 0 20	» 40
	Ferrures diverses.........	20 à 0 25	5 » »
			30 20

Résumé.

1° Caisse..........	43^f 02
2° Fond en bois ...	11 60
3° Train	30 20
TOTAL...	84 82

INSTALLATION DU PUITS DE LA GARENNE.

Chariots à remblais. — Les chariots à remblais sont, comme les chariots à charbon, de forme rectangulaire, mais ils sont construits en bois. Ils ont à l'intérieur de la caisse 1^m 06 de longueur, 0^m 60 de largeur, et 0^m 63 de hauteur. Leur capacité est de 4 hectolitres.

Ils sont, à chacune de leurs extrémités, munis d'une porte qui s'ouvre de bas en haut, en tournant autour d'un axe horizontal disposé aussi pour consolider la caisse du chariot. Le prix de ce chariot est de 87^f 80.

1° Caisse.

Bois.	2 pièces chêne	1^m 30 10/8 =	0^m 020	à	100^f » »	2^f » »
	Id............	1 30 7/6 =	0 011	à	100 » »	1 10
	2 traverses........	0 80 8/4 =	0 005	à	100 » »	0 50
	Lambris chêne..............		20	à	0 35	7 » »
	Étais chêne................		3 50	à	0 50	1 75
	2 traverses........	0^m 80 12/6 =	0 011	à	100 » »	1 10
	Main-d'œuvre du charron					8 » »
Ferrures.	Ferrures, fer martelé.........		28^k	à	0 80	22 40
	Id. fer laminé.........		15	à	0 60	9 » »
	Boulons de quincaillerie......		40	à	5^f %.	2 » »
	Pointes...................		0 5	à	0 30	» 15
						55 00

Train.

Fournitures	25^f 80
Main-d'œuvre..................................	7 » »
	32 80

Résumé.

1° Caisse	55^f » »
2° Train	32 80
TOTAL ...	**87 80**

La main-d'œuvre de la forge est comprise dans le prix des ferrures diverses données à l'article n° 1 ; elle y entre pour 0^f 30 par kilog. de fer.

Voie des chariots.— Revient de son établissement.— La voie sur laquelle roulent les chariots a 0ᵐ 75 de largeur. Elle est établie en rails mi-plats de 60ᵐᵐ/12ᵐᵐ qui reposent sur de petites traverses de 1ᵐ10 de long, et d'une section de 8/12 fixés au moyen de cales en bois. Elle coûte 4ᶠ 38, savoir :

2 mètres rails de 60/12, pesant..	10ᵏ	à 0ᶠ 23 = fr.	2 30
2 traverses bois chêne	2	à 0 70 = fr.	1 40
4 coins	4	à 0 12 = fr.	» 48
Pose			» 20
		TOTAL	4 38

L'inconvénient de la voie de 0ᵐ 75 est d'être trop large. Il en résulte un frottement considérable dans les courbes, qui sont fréquentes et à petit rayon dans les galeries souterraines. L'excès de largeur de la voie fait donner des dimensions plus fortes aux galeries, et leur entretien est moins facile. A tous égards, les voies de 0ᵐ 50 à 0ᵐ 55 que nous avons employées dans les mines de la Loire et dans les houillères de l'Allier, nous ont donné de meilleurs résultats.

Plaques tournantes. Afin de faciliter à l'extérieur, et notamment dans la halle de roulage, les changements de voie des chariots qui sortent chargés du puits par un chemin central pour y revenir vides par deux voies latérales, des plaques tournantes ont été mises en usage, à l'instar de ce qui a lieu sur les grandes lignes de fer.

Ces plaques, qui ont un diamètre de 1ᵐ 25, sont moulées en fonte de 15 millimètres d'épaisseur. Elles portent au centre un pivot par lequel elles reposent sur une crapaudine, et elles s'appuient à la circonférence sur quatre galets coniques en fer forgé et tourné. Les paliers de ces galets et la crapaudine du pivot sont fixés sur un croisillon en bois, formé de deux pièces assemblées à mi-entailles, et d'une section de 0ᵐ 12 × 0ᵐ 08. Les rails sont fixés sur la plaque au moyen de vis. Ils sont en fer carré de 3 centimètres. (V. planche n° 18.)

La plaque est percée de quatre trous de $0^m 10$ de diamètre, pour faciliter son enlèvement en cas de réparations. Des petits trous d'un diamètre très petit (5 millimètres) sont aussi pratiqués dans la plaque afin de permettre le graissage des galets.

Une semblable plaque est d'un fonctionnement simple et facile. Elle permet à un enfant de manœuvrer, à charge comme à vide, des chariots de 6 hectolitres, avec aisance et célérité. Elle revient à la somme de $99^f 12$, savoir :

Plaque avec crapaudine et supports en fonte pesant 221 kilog. à 29^f 0/0	....	64^f 09
Galets, ferrure et rails 51 kilog. à 23	....	11 73
Passage de la plaque au tour	....	12
Vis pour fixer les rails 24 à 0^f 05	....	1 20
Ajustage, pose et réglage	....	8
Croisillon en bois	....	2 10
	Total	99 12

Cages d'extraction avec parachute à ressorts et frein à manette.

La faible section du puits de la Garenne, qui n'a que 3 mètres de diamètre, a nécessité, pour satisfaire à sa production de 6,000 hectolitres par jour en un poste, la construction de cages à quatre chariots superposés. (V. planche n° 21.)

Ces cages, qui offrent un poids total de 1,665 kilog., et dont la longueur totale est de $5^m 50$, comprennent cinq cadres : quatre portent les rails qui servent à l'introduction et à la sortie des chariots, et le cinquième forme le chapeau de la cage. Les cadres sont reliés les uns aux autres, sur les deux faces latérales, par quatre barres de fer à T, six barres de fer plat, et de grandes croix de Saint-André également en fer plat. Le tout est assemblé au moyen de rivets posés à chaud. Les fers à T pèsent $9^k 10$ le mètre courant; le poids des autres barres varie de 5 à $11^k 810$, selon les barres. Il est de $11^k 810$ pour les barres de la section de 110 millim. 15 placées sur le milieu des faces latérales, parallèlement aux montants des angles. Ces dernières sont doublées d'une longrine en bois de $0^m 055$ sur $0^m 090$ pour augmenter leur rigidité et faciliter leur transport des ateliers au puits.

Les mains courantes indépendantes des cadres y sont attachées au moyen de boulons et d'écrous. Elles pèsent 5 kilog. l'une.

Les rails sont garnis de contre-rails en cornières, pour assurer le passage des chariots. Les rails sont en fer carré de 28/28 pesant 5^k 720 le mètre courant. Les cornières ont 7 centimètres de côté extérieur; elles pèsent 8^k 500 le mètre.

Des loqueteaux ou des valets à ressort sont disposés pour emprisonner les chariots dans les cages.

Les compartiments de la cage sont espacés les uns des autres d'une distance de 1^m 20, prise à l'intérieur. Le compartiment supérieur a une hauteur de 1^m 80, afin de pouvoir loger les parachutes.

La cage est munie de deux parachutes. (V. pl. n° 22.)

Le premier est à ressorts enroulés en spirale. Il est composé de deux griffes indépendantes, mobiles chacune autour d'un axe. Ces griffes sont resserrées par la traction du câble auquel elles sont attelées; en cas de rupture du câble, elles s'écartent sous l'action des ressorts et viennent prendre dans les guides en bois du puits.

En quelques occasions, notamment à la suite de cages conduites aux molettes, ce parachute a été appelé à fonctionner, et il faut dire à son avantage qu'il a, la plupart du temps, fonctionné avec succès. C'est encore avec un parachute de ce genre qu'une cage a été arrêtée dans le puits Hagerman à la suite d'une rupture de câble, pendant qu'elle montait avec une vitesse de 7 mètres par seconde, chargée de trois chariots de charbon d'un poids total de 2,232 kilog.

Un second parachute est néanmoins adapté à la cage à quatre étages du puits de la Garenne. Ce second parachute, que nous avons imaginé pour augmenter la sécurité du premier, porte le nom de frein à manette, parce qu'il doit être mis en mouvement à la main. Son rôle est de servir à la descente et à la remonte des ouvriers qui circulent dans les cages au nombre de seize, quatre dans chacun des chariots.

Le frein à manette est placé au-dessous du parachute à ressorts. Il consiste : 1° en une double vis composée de deux parties filetées chacune sur une longueur de 0^m 28, tournées l'une à droite, l'autre à gauche, et réunies par un tronc de 0^m 75 de longueur sur lequel prend une manette ; 2° en deux écrous à manchons et patins dont la surface est garnie de 10 grosses dents ou griffes en acier. Ces écrous ont 0^m 275 de longueur, et ils sont commandés l'un par la vis de droite, l'autre par la vis de gauche.

La vis a 0^m 06 de diamètre extérieur et 0^m 04 de noyau. Le pas de la vis est de 0^m 05 et l'épaisseur du filet 0^m 0125. Le tronc réunissant les deux parties de la vis est à section carrée de 0^m 06 de côté.

Les écrous sont aussi à section carrée. Elle est de 0^m 10 de côté, de façon à ce que l'écrou-manchon présente une épaisseur minima de 2 centimètres.

En tournant la vis, les écrous sont écartés et leurs griffes vont prendre dans les pièces du guidage. La cage est ainsi enserrée entre ces pièces et amenée à s'arrêter. Le fonctionnement du frein à manette facilite aussi l'action du parachute à ressorts et réciproquement.

En effet, que le câble vienne à se rompre, si l'on agit sur le frein à manette sans retard, les pattes du frein frotteront promptement contre les guides, et le parachute à ressorts pourra mieux fonctionner. D'un autre côté, le parachute à ressorts venant à fonctionner, le jeu du frein est mieux assuré, et de la sorte, on dispose à la fois de deux appareils qui se prêtent un secours mutuel.

Expériences du frein à manette. Dans les mois de mai et de juin 1867, diverses expériences ont été faites sur le frein à manette. Dans la première, la cage au repos a été maintenue en place par les griffes de l'appareil ; le câble fut dévidé sur elle d'une longueur de 5 mètres, et le parachute à ressorts, jouant aussitôt après le déroulement libre du câble, est venu consolider tout le système suspendu dans le puits. La cage, dont le poids total est de 1,665 kilogrammes, était chargée de six hommes et de 500 kilogrammes en chariots vides.

A la deuxième expérience, la cage chargée du même poids que précédemment, et portant le même nombre de personnes, descendait avec une vitesse de 1^m 75 par seconde. Par l'action du frein, elle fut arrêtée en une seconde, durant laquelle elle a parcouru un espace de 1^m 30.

A la troisième expérience, la cage, toujours chargée dans les mêmes conditions que dans les essais précédents, était animée d'une vitesse de 7^m 85 par seconde. Par l'action du frein, elle a été arrêtée et fixée en deux secondes, après avoir parcouru un espace de 2 mètres.

Au quatrième essai, la vitesse de la cage était de 10 mètres par seconde. Elle fut fixée aux guides après cinq secondes et demie d'action sur le frein, temps pendant lequel elle a continué à descendre de 11 mètres, avec une vitesse moyenne de 2 mètres par seconde.

Au cinquième essai, la charge de la cage a été augmentée du poids d'une personne et d'un chariot chargé de déblais pesant 800 kilogrammes. Elle était lancée avec une vitesse de 15 mètres lorsque l'on mit le frein en mouvement pour l'arrêter. Mais ce dernier a agi pendant 40 secondes sans parvenir à arrêter la cage, qui a parcouru un espace de 130 mètres. Il n'a pu que ralentir sa vitesse et la ramener à 3^m 25. On est arrivé au fond du puits avec cette vitesse, sans pouvoir fixer invariablement la cage contre les guides. L'insuccès de ce cinquième essai a été attribué à la rupture de diverses griffes de l'appareil dont le nombre a été réduit à deux ou trois sur chaque patin des écrous, à l'emportement de divers guides qui ont été brisés ; enfin, à l'empâtement des griffes de l'appareil. Aussi, croyons-nous qu'avec des guides plus solides et un rochet disposé pour faciliter la manœuvre du frein, on serait parvenu à arrêter complètement la cage, comme dans les expériences précédentes, malgré l'augmentation de poids et de vitesse. Il est d'ailleurs évident que, selon les poids avec lesquels on est appelé à agir, on doit faire varier dans la construction de l'appareil la surface des patins et le nombre des griffes dont il faut les armer.

Le poids de 1,665 kilogrammes de la cage à quatre étages se compose ainsi qu'il suit :

Prix de revient d'une cage à quatre étages.

INSTALLATION DU PUITS DE LA GARENNE.

Cage....................	1,109 kilogrammes.
Parachute à ressorts	261
Frein parachute à manette ..	211
Chapeaux................	84
TOTAL	1,665

Et le prix de la cage est de 996^f 25, savoir :

Cage	1,109^k à	45^f 0/0	499^f 05
Parachute ...	261 à	100 id.	261 » »
Frein.......	211 à	id. id.	211 » »
Chapeaux ...	84 à	30 id.	25 20
		TOTAL	996 25

Appareils à taquets. Les taquets sont librement posés, mobiles, sur des arbres de 0^m 06 de diamètre. Ils peuvent être soulevés directement par l'arrivée des cages, après le passage desquelles ils retombent sur le puits. Ils sont gouvernés dans la manœuvre ordinaire à la main, au moyen d'un levier qui agit sur les deux arbres reliés l'un à l'autre par une bielle de transmission attelée aux deux petits bras du levier qui forment manivelles. Quand on abaisse le levier, l'arbre en tournant vient saisir les taquets, au moyen de glissières, et il les relève. Pour les abaisser après la rentrée de la cage dans le puits, il suffit de faire jouer le levier en sens inverse.

Un appareil de ce genre revient à la somme de 285^f 24, savoir :

4 arbres de 30^k 50	122^k » »	à 1^f » »		122^f » »
8 taquets.. 6 25	50 » »	1 » »		50 » »
8 glissières. 5 » »	40 » »	1 » »		40 » »
2 bielles... 7 50	15 » »	1 » »		15 » »
2 leviers... 15 » »	30 » »	1 » »		30 » »
8 paliers	46 40	35 » »		16 24
Boulons de paliers......	16 » »	0 50		8 » »
Alésage de 8 paliers		0 50		4 » »
		TOTAL.......	fr.	285 24

(Voir planche n° 20).

INSTALLATION DU PUITS DE LA GARENNE.

Les câbles du puits de la Garenne sont faits à la longueur de 575 mètres. Ils sont en chanvre ou en aloës, et toujours à section uniformément décroissante. Tantôt la largeur varie de $0^m 22$ à 0 18, et l'épaisseur de 45 à 40 millimètres. Tantôt ils ont une largeur de 24 à 20 centimètres avec une épaisseur de 45 à 40 millimètres, comme celui de chanvre fabriqué à Angers, dans les ateliers de MM. Besnard et Genest, qui l'ont placé à l'Exposition universelle de 1867.

Câbles en usage.

Les câbles en aloës pèsent en moyenne 8 kilog. par mètre courant, et leur prix varie de $1^f 20$ à $1^f 60$ le kilogramme, selon les circonstances qui influent sur la vente de l'aloës. Les câbles en chanvre pèsent de 9 à 11 kilog. par mètre, et ils coûtent $1^f 45$ à $1^f 55$ le kilogramme.

La durée des câbles en aloës dépasse toujours de beaucoup celle des câbles en chanvre. Ainsi, à la Garenne, un câble en aloës dure 17 mois 28 jours, contre un câble en chanvre qui ne fait qu'un service de 12 mois 19 jours. L'un extrait 50,000 tonnes, tandis que l'autre ne sert à en élever que 37,000.

Le tableau suivant résume les conditions dans lesquelles se sont trouvés les deux câbles.

Nature des câbles.	Longueur.	SECTION.		Poids du mètre.	Poids total.	Prix du kilog	DURÉE.	Charge élevée en tonnes.	Revient de la tonne.
		Maxima.	Minima.						
Aloës...	575 m	22×0.45	18×0.40	8 k.	4,600 k.	1.30	17 m. 28 j.	50.000	0f 1196
Chanvre.	575 m	id.	id.	9 k.	5,175 k.	1.50	12 m. 19 j.	37.000	0.2097

L'avantage appartient tout entier à l'aloës, qui a un poids moindre et une durée plus longue, qui coûte moins cher et produit une quantité de travail beaucoup plus considérable.

Coût de l'installation du puits de la Garenne.

Pour terminer ce qui a été dit de l'installation du puits de la Garenne, nous donnons ci-après le détail des frais de construction des divers bâtiments dont elle est composée :

A. Bâtiment de la Machine et du Puits.

Maçonneries de fondation	360m³	à 14^f	5,040^f » »
Id.	d'élévation	1,712m³	18	30,816 » »
Id.	corniche	40m³	30	1,200 » »
Id.	rampe d'accès	578m³	15	8,670 » »
Id.	massif des cylindres	120	14	1,680 » »
Id.	id.	200m³	18	3,600 » »
Id.	pierres de taille			500 » »

$$\text{Total} \ldots\ldots \text{fr. } 51,506 \text{ » »}$$

Charpente.

7 fermes ordinaires	10m³	839	à 100^f	1,083^f 90
6 demi-fermes de croupe	4	671	id.	467 10
Faîtage	0	939	id.	93 90
Pannes	5	400	id.	540 » »
Sablières	3	244	id.	324 50
Chevrons	7	810	id.	781 » »
Boulons	154^k		0^f 75	115 50
34 poutrelles pour voussettes, à 28^k le mètre	1,760^k	à 0^f 35	616 » »

$$\text{Total} \ldots\ldots \text{fr. } 4,021 \text{ } 90$$

Couverture.

Voligeage	611m²	55	à 2^f 60	1,590^f 03
Ardoises	624	62	3 60	2,248 63
Zinc pour faîtage	115^k	» »	0 64	73 22
Pose du zinc	18m²	90	0 50	9 45
Crochets	42^k	» »	1 » »	42 » »

$$\text{Total} \ldots\ldots \text{fr. } 3,963 \text{ } 33$$

B. Enduits. — Plâtrerie et Carrelage.

Enduits.........	2,450m²	à 0ᶠ 50	1,225ᶠ » »
Plâtrerie.......	720	0 50	360 » »
Carrelage ordinaire	210	2 50	525 » »
Id. marbre.	60	15 » »	900 » »

TOTAL....... fr. 3,010 » »

Menuiserie, Peinture et Vitrerie.

4 grandes portes...	75m² 15	à 20ᶠ	1,503ᶠ » »
6 portes ordinaires.	44 32	20	886 40
14 fenêtres........	81 65	20	1,633 » »
18 œils-de-bœufs...	46 » »	20	920 » »
Portes diverses à l'intérieur...............			400 » »
Vitrerie...........250	» »	5	1,250 » »

TOTAL....... fr. 6,592 40

C. Cheminée et Chaudières.

Cheminée.
- Fondations, bétons et moellons 257m³ 850 à 16ᶠ   4,125ᶠ 60
- Élévation carrée et octogonale. 118   160   id.   1,890 56
- Partie conique............ 280   380   id.   4,486 08
- Pierre de taille { fourniture... 15   110   45   679 95
-                 { main-d'œuvre................   800 » »

TOTAL....... fr. 11,982 19

Chaudières.
- Massifs.................690m³ 510 à 15ᶠ   10,357ᶠ 65
- Murs de quai, marquise et pignon 43   350   id.   650 25
-                Id.......... 41   980   id.   629 70
- Pierres pour marquise, marches d'escaliers et dés de colonnes........................   250 » »

TOTAL....... fr. 11,887 60

Charpente des chaudières

7 fermes cubant ensemble...	6m³ 391	à 90f » »	575f 19
Faîtage, pannes, sablières, etc.	15k 965	90 » »	1,436 85
Boulons de charpente.......	60	0 75	45 » »
Colonnes en fonte	4,734	0 30	1,420 20
24 tirants en fer mi-plat....	268	0 75	201 » »
		TOTAL....... fr.	3,678 24

Couverture.

Voligeage	289m² 68	à 2f 60	753f 16
Id.	201 93	3 » »	605 79
Ardoises	503 74	3 60	1,813 46
Zinc (fourniture)	76 68	0 64	49 07
Id. pose	12 68	0 50	6 39
Marquise et marquisettes....	54 96	5 » »	274 80
		TOTAL....... fr.	3,502 67

D. Bâtiment des Cribles.

Maçonneries.

Fondations.............	296m³ 410	à 16f » »	4,742f 56
Élévation...............	587 140	16 » »	9,394 24
Voussettes........	60 850	16 » »	973 60
Corniche...............	12 650	30 » »	379 50
Dés pour colonnes (taille)..	18 12	6 60	119 59
		TOTAL....... fr.	15,609 49

Charpente.

5 fermes de 1m 040	= 5m³ 200	à 100f » »	520f » »
Liens, faîtage, pannes, sablières, chevrons........	10 431	100 » »	1,043 10
		A reporter	1,563 10

INSTALLATION DU PUITS DE LA GARENNE.

		Report......		1,563ᶠ 10
Boulons de charpente......	38ᵏ	à	0 75	28 50
Fers pour tirants..........	475		0 75	356 25
Liens avec boulons........	187		0 75	140 25
Poutrelles en fer pour voussettes	10,331		0 35	3,615 85
Voligeage................	399ᵐ 76		2 60	1,039 38
Ardoises.................	408 20		3 60	1,469 52
Zinc (fourniture)..........	99 »»		0 64	63 36
Vitrines à la lanterne de la toiture................	49m² »»		13 »»	637 »»
Marquisettes.............	17 21		5 »»	86 05
		TOTAL.......	fr.	8,999 26

Divers.

Enduits.................	1,536m² »»	à	0ᶠ 50	768ᶠ »»
Plafonds................	240		0 50	120 »»
Menuiserie..............	45		20 »»	900 »»
Serrurerie...................................				165 »»
Peinture................	100m²		1 »»	100 »»
Vitrerie.................	90		5 »»	450 »»
		TOTAL.......	fr.	2,503 »»

E. Chambres de Criblage.

Les deux chambres sont symétriques, et chacune d'elle revient à fr. 16,714 57, savoir :

Grosses colonnes en fonte..	5,371ᵏ 50	à 0ᶠ 30	1,611ᶠ 45
Poutres à T pour armatures.	1,903ᵏ 50	0 35	666 25
Pièces de charpente pour poutres, grosses et petites solives, chev. sablières, moises, chevrons, etc...	37m³ 002	90 »»	3,330 18
	A reporter......		5,607 88

INSTALLATION DU PUITS DE LA GARENNE.

		Report......	5,607ᶠ 88
Plancher chêne 14 × 26 =	362m²	2 » » à	728 » »
Colonnes de toiture.......	3,060ᵏ	0 30	918 » »
Boulons...............	400	0 75	300 » »
Maçonneries suspendues sur colonnes...............	27ᵐ	15 » »	405 » »
Charpente toiture.........	28m³	90 » »	2,520 » »
Voligeage	395m²	3 60	1,186 80
Zinc (fourniture)..........	2,916ᵏ	0 79	2,303 64
Id. pose	395ᵐ	0 35	138 25
Menuiserie	63ᵐ 75	20 » »	1,375 » »
Ferrures			350 » »
Vitrines aux toitures.......	17ᵐ 60	13 » »	227 80
Marquisettes	37ᵐ 44	5 » »	187 20
Vitrerie................	70	5 » »	350 » »
Peinture	117	1 » »	117 » »
		TOTAL........ fr.	16,714 57

Le prix de la couverture en zinc est de 6ᶠ 15 le mètre carré. Ce prix a pour éléments les chiffres ci-après, la couverture étant faite en feuilles ondulées de 2ᵐ 26 de long par 0ᵐ 85 de large, du poids de 12 kilogrammes :

Zinc...... 7ᵏ 25 à 0ᶠ 79	fr.	5 70
Pose..... 1ᵐ » » 0 35		0 35
Clous...................		0 10
	TOTAL... fr.	6 15

En additionnant les diverses sommes portées aux articles qui précèdent, on trouve qu'elles montent au chiffre de 160,685ᶠ 22. A ce chiffre, il y aurait à ajouter, pour obtenir le total de l'installation du puits, le prix de la machine qui est de 65,000 francs, avec deux machines motrices alimentaires faisant une force de 6 chevaux, et 2 appareils Giffard de chacun 1,000 francs, celui des chaudières qui s'élève à 42,271 francs, les dépenses de montage et de mise en place, et divers frais omis dans toutes les notes précédentes. On arrivera ainsi au chiffre total de 280,000 francs, qui correspond assez approximativement à ce qu'a coûté l'installation générale.

CHAPITRE XII.

Installation du puits Sainte-Barbe.

Le puits Sainte-Barbe, destiné à centraliser l'exhaure, est armé d'une machine du type vertical, à deux cylindres conjugués de $0^m 80$ de diamètre et de 2 mètres de course. Cette machine est en tous points semblable à celle du puits de la Garenne. *Machine et bâtiment*

Elle est installée dans un bâtiment large, à l'intérieur, de 10 mètres, long de 30 mètres, élevé de 18 mètres au-dessus du sol, et couvrant le puits, la recette et la charpente à molettes, disposition en quelque sorte indispensable pour assurer la conservation des engins, notamment des câbles, et faciliter les manœuvres des machinistes, en mettant le puits à l'abri de l'action de la pluie, du vent, du brouillard, etc., et en rendant son éclairage commode et parfait. (V. planche n° 23.)

Le rez-de-chaussée du bâtiment qui correspond à la base des cylindres est divisé en magasins qui, au besoin, feraient des appartements dans lesquels pourraient loger, en toute sécurité, les machinistes et les chauffeurs.

L'étage correspond au plancher du machiniste. C'est une grande chambre largement éclairée et aérée dans laquelle on a accès, d'une part par un petit escalier communiquant du fond des cylindres à la machine, d'autre part au moyen d'une rampe en terre que les voitures peuvent gravir pour le transport de pièces et engins de différentes sortes.

Le bâtiment est construit en entier en briques avec contreforts et bandeaux saillants aux ouvertures. Il est percé de 36 ouvertures dont 8 portes, 12 fenêtres et 16 œils-de-bœuf.

La couverture est en ardoises posées sur voliges blanchies et jointives. Ce mode a été trouvé ici préférable à la tuile qu'il eût été nécessaire de dissimuler soit par un plancher, soit par un plafond en plâtre.

A droite et à gauche du bâtiment sont placées les chaudières, en deux batteries de chacune quatre chaudières. La cheminée, de la hauteur de 50 mètres avec diamètre intérieur minimum de $1^m 90$, est située sur l'axe du bâtiment et du puits, entre les deux batteries de chaudières. Elle occupe ainsi une position convenable avec les chaudières rangées symétriquement à côté d'elle et de façon à pouvoir être, en cas de réparations, enlevées et remplacées sans difficultés.

Une toiture métallique en zinc, supportée sur des colonnettes en fer rond de 40 millimètres, abrite le foyer des chaudières, et sous cette toiture, les chauffeurs peuvent se livrer à leur travail, malgré toutes les intempéries.

Bennes d'exhaure. — Destiné à centraliser l'exhaure, le puits Sainte-Barbe, approfondi et descendu à la profondeur de 275 mètres, doit être guidé et muni de bennes de la contenance de 30 hectolitres. Ces bennes seront construites à receveur mécanique, du genre de celles que nous avons imaginées et installées, dès l'année 1856, dans les houillères de la Société des Forges de Chatillon et Commentry, et qui ont été publiées dans la livraison 4ᵉ du tome VII du Bulletin de la Société de l'Industrie minérale.

Prix d'établissement de l'installation. — L'installation extérieure du puits revient à la somme de 194,181 francs, savoir :

Terrassements...............	1,500 fr.
Maçonneries................	64,876
Charpente..................	3,130
Couverture.................	3,175
Plâtrerie...................	500
Menuiserie et serrurerie.......	3,650
Peinture et Vitrerie...........	850
Machine et chaudières.........	113,500
Charpente à molettes.........	3,000
TOTAL.....	194,181 fr.

Les maçonneries comprennent un volume total de 4,153 mètres cubes qui se décomposent comme suit :

$$\left. \begin{array}{l} \text{Cheminée.......... } 830 m^3 \\ \text{Chaudières.......... } 1,178 m^3 \\ \text{Bâtiment.......... } 1,820 m^3 \\ \text{Massifs des cylindres.. } 325 m^3 \end{array} \right\} 4,153 m^3$$

Les premières sont au prix de 16 fr., les secondes à 15 fr., et les troisièmes à 14 et 18 fr., selon qu'elles sont en fondation ou en élévation; les quatrièmes, faites au ciment, reviennent à 30 francs.

La machine, avec les molettes qui ont $3^m 50$ de diamètre, tout son attirail de bobines et son moteur alimentaire a coûté 65,000 fr. Les chaudières, dont le poids total est de 56,000 kilogrammes, ont été achetées à 50 francs les 100 kilos. Elles ont, comme les chaudières du puits de la Garenne, $1^m 30$ de diamètre et 11 mètres de longueur. Elles sont aussi comme elles munies d'un dôme de prise de vapeur de $0^m 60$ de diamètre et de 1 mètre de hauteur; l'épaisseur des tôles est de 14 millimètres.

CHAPITRE XIII.

Installation du puits du Curier.

Machine et ses dispositions. La machine du puits du Curier est du système horizontal à deux cylindres conjugués. Elle est de la force de 90 chevaux.

Elle se compose de deux forts bâtis en fonte en forme de I sans aucun évidement sur toute leur longueur. Ces bâtis portent les guides des coulisseaux inférieurs et les paliers de l'arbre moteur venus en fonte avec eux. Coulés en deux parties, ils sont assemblés en leur milieu par des entretoises et réunis par des frettes et des boulons. Ils sont fixés sur les massifs de maçonnerie par douze gros boulons de fondation, du diamètre de 40 millimètres.

Les cylindres ont $0^m 50$ de diamètre et $1^m 50$ de course, ils sont fixés par des boulons aux bâtis sur lesquels ils reposent sur toute leur longueur.

Les pistons sont à garnitures métalliques, avec tiges en acier.

Chaque tige est emmanchée dans une crosse qui porte à chaque extrémité un sabot pour guider le piston dans son mouvement rectiligne. Chaque crosse est attachée à une bielle qui se fixe par son autre extrémité au bouton de la manivelle calée sur l'arbre moteur.

Les crosses, bielles, manivelles, boutons et arbres, sont en fer martelé de première qualité : leurs emmanchements sont munis de coussinets en bronze avec plaques et clavettes de serrage, analogues à ceux employés dans les locomotives.

La distribution a lieu à l'aide de deux excentriques de la coulisse Stephenson et du tiroir à recouvrement combinés de façon à porter la détente au tiers de la course du piston.

Chaque cylindre est muni d'un robinet graisseur en bronze, système continu, et de deux robinets purgeurs, aussi en bronze, dégorgeant dans un même tuyau, et mis tous quatre en jeu par un levier placé à la portée du mécanicien, de façon à faire servir en même temps les purgeurs de robinets d'équilibre.

Un modérateur de vapeur est placé entre les deux cylindres, pour distribuer la vapeur aux tiroirs de la machine.

La machine est munie d'un frein à vapeur se composant d'un cylindre à vapeur à simple effet, avec volant de 3 mètres de diamètre, tourné à la circonférence, et composé de deux pièces. Elle est pourvue d'une machine alimentaire indépendante : cette machine serait suffisante pour l'alimentation de 200 chevaux vapeur. Elle comprend aussi une sonnerie mécanique indiquant la marche des cages et pouvant aller au besoin à 400 mètres de profondeur.

Le machiniste est placé à l'extrémité des cylindres, à la gauche de la machine. Il a à sa disposition un levier agissant sur le modérateur de vapeur, une roue de $1^m 50$ de diamètre pour le changement de marche, le levier des robinets purgeurs et d'équilibre, et enfin le levier du frein.

Les tuyaux de prise de vapeur des chaudières ont $0^m 12$ de diamètre : les tuyaux d'échappements distincts pour chaque cylindre ont $0^m 15$.

Le diamètre de l'arbre moteur est de $0^m 22$.

Les bobines sont à noyaux en fonte de $1^m 40$ de diamètre, avec bras en bois fixés au moyen de boulons, et réunis par des cercles en fer. A l'extrémité des bras, le diamètre des bobines est de $4^m 40$. Les bras ont un équarrissage de 18×12, une longueur totale de $2^m 10$, et une longueur utile de $1^m 60$. Ils sont au nombre de huit, sur chaque face des bobines.

Le puits et la machine sont compris dans un bâtiment rectangulaire, long de $27^m 50$ et large de 9 mètres. Ce bâtiment est divisé en deux parties formant l'une la chambre de la machine, l'autre la halle du puits, séparées par un pignon percé d'une ouverture à plein cintre, d'une largeur de 5 mètres, et d'une hauteur de six mètres. Il est élevé de 13 mètres, couvert en ardoises, et surmonté, au-dessus du puits, d'une lanterne dont le faîtage surpasse

Bâtiment de la machine et du puits.

de 2^m 50 celui de la toiture ordinaire, pour donner place à la charpente à molettes.

En élévation, il comprend, à la partie inférieure qui va du niveau du sol au niveau de l'orifice du puits situé à 3 mètres plus haut, d'un côté, les massifs des cylindres qui reposent sur un béton de 208 mètres cubes, d'un autre côté, les massifs de maçonnerie du puits et du chevalement. Ces derniers sont séparés des seconds par une galerie qui a 2^m 50 de largeur, 2^m 50 de hauteur, et qui sert de passage pour traverser le bâtiment sur le milieu de sa longueur. Au niveau du sol, dans le pignon situé du côté du puits, une galerie de 3 mètres de largeur et de 2^m 50 de hauteur est aussi ménagée pour l'introduction des remblais.

A la partie supérieure, dont la base est à 3 mètres au-dessus du sol extérieur, le bâtiment comprend la chambre de la machine et la chambre du puits. L'une a 8^m 50 de large et 11^m 85 de longueur; l'autre, 8^m 50 par 15^m 15. Le niveau du carrelage de la machine, à 0^m 50 au-dessus duquel sont fixés les bâtis des cylindres, correspond au niveau de l'orifice du puits, de sorte que la chambre de la machine et la halle du puits correspondent de plain-pied. Elles communiquent d'ailleurs ensemble par la grande ouverture de 5 mètres établie dans le pignon de refend du bâtiment, et par laquelle passent les câbles allant des bobines aux molettes.

Toute la partie inférieure du bâtiment est construite en moellons; la partie supérieure est construite en briques. Les murs ont, pour la première, 0^m 75 d'épaisseur, et 0^m 50 pour la seconde. Ces derniers, dont la hauteur est de 6 mètres, sont percés sur chacune des longères de cinq grandes ouvertures à plein cintre, dont trois portes et deux fenêtres. Les portes ont 4 mètres de hauteur sous clef et 2^m 50 de largeur. Les fenêtres ont la même largeur que les portes, et un mètre de moins en hauteur. Une ouverture, surmontée d'un œil-de-bœuf de 1^m 50 de diamètre, est établie dans le pignon qui fait face à la machine. Cette ouverture a 3 mètres de largeur et 4^m 25 de hauteur. Comme toutes les autres, elle est arrondie en plein cintre.

Deux rampes d'accès d'une largeur de 3^m 50 sont situées de chaque côté du puits. Elles consistent en une partie droite raccordée au bâtiment par un arc de cercle. Leur pente est de 0ᵐ 25 par mètre.

La cheminée est située derrière et sur l'axe du bâtiment. Elle est fondée sur pilotis et béton offrant une base carrée de 5 mètres de côté. Elle se compose de trois parties : l'une carrée, de 4 mètres, et de 4ᵐ 30 de hauteur ; l'autre octogonale, de 1ᵐ 82 de côté, et de 3 mètres de hauteur, et la troisième conique, avec un fruit de 0ᵐ 033, et une hauteur de 25 mètres. La hauteur totale de la cheminée au-dessus du niveau du sol est ainsi de 33ᵐ 30. Elle présente intérieurement un diamètre minimum de 1ᵐ 60. Elle est tout entière en briques, à l'exception des angles et des corniches de la partie carrée et de la partie octogonale qui sont en pierres de taille.

Les chaudières, au nombre de quatre, de 1ᵐ 30 de diamètre et de 11 mètres de longueur, sont rangées deux à deux de chaque côté du bâtiment et de la cheminée, à laquelle chaque batterie correspond par une galerie à plein cintre de 2 mètres de hauteur et de 1ᵐ 10 de largeur. Le niveau du dessus des chaudières se trouve placé à 0ᵐ 20 au-dessous du carrelage de la chambre de la machine. Cette chambre communique directement sur les chaudières, au moyen de deux portes latérales.

La charpente de la toiture repose partie sur cinq fermes placées deux dans la chambre de la machine, et le reste dans la halle du puits, partie sur les pignons des extrémités et sur le pignon de refend du bâtiment.

La lanterne qui donne place au chevalement a une longueur de 7ᵐ 40. Elle est établie sur pannes armées intérieurement d'une barre de fer à T de 0ᵐ 26 de hauteur, pesant 44 kilog. le mètre courant. Elle est construite en planches recouvertes d'ardoises, et percée, sur chaque longère, de fenêtres cintrées de 0ᵐ 90 de large par 1ᵐ 75 de hauteur, et sur les pignons d'œils-de-bœuf de 1 mètre de diamètre. Le sommet du chevalement se trouve, avec ces dispositions, éclairé d'une façon parfaite, ainsi que la halle du puits.

Le chevalement, construit en bois de sapin, à l'exception des   Chevalement.

semelles qui sont en chêne, cube 24m³ 104. Les pièces dont il est composé ont les dimensions suivantes :

4 moises longitudinales........	8ᵐ 30 × 30/20	=	1m³ 992
6 moises transversales.........	4 05 × 30/20	=	1 458
4 liens	5 10 × 32/25	=	1 632
4 pièces croix Saint-André.....	4 55 × 35/25	=	1 593
2 arcs-boutant...............	11 25 × $\frac{40/40}{35/35}$	=	3 16$_4$
4 montants	9 20 × $\frac{40/40}{35/35}$	=	5 200
4 semelles..................	7 »» × 40/30	=	3 360
2 pièces croix Saint-André.....	5 30 × 32/25	=	0 848
2 chapeaux	3 30 × 45/35	=	1 040
4 supports de molettes	4 30 × 23/20	=	0 792
3 traverses de semelles........	5 50 × 30/22	=	1 089
4 moises de semelles	5 10 × 30/20	=	1 224
4 moises de molettes		=	0 101
2 longrines pour plancher		=	0 193
Plancher	4 20 × 3 22 × 0 03	=	0 418
	Total......		24m³ 104

Il est à remarquer que les supports des molettes, dont l'équarrissage est de 23/20, sont armés de chacun deux fers à T de 0ᵐ 22 de hauteur, du poids de 28ᵏ le mètre courant.

Le chevalement mis en place a coûté 2,940 francs, soit 122 francs par mètre cube. La main-d'œuvre entre pour 22 francs dans ce prix de 122 francs. Le bois employé à la construction a, d'après cela, coûté 100 francs le mètre cube.

Molettes. — Elles pèsent, l'une 664, l'autre 665 kilogrammes. Elles sont tout entières en fonte, et elles ont coûté 35 francs les %, kilog. Elles ont 1ᵐ 62 de diamètre intérieur dans la gorge. La largeur de la gorge est de 0ᵐ 23, et la hauteur des rebords de 0ᵐ 11. Elles ont six bras. Leur moyeu, qui est fretté, a 0ᵐ 20 de diamètre, et il porte un axe de 80 millimètres.

INSTALLATION DU PUITS DU CURIER.

L'installation du puits du Curier s'élève à la somme de 86,987 fr. savoir : *Prix de l'installation du puits du Curier.*

Terrassements	300 fr.
Démolition de la vieille machine	400
Maçonneries	24,700
Charpente et couverture	6,700
Chevalement	2,940
Menuiserie, serrurerie, peinture et divers	1,600
Machine montée	27,178
4 chaudières et accessoires	20,769
Machine alimentaire	2,400
TOTAL	86,987 fr.

Les maçonneries comprennent 2,207m³ 510 qui se composent ainsi :

DÉSIGNATION DES OUVRAGES.	FONDATION.	ÉLÉVATION.	TOTAL.
Bâtiment de la machine et du puits	476m 770	227m³ 460	704m³ 230
Cheminée	83 900	253 000	336 900
Chaudières	122 350	469 500	591 850
Massifs des cylindres	208 000	135 950	343 950
Rampes d'accès au puits	22 960	89 580	112 540
Bassin d'alimentation	38 200		38 200
Aqueducs	79 840		79 840
TOTAUX	1032 020	1175 490	2207m³ 510

Ces maçonneries ont été exécutées, en ce qui concerne la main-d'œuvre, au prix de 3^f 50 le mètre cube.

CHAPITRE XIV.

Organisation extérieure du puits Micheneau.

Nous donnons ici le puits Micheneau comme type d'une installation avec machine à engrenages à un seul cylindre horizontal. Telle que son organisation doit être faite par suite de la mise en place d'un nouveau chevalement de hauteur plus grande devenu nécessaire pour répondre aux besoins de l'extraction, le puits Micheneau restauré comprendra un bâtiment ou baraque composé de trois parties : 1° la chambre de la machine renfermant un bureau pour le contrôleur et une salle d'attente pour les ouvriers; 2° la chambre du puits; 3° la chambre des cribles.

La construction est faite sous forme de baraques bâties avec des montants de bois et des traverses d'assemblage de $0^m\,15$, $0^m\,20$ et $0^m\,25$ d'équarrissage, le tout avec parois en planches de $0^m\,03$ d'épaisseur. La couverture est établie en tuiles de Montchanin. La première chambre a $11^m\,70$ de longueur sur $11^m\,40$ de largeur. Elle a $6^m\,20$ de hauteur au carré et $9^m\,70$ au faîtage. La chambre du puits présente une surface de $16^m\,30$ par $11^m\,40$. Sa hauteur au carré est de $10^m\,40$. Elle est surmontée d'une lanterne qui a une longueur de $10^m\,30$ et qui dépasse le faîtage de 3 mètres. Cette lanterne, élevée de $16^m\,75$ au-dessus du sol, sert à la fois à abriter le sommet du chevalement et à livrer passage à l'air qui remonte par le puits. La chambre des cribles a les mêmes dimensions que la chambre de la machine. Elle occupe avec elle une position symétrique par rapport à la baraque du puits.

Le chevalement cubé $29m^3\,290$. Il revient à 130 francs le mètre cube, dont 40 francs pour la main-d'œuvre. Les bois entrant dans les baraques sont estimés à 80 francs le mètre cube mis en place.

CHAPITRE XV.

Digression sur les puits atmosphériques.

Malgré les perfectionnements apportés à l'extraction dans les mines par les guidages, les cages, les machines à traction directe, etc., le système actuel d'extraction doit subir, dans un avenir plus ou moins rapproché, des changements radicaux. Ces changements seront amenés, d'un côté par les chiffres de plus en plus considérables de la production, de l'autre par les profondeurs de plus en plus grandes auxquelles il faudra aller chercher la houille. Pour descendre à des profondeurs de 1000 mètres, on a recours aujourd'hui à des machines superposées; mais l'emploi de ces machines est dispendieux et difficile; il est loin de résoudre d'une façon satisfaisante la question de l'exploitation de la houille au point de vue de l'extraction en grand et à de grandes profondeurs, et sous ce rapport notre avis est que l'avenir appartient aux puits atmosphériques. *Insuffisance du système actuel d'extraction.*

L'idée des puits atmosphériques n'est pas nouvelle. Déjà, en 1853, l'application en a été faite aux usines de Saint-Jacques, à Montluçon (Allier), pour monter, au moyen de l'air comprimé, les charges sur les hauts fourneaux.

Le monte-charges de Saint-Jacques, de 2 mètres de diamètre et de 15 mètres d'élévation, est construit en sept anneaux en tôle de 4 à 5 millimètres d'épaisseur. Un double piston, qui reçoit les charges à élever ou à descendre, fonctionne dans l'intérieur du cylindre avec lequel on communique par le bas, au moyen d'une grande ouverture à deux portes ménagées au niveau du sol. Deux valves, l'une d'entrée et l'autre de sortie, règlent la marche du piston dont la course est limitée à la partie supérieure du cylindre par un cercle en fer.

La construction un peu grossière de cet appareil, l'usure rapide des garnitures en cuir du piston, les fuites abondantes d'air causées par le mauvais état de ces garnitures, enfin l'inconvénient qu'il y avait à alimenter le monte-charges au détriment de l'air destiné aux hauts fourneaux, ont été autant de causes pour lesquelles son emploi a été abandonné. Mais si, dans l'extraction de la houille, on avait un cylindre composé d'anneaux en fonte bien alésés, dans lequel fonctionnerait un piston à vent, comme le piston d'un cylindre d'une machine à vapeur, tous ces inconvénients disparaîtraient. Il est vrai que l'établissement d'un pareil système d'extraction entraînerait une dépense première d'un très gros chiffre ; mais sur un siège d'une importance considérable, les frais de premier établissement ne tarderaient pas à être couverts par les avantages de plusieurs sortes que procurerait le nouveau système.

Le but de ce chapitre est de dire sommairement ce que serait un puits atmosphérique, ce qu'il coûterait, et les avantages qu'il offrirait pour l'exploitation des mines.

Deux systèmes de puits atmosphériques. — Préférence donnée aux puits à air comprimé. — Leur organisation.

Deux systèmes de puits atmosphériques sont mis en présence. Dans l'un, on procède au moyen du vide, dans l'autre on emploie l'air comprimé. Outre que le fonctionnement par le vide serait plus difficile à réaliser, la préférence doit être donnée aux puits à air comprimé, avec lesquels l'air, après avoir servi à monter les charges, sera, lors de la descente du piston à vide, lancé dans la mine où il augmentera l'aérage et permettra de ramener la température des chantiers les plus éloignés et les plus chauds, à un degré voisin de la température ordinaire. Cette préférence admise, nous ne nous occuperons que des puits à air comprimé.

L'établissement d'un puits à air comprimé comprendrait pour nous un puits ordinaire à large section, dans lequel serait installé un cylindre parfaitement alésé, comme les cylindres des machines à vapeur, ayant la hauteur du puits. Dans le cylindre fonctionnera un piston à garniture métallique portant une cage guidée, selon sa longueur, au moyen d'un ou plusieurs plateaux ou disques de la forme du piston, et disposée pour recevoir un nombre plus ou moins grand de chariots placés au-dessus les uns des autres comme dans les cages ordinaires. Le vide compris entre le cylindre et les

DIGRESSION SUR LES PUITS ATMOSPHÉRIQUES.   139

parois du puits dans lequel il sera installé, à l'instar de la colonne d'eau d'une pompe, sera utilisé pour constituer un réservoir servant de régulateur d'air. La manœuvre des cages se fera au moyen de taquets à vent que l'on fera jouer en ouvrant simplement un robinet. L'air sera donné ou retiré à volonté de dessous le piston par des valves d'entrée et de sortie. Une disposition particulière, permettant d'introduire et de retirer les chariots de la cage à la recette du fond du puits, sera installée pour fonctionner rapidement, commodément, et donner lieu à une fermeture hermétique parfaite. Cette disposition pourra consister en une sorte de manchon construit avec un alésage parfait enveloppant le cylindre et se manœuvrant, comme tout le reste du système, par l'air comprimé.

Il va de soi d'ailleurs que l'on devra toujours, pour l'exécution de diverses réparations dans l'appareil, munir le puits d'une machine à molettes ordinaires, afin de pouvoir le parcourir quand cela sera nécessaire. Dans le cas de profondeurs extrêmes, les machines à molettes superposées reviendraient ainsi, il est vrai, forcément en usage, mais là aussi elles ne serviraient seulement que pour les fonçages, les installations du nouveau système, et les réparations courantes.

Cela posé, considérons un puits de 4 mètres de diamètre et de 500 mètres de profondeur, dans lequel on installerait une colonne en fonte de $1^m 50$ de diamètre intérieur, et de $0^m 03$ d'épaisseur. Supposons que l'air employé soit à la pression de 1 1/2 atmosphère, et voyons la charge que l'on pourra monter avec cet appareil.

Le diamètre du cylindre étant de $1^m 50$, la surface du piston sera de $1m^2 76d^2 71c^2$, et la pression utile exercée par l'air comprimé sera de $\frac{1^k 033}{2}$ par centimètre carré, soit de :

$$\frac{17671 \times 1 033}{2} = \frac{18254.14}{2} = 9127 \text{ kilogrammes.}$$

Qu'il s'agisse d'élever une charge utile de 3 tonnes de houille réparties entre six chariots pesant chacun à vide 250 kilogrammes, le tout porté sur un piston-cage pesant 3,000 kilogrammes, la charge totale à élever sera de 7,500 kilogrammes, savoir :

Poids de la cage-piston	3,000 kilog.
Poids de six chariots	1,500
Poids de la houille	3,000
Total........	7,500 kilog.

Et il restera ainsi pour vaincre les frottements et les résistances passives un excès de pression de 1,627 kilogrammes.

La quantité d'air consommée par voyage sera égale au volume du cylindre, soit de :

$$3.14 \times 0.75^2 \times 500 = 1.76.71 \times 500 = 883 m^3 550,$$

et en chiffre rond 1,000 mètres cubes. En faisant faire à la cage-piston un voyage par minute, il faudra, d'après cela, que la machine motrice soit capable de donner par minute 1,000 mètres cubes d'air à la pression de 1 1/2 atmosphère, ou 1,500m³ à la pression ordinaire.

Comme machine motrice, on fera usage d'une machine à vapeur attelée directement à une machine soufflante [1]. La machine à action directe horizontale nous paraît être meilleure. Les deux cylindres à vapeur et soufflant auront leurs pistons sur la même tige. Par l'extrémité opposée au cylindre soufflant, il conviendra de relier la tige de piston avec une bielle actionnant une manivelle montée sur un arbre de couche portant un volant. La machine à vapeur et le cylindre soufflant pourront d'ailleurs être divisés en deux machines conjuguées, attelées sur un même arbre de couche, et ayant un volant commun, ainsi que cela existe dans les souffleries des hauts fourneaux.

---

[1]. Il y aurait lieu aussi, dans ce cas, de faire usage des machines soufflantes rotatives de MM. P. H. et F. M. Roots, de Connersville, comté de Fayette, état d'Indiana, États-Unis d'Amérique. Ces machines, dont l'un des types a été donné à l'Exposition universelle de 1867, peuvent produire jusqu'à 10,000 mètres cubes d'air par minute à telle ou telle pression, selon la force du moteur.

DIGRESSION SUR LES PUITS ATMOSPHÉRIQUES. 141

Pour desservir le puits de 500 mètres, dans l'hypothèse duquel nous nous sommes placé, chaque cylindre soufflant devrait donc donner, dans ces conditions, 750 mètres cubes d'air par minute.

Or, si l'on suppose un piston marchant à 60 coups par minute, il devra engendrer par coup un volume de $\frac{750}{60} = 12^{m^3}\,500$. La longueur du cylindre étant fixée à deux mètres, la surface du piston sera de $\frac{12.50}{2}$ et le rayon de la circonférence de :

$$\sqrt{\frac{12.50}{2 \times 3.14}} = \sqrt{\frac{6.25}{3.14}} = \sqrt{2} = 1.42.$$

Le cylindre soufflant de 2 mètres de longueur aurait donc $2^m\,84$ de diamètre.

La surface du piston du cylindre-vapeur que nous supposerons travailler à la pression utile de 4 atmosphères sera, par rapport à la surface du piston du cylindre soufflant, en raison inverse de la pression de l'air dans ce cylindre. Elle sera donc égale à $\frac{6.25 \times 1.5}{4} = 2m^2\,34$, et le rayon de la circonférence du cylindre-vapeur sera donné par l'expression :

$$\sqrt{\frac{2.34}{3.14}} = \sqrt{0.745} = 0.273$$

D'où il suit que le diamètre du cylindre moteur serait théoriquement de $0^m\,546$, et on le porterait à $0^m\,80$ pour tenir compte des résistances passives. Ainsi, avec deux machines accouplées ayant des cylindres moteurs de $0^m\,80 \times 2$, et des cylindres soufflants de $2^m\,84 \times 2$, on serait à même de desservir le puits atmosphérique. En d'autres termes, il y aurait à employer, pour le service d'un pareil puits, une soufflerie de la force de 200 chevaux, et l'on pourrait élever en une minute trois tonnes de houille de la profondeur de 500 mètres.

Un puits atmosphérique, agencé dans les conditions qui viennent *Frais d'installation.*

d'être exposées, coûterait, en dehors du fonçage du puits, une somme de 503,000 francs, savoir :

Cylindre atmosphérique de 1^m 50 de diamètre et de 0^m 03 d'épaisseur, alésé comme un cylindre à vapeur : 500 mètres à 1,200 kilog. le mètre, au prix de 50 francs les 100 kilog. $= \frac{500 \times 1200 \times 50}{100} = $	300,000 fr.
Pose du cylindre 600,000 kil. à 50 fr. $°/_{00}$...	30,000
500 moises, à 20 francs l'une	10,000
Appareil pour la fermeture de la recette du fond du puits	15,000
Appareil à taquets......................	5,000
Cage-piston...........................	3,000
Machine soufflante	100,000
Chaudières	40,000
Installation extérieure du puits.	mémoire.
TOTAL	503,000

Avantages des puits atmosphériques. Les avantages des puits atmosphériques seraient de permettre d'exploiter à des profondeurs plus grandes, de réaliser dans le revient de l'extraction une économie de 15 à 20 centimes par tonne de houille extraite, de ventiler les mines, d'abaisser la température des chantiers les plus éloignés et les plus profonds, enfin de faire disparaître tous les dangers que présente la descente des ouvriers dans les puits. Sous ce dernier point de vue, en attendant l'usage des puits atmosphériques, nous pensons que l'on pourrait remplacer les guidages actuels par des tubes dans lesquels monteraient et descendraient les cages-piston analogues à celles que nous avons décrites plus haut. Dans le cas où le câble se romprait, il suffirait de fermer la partie inférieure du tube pour prévenir la chute de la cage qui viendrait s'arrêter sur un matelas d'air comprimé. Le signal pour faire fermer le fond du tube serait transmis au moyen d'un télégraphe électrique. Avec un puits guidé de la sorte, non-seulement la chute des cages serait prévenue, mais tous les déraillements que l'on a trop souvent à subir dans le système actuel disparaîtraient entièrement.

TROISIÈME PARTIE.

CHEMIN DE FER.

CHAPITRE XVI.

Tracé de la Ligne.

La construction du chemin de fer d'Épinac date de l'année 1830. Il a été établi à la voie règlementaire de 1^m 44, suivant ordonnance royale du 7 avril 1830, dans le but d'ouvrir un débouché aux produits de la houillère, en la mettant en communication avec le canal de Bourgogne. Il fut inauguré en 1835. Origine du chemin de fer d'Épinac.

Le chemin de fer d'Épinac a une longueur totale de 26,947^m 74 comprise entre la gare du Curier située à la Mine et son arrivée au canal de Bourgogne. Il passe par les stations de Molinot, Ivry, Montceau et Bligny, en traversant, outre les communes dont ces stations portent les noms, celles d'Épinac, Cussy-la-Colonne, Écutigny, Vicq-des-Prés et Thorey. Il est sur le territoire des départements de Saône-et-Loire et de la Côte-d'Or, et il coupe, à Cussy, la ligne de partage de l'Océan et de la Méditerranée à 495^m 34 au-dessus du niveau de la mer.

Il est partagé en trois sections distinctes dites : section du Curier à Ivry, section d'Ivry à Montceau, et section de Montceau à Pont-d'Ouche. Ces sections sont séparées entre elles par deux plans inclinés situés l'un à Ivry, l'autre à Montceau ; le premier montant, le second descendant ; de sorte que, comme on peut le voir au profil de la voie, le chemin comprend deux pentes en sens inverse : l'une montant de la mine à la ligne de partage des eaux, l'autre descendant de cette ligne de partage au canal de Bourgogne.

En partant de la gare du Curier, le chemin suit la commune d'Épinac sur une longueur de 1646^m 30; à cette distance, il quitte le département de Saône-et-Loire pour pénétrer dans le département de la Côte-d'Or, sur le territoire de la commune de Molinot. Sur la longueur de 1646^m 30 suivie par le chemin sur la commune d'Épinac, la rampe varie de 0^m 0086 à 0^m 007; les rayons des courbes sont de 500 mètres.

En pénétrant dans le département de la Côte-d'Or, le chemin traverse la commune de Molinot, entre sur celle d'Ivry, et arrive au pied du plan incliné de ce nom. La traversée sur Molinot est d'une longueur de 4,230^m 30. Sur ce parcours, la rampe est de 0^m 007, 0^m 00927 et 0^m 0153. Les rayons des courbes sont de 350, 360, 400, 450 et 500 mètres. Sur Ivry, entre la limite de Molinot et le plan incliné, le parcours du chemin est de 2,375^m 33, les rampes étant de 0^m 0173, 0^m 016 et 0^m 0119, et les rayons des courbes de 500 mètres.

A partir du bas du plan incliné d'Ivry, le chemin se poursuit sur la commune d'Ivry, suivant un développement de 1,709^m 71, de sorte que sa traversée totale sur cette commune est de 4,085^m 04. Le plan incliné, qui est desservi par une machine à vapeur de la force de 40 chevaux à un seul cylindre, à engrenages, a une longueur de 332^m 50, et une rampe de 0^m 1231. Sur le reste du trajet, c'est-à-dire entre le sommet du plan incliné et la limite d'Ivry, les rampes sont de 0^m 01298 et 0^m 01114.

Du territoire d'Ivry, le chemin entre sur le territoire de Cussy-la-Colonne, qu'il parcourt sur une longueur totale de 2,092^m 36; les courbes sont de 500 mètres de rayon. Les rampes montent avec une pente de 0^m 01114 et 0^m 008, jusqu'à la hauteur de Cussy, où, au niveau de la ligne de partage des bassins de l'Océan et de la Méditerranée, elles aboutissent à un palier de 20 mètres situé à 495^m 34 au-dessus du niveau de la mer, pour se prolonger en descendant avec des pentes de 0^m 0077 et 0^m 0094.

En sortant du territoire de Cussy-la-Colonne, le chemin passe dans la commune de Montceau où son parcours est de 2,675 mètres. Les pentes sont de $0^m\,00994$, $0^m\,00757$, $0^m\,0033$; puis vient le plan incliné automoteur d'une longueur de $806^m\,30$, avec pentes variables de $0^m\,05803$, $0^m\,04984$ et $0^m\,03772$. Au pied du plan, la pente est réduite à $0^m\,0075$ et $0^m\,00468$. Les rayons de courbes sont de 400 et 500 mètres.

La commune d'Écutigny, qui fait suite à celle de Montceau, est traversée sur un parcours de 1,480 mètres, avec une pente de 15 millimètres, et des courbes de 500 mètres de rayon.

Après Écutigny vient la commune de Vicq-des-Prés, traversée sur une longueur de 1,700 mètres, avec des pentes de 15 millimètres et des courbes de 400 et 500 mètres de rayon.

De Vicq-des-Prés, le chemin pénètre sur le territoire de Bligny où son parcours est de 5,435 mètres. Les courbes sont de 500 et de 600 mètres de rayon, et les pentes de $0^m\,01543$ et $0^m\,0025$.

Le chemin passe de la commune de Bligny sur la commune de Thorey. Il traverse cette dernière sur une longueur de $3,603^m\,74$, avec des courbes de 500 et 600 mètres de rayon, et des pentes de $0^m\,00287$ à $0^m\,00114$. Sur le parcours de Thorey, le chemin de fer côtoie souvent la rive gauche de l'Ouche. Il vient s'arrêter au canal de Bourgogne, entre les écluses n° 19 et n° 20, à peu de distance de l'écluse n° 20, au lieu dit Pont-d'Ouche, ainsi appelé du pont construit sur la rivière l'Ouche pour livrer passage au canal au-dessus d'elle.

L'exposé qui vient d'être fait du tracé de la ligne peut se résumer dans le tableau suivant, comprenant les traversées du chemin de fer sur les diverses communes de son parcours, les pentes maxima et minima qu'il présente, et les rayons maximum et minimum des pentes.

TABLEAU SYNOPTIQUE

DU TRACÉ DU CHEMIN DE FER D'ÉPINAC A PONT-D'OUCHE.

NOMS des communes traversées.	LONGUEUR des traversées	PENTES.		RAYONS.	
		Maxima.	Minima.	Maximum.	Minimum.
Épinac............	1646m 30	0m 0086	0m 0070	500 mètres.	500 mètres.
Molinot..........	4230 30	0 0153	0 0070	500	350
Ivry	4085 04	0 0173	0 0111	500	500
Cussy-la-Colonne..	2092 36	0 0111	0 0080	500	500
Montceau........	2675 »»	0 0099	0 0033	500	400
Écutigny.........	1480 »»	0 0150	0 0150	500	500
Vicq-des-Prés	1700 »»	0 0150	0 0150	500	400
Bligny	5435 »»	0 0154	0 0025	600	500
Thorey...........	3603 74	0 0028	0 0011	600	500

On a laissé de côté, dans le présent tableau, les rampes des plans inclinés d'Ivry et de Montceau, qui sont, ainsi que cela a été dit, de 0^m 1231 pour le premier, et de 0^m 03772 à 0^m 05803 pour le second. (Voir pl. 28.)

CHAPITRE XVII.

Établissement de la Voie. — Travaux d'art.

Diverses espèces de rails.   La voie est établie avec diverses espèces de rails. Ainsi, dans la gare, on rencontre encore aujourd'hui des rails de 15, 20 et 30 kilogrammes. Les 20 et les 30 kilog. sont sur traverses : une grande partie des rails de 15 kilog. est posée sur dés.

ÉTABLISSEMENT DE LA VOIE.

De la gare à Ivry, la voie est en 30 kilog. placés sur traverses. Le plan d'Ivry est posé sur dés en rails de 20 kilog. Toute la section d'Ivry à Montceau est faite en rails de 20 kilog. posés tous sur dés, à l'exception de 500 mètres, pris à partir du sommet du plan, qui sont fixés sur traverses.

Le plan automoteur de Montceau est en rails de 15 kilog. sur dés. Les croisières du bas du plan sont en rails de 20 kilog. et 15 kilog. posés aussi sur dés : au delà, on retrouve les 30 kilog. sur traverses qui descendent, du côté de Pont-d'Ouche, sur une longueur totale de 9 kilomètres : viennent ensuite jusqu'à Pont-d'Ouche les rails de 20 kilog. sur traverses. Ces rails disparaissent tous les jours pour faire place aux rails de 30 kilog.

Le prix de revient d'un mètre de voie en rails de 30 kilog., déduction faite des terrassements, travaux d'art, achat de terrain, coûte la somme de 36^f 50, savoir :

Prix de revient d'un mètre de voie en rails de 30 kilog.

```
2ᵐ rails de 30ᵏ, soit  60  kilog. à 22ᶠ 0/0 = 13ᶠ 20
Coussinets........  20         20          4 » »
Traverses chêne ......................    8 » »
Sabotage de la traverse ................  0 25
Chevilles de coussinets   4       0 15    0 60
Coins de coussinets..   2         0 15    0 30
Ballast............  2m³         2 » »    4 » »
Pose par mètre (main-d'œuvre)............ 1 45
                           Total.......  31ᶠ 80
```

Il est à remarquer que les coussinets ordinaires pèsent 9 kilog. 1/2 l'un, et les coussinets de joints 12 à 13 kilog. Par six mètres de rails, il faut 10 coussinets ordinaires et 2 coussinets de joints.

CHAPITRE XVIII.

Traction.

Ce qu'elle était à l'origine.

Comme toutes les premières voies ferrées, le chemin de fer d'Épinac à Pont-d'Ouche, bien que construit à la voie règlementaire d'un écartement de 1ᵐ 44 compté entre les faces intérieures des rails, a été établi avec des rampes et des plans inclinés disposés de façon à profiter autant que possible de la pesanteur pour opérer les transports. On ne voulait pas alors faire usage des locomotives qui étaient peu communes : la traction, quand elle n'avait pas lieu par la gravité, ni au moyen de machines fixes à vapeur, était opérée par des chevaux ou des bœufs. C'est ainsi qu'en partant d'Épinac, les wagons chargés de charbon étaient traînés à Ivry au pied du plan incliné, au sommet duquel ils étaient élevés par la machine fixe. Du sommet du plan incliné, ils étaient roulés, toujours au moyen de chevaux ou de bœufs, jusqu'au palier établi à Cussy, et de ce palier, ils descendaient par la gravité jusqu'au rivage de Pont-d'Ouche, en passant à Montceau par le plan incliné automoteur.

De la Mine à Ivry et d'Ivry à Cussy, les bœufs et les chevaux étaient employés à la traction des wagons chargés, et ils revenaient eux-mêmes à Ivry et à la Mine par la gravité, montés dans des trains écuries. De Cussy à Montceau et de Montceau à Pont-d'Ouche, ils descendaient au contraire en voiture avec les wagons chargés, et ils étaient utilisés à ramener les wagons vides.

Traction par locomotives.

Les locomotives ont été introduites sur le chemin de fer d'Épinac en 1855, en vertu d'une ordonnance ministérielle en règlementant l'emploi. Chacune des trois sections du chemin est, depuis cette époque, munie de deux machines, l'une de service, l'autre de relai. Il y a ainsi pour le service de la traction sur la ligne six locomotives dont trois sont journellement en marche. Ces locomotives sont de deux espèces. Pour le service de la gare et des embranchements allant aux puits, au lavoir, aux fours à coke, aux ateliers et aux magasins, les locomotives sont employées également d'une façon complète depuis ces derniers temps. Elles sont au nombre de deux pour ce service dit service de gare, dont elles sont chargées tour à tour, de sorte que l'une d'elles est en réparation ou en relai pendant que l'autre fonctionne.

Après l'introduction des locomotives, la traction a été faite, jusqu'en 1864, par des machines sur les trois sections du chemin, par des chevaux au pied et au sommet du plan d'Ivry, par la machine fixe d'Ivry sur ce plan incliné, par la gravité sur le plan automoteur de Montceau, et par des chevaux au pied du plan de Montceau et à la gare de Pont-d'Ouche. Trois chevaux étaient employés au plan d'Ivry, un en bas, deux en haut. Il y en avait deux au plan de Montceau, et deux à Pont-d'Ouche à la gare. On est parvenu, en 1864, à supprimer tous ces chevaux en disposant les voies pour faciliter les manœuvres d'approchage des wagons aux plans inclinés et dans les gares, et en se servant des machines locomotives elles-mêmes.

Ainsi, au bas du plan d'Ivry, le profil des voies de garage a été modifié pour permettre aux wagons d'aller par la pesanteur, à vide, du bas du plan à la voie de garage, et à charge, de la voie de garage au bas du plan. Au service du sommet, rien n'a été changé dans l'état du chemin pour supprimer les deux chevaux occupés à l'approchage. Tout s'est borné à utiliser la locomotive appliquée au service de la traction sur la section d'Ivry à Montceau qui a, par convoi, 40 minutes d'arrêt à Ivry. Pendant que cette locomotive fait le trajet d'Ivry à Montceau, six wagons sont montés au sommet du plan par la machine fixe. Ils sont pris par la locomotive à son retour de Montceau, et conduits par elle sur une voie de garage. La locomotive fait les manœuvres nécessaires pour compléter son convoi de douze wagons, et elle part ensuite, sans avoir éprouvé de retard, en destination de Montceau.

Au bas du plan incliné de Montceau, deux chevaux étaient employés à la manœuvre : ils avaient à mettre en mouvement les wagons pleins pour les faire venir sur une voie de garage, et à approcher les wagons vides qu'ils allaient chercher à une distance de 150 mètres.

Les chevaux ont été supprimés en disposant le chemin d'une manière analogue à ce qui a été dit pour Ivry, c'est-à-dire en l'organisant de façon à avoir, pour les wagons pleins comme pour les vides, une petite pente en faveur du roulage, et à se servir ainsi de la gravité. Il a suffi, pour obtenir ce résultat, de remanier la voie sur 200 mètres de longueur. Un palier aussi court que possible a été établi au pied du plan : de ce palier partent deux voies, l'une descendant dans le sens du plan, l'autre ayant au contraire une pente inclinée sur le plan. La première est destinée aux wagons pleins qui, poussés simplement par deux hommes, viennent prendre leur place en gare. La seconde est employée au roulage des wagons vides qui y sont remontés par la locomotive.

A Pont-d'Ouche, c'est au moyen de dispositions analogues que les diverses manœuvres des wagons sont, depuis 1866, opérées dans la gare, sans le secours des chevaux qui y étaient auparavant occupés.

La suppression des chevaux sur les diverses sections de la ligne avait son importance : ils occasionnaient une dépense de $0^f 07$ par tonne de houille, qui a disparu avec eux.

Composition et vitesse des trains. — L'ordonnance ministérielle réduit à 16 kilomètres par heure la vitesse des trains circulant sur le chemin d'Épinac.

Sur la première et sur la deuxième section, les trains sont composés de 12 wagons portant chacun une charge utile de $4^t 25$, soit ensemble 51 tonnes. Sur la troisième section où les rampes sont généralement moindres, et où le parcours tout entier a lieu à charge en descente, les trains sont formés de 24 wagons, et la charge utile traînée par train est ainsi de 102 tonnes.

Les wagons dans lesquels se fait le transport ont en moyenne une tare de 2,000 kilog. environ. La charge totale traînée par les locomotives est d'après cela de 75 tonnes sur les deux premières sections, et de 150 tonnes sur la troisième.

Dans ces conditions, la traction revient à 0^f 10 environ par tonne kilométrique, savoir :

Locomotives	$0^f\,02^c\,334$	
Plans inclinés	$0\ \ 11\ \ 406$	$0^f\,03^c\,079$
Surveillance	$0\ \ 00\ \ 810$	
Entretien et amortissement	$0\ \ 04\ \ 055$	
Frais divers	$0\ \ 02\ \ 056$	
Total	$0^f\,10^c\,000$	

CHAPITRE XIX.

Matériel.

Le matériel du chemin d'Épinac comprend trois sortes de wagons principaux :
 Les wagons à charbon ;
 Les trains à coke ;
 Les voitures d'ouvriers.

Les wagons à charbon ont une contenance de 50 hectolitres. Ils sont construits à trémie, du genre de ceux qui circulaient autrefois sur le chemin de fer de Saint-Étienne à Lyon. Ils sont sans ressorts ni tampons, et ils ont le défaut de présenter, eu égard à leur capacité, un poids de 2 tonnes. Selon qu'ils sont établis sur roues en fer ou en fonte, ils coûtent $530^f\,74$ ou $860^f\,74$. *Wagons à charbon.*

Ces prix s'établissent comme il suit :

MATÉRIEL.

WAGONS AVEC ROUES EN FONTE.

Bois.

2 sablières inférieures......	3 15	18/14=0m³	158
2 sablières supérieures.....	2 85	11/11=0	064
2 traverses..............	1 25	18/14=0	062
2 traverses..............	1 25	17/14=0	059
2 traverses..............	1 80	11/11=0	043
16 montants	1 40	11/18=0	197
2 pièces pour grandes trappes	1 » »	11/11=0	024
3 pièces pour grandes trappes	1 » »	11/8 =0	025
4 pièces pour petites trappes	1 » »	11/8 =0	033
6 pièces pour petites trappes	0 50	11/8 =0	024

0m³ 689 à 80ᶠ=55ᶠ12

16 planches bois blanc de 1ᵐ 66 .. ⎫
16 planches bois blanc de 1ᵐ 30 .. ⎬ 50   36 à 0ᶠ30=15 10
3 mètres planches de rehausse.... ⎭

8 mètres planches chêne, trappes .... 8 mètres à 0ᶠ50= 4 » »

74 22

Ferrures.

2 grandes oblognières..........	26ᵏ	à 0ᶠ 48	12ᶠ 48
4 petites oblognières..........	26	à 0 48	12 48
6 pattes oblognières..........	7 80	à 0 84	6 55
6 boulons pitons d'oblognières...	9 60	à 0 48	4 60
18 boulons d'oblognières.......	9	à 0 67	6 03
3 paires de mantonnets.........	12	à 1 30	15 60
2 supports de servantes.........	4	à 0 65	2 60
4 boulons de servantes.........	1 20	à 0 82	0 98
4 grands boulons d'écartement...	22	à 0 48	10 56
4 crochets d'attelage..........	20	à 0 56	11 20
2 chaînes d'attelage..........	8	à 0 85	6 80

A reporter............ 89 88 74 22

MATÉRIEL.

Report...............		89 88	74 22
4 boulons de crochets d'attelage .	4	à 0 60	2 40
12 frettes	24	à 0 75	18 » »
4 équerres.................	8	à 0 45	3 60
4 boulons d'équerre	2	à 0 75	1 50
8 équerres en feuillard martelé ..	2	à 0 60	1 20
1 axe de frein...............	7	à 1 » »	7 » »
4 supports graisseurs..........	4	à » 20	» 80
16 boulons de supports graisseurs	11	à » 75	8 25
1 crochet...................	0 20	à 1 25	0 25
3 vis pour crochet.............	3	à » 13	0 39
Vieux câble chanvre pour tampons	3 6	à » 25	0 90
32 clous fraisés...............	1	à 1 10	1 10
18 clous à bennes.............	1	à 1 » »	1 » »
32 clous à bennes.............	1	à 1 10	1 10
6 kilog. pointes 27 lignes.......	6	à 0 40	2 40
2 paires de roues en fonte.................		270 » »	
		409 77	409 77
Main-d'œuvre des charpentiers			46 75
TOTAL.........			530f 74

Et avec roues en fer, on aura :

Bois	74f 22
Ferrures	139 77
Roues en fer	600
Main-d'œuvre	46 75
TOTAL....	860 74

Les trains à coke portent une charge de 4,000 à 4,500 kilog.; *Trains à coke.* leur capacité est de 100 hectolitres. Leur poids propre va, en moyenne, à 2,050 kilog. Ils coûtent 639f 54 avec roues en fonte, et 969f 54 avec roues en fer.

Les prix de 639f 54 et de 969f 54 se décomposent de la manière suivante :

154   MATÉRIEL.

Bois.

Pièces diverses en chêne	0ᵐ 943	à	80ᶠ	75ᶠ 44	
Planches chêne.......	27 90	à	0 50	13 95	110ᶠ 17
Planches bois blanc ...	69 28	à	0 30	20 78	

Ferrures.

Ferrures diverses....................	178 87	
Roues en fonte et essieux.............	270 » »	448 87
Main-d'œuvre des charpentiers		80 50
TOTAL........		639 54

Si au lieu de roues en fonte on emploie des roues en fer, la somme de 270 francs est remplacée par celle de 600 francs, et le coût du train est de 969ᶠ 54.

Voitures d'ouvriers. Ces voitures ont été construites en 1864. Elles sont disposées d'une façon analogue aux wagons de troisième classe des lignes ordinaires de chemin de fer, et elles reviennent à la somme de 1810ᶠ 31. Cette somme se décompose comme il suit : (V. pl. 29.)

Bois.

Charpente chêne....................	112ᶠ 37	
Planches chêne	20 » »	
Lambris chêne.....................	36 » »	186ᶠ 37
Lambris sapin	12 60	
Planches sapin.....................	5 40	

Ferrures.

Roues en fer	600 » »	
Tôle pour 4 plaques de garde, 200 kilog ..	124 » »	
4 ressorts pesant 31 kilog. l'un	106 » »	
8 brides pour fixer les ressorts..........	5 » »	
16 plaques pour fixer les ressorts, 13 kil. .	3 90	
2 supports, 46 kilog. à 0ᶠ 50..........	23 » »	1,007 74
20 boulons, 12 kilog. à 0ᶠ 50..........	6 » »	
6 mantonnets et 6 loqueteaux	1 50	
1 support graisseur..................	6 82	
1 coussinet cuivre...................	11 72	
Main-d'œuvre de forge	43 55	
Main-d'œuvre d'ajustage	76 25	
A reporter.......		1,194 11

Report.......... 1,194ᶠ 11

Divers.

Frein complet......................	200 »»	
Peintures.........................	100 »»	
Zinc.............................	10 »»	319 80
Vis et pointes.....................	5 »»	
Vitrerie..........................	4 80	

Main-d'œuvre.

De la caisse......................	246 40	296 40
Du train..........................	50 »»	
Total..........		1,810 31

Ces voitures contiennent 6 banquettes pouvant recevoir chacune 6 voyageurs.

La voie du chemin de fer d'Épinac n'a donné lieu à aucun ouvrage d'art important. Elle ne renferme que 3 petits ponts : l'un, construit en pierres au-dessus du plan incliné de Montceau, pour livrer passage aux voitures ordinaires ; l'autre, construit à Bligny, avec tablier en bois sur piles en maçonnerie, pour franchir la petite rivière de Chamban ; le troisième, établi à la mine sur l'embranchement allant de la gare au puits Hagerman, par-dessus le chemin du Domaine du Curier. Travaux d'art.

Le pont-viaduc du chemin du Domaine est composé de deux culées droites avec murs en aile en prolongement, et d'un tablier mixte formé de poutres en fer à T, et d'un plancher en bois.

Le viaduc mesure 4 mètres d'ouverture et 5 mètres de hauteur sous clef. Son tablier a 3ᵐ 50 de largeur entre le nu intérieur des poutrelles de rives. Les culées sont en maçonnerie ordinaire avec parements vus en briques. (V. planche 29.)

Les poutres du tablier sous la voie de fer sont jumelées. Elles sont formées de deux fers à T de 0ᵐ 22 de hauteur, et de 4ᵐ 70 de longueur. Elles sont jumelées avec interposition d'une longrine en chêne de 4ᵐ 70 × 0.22 × 0.21, et assemblées au moyen de petits boulons de 0ᵐ 01 de diamètre, alternant à chaque mètre avec les grands boulons d'assemblage des travées assurant l'entretoisement des poutres. Les poutrelles de rives sont formées d'un simple fer à T, en tout semblable à celui des poutres.

Les entretoises consistent en madriers de 0ᵐ 08 × 0ᵐ 20 placés de champ, et s'arc-boutant contre les poutres et les poutrelles avec les espacements commandés par la largeur de la voie, et par la largeur totale du viaduc. Des planches en chêne, de 0ᵐ 04 d'épaisseur simplement posées à la main entre les entretoises et reposant par about sur la partie inférieure des poutres, forment le plancher qui est recouvert de ballast jusqu'au niveau du dessus des poutres.

Les coussinets des poutrelles sont établis en pierres de taille ; la pierre de taille est aussi employée pour la bordure des trottoirs aux extrémités desquels sont posées quatre bornes formant chasse-roues.

Enfin, un simple garde-corps en fer du commerce, de 0ᵐ 80 de hauteur, est posé sur les poutrelles de rives.

Établi dans ces conditions, le pont a coûté la somme de 6,000 francs.

Modification du chemin de fer d'Épinac.

Le chemin de fer d'Épinac doit être rectifié et soudé, d'une part à la ligne de Santenay à Étang, d'autre part au chemin de fer de Paris à Lyon. Un décret impérial, daté du 1ᵉʳ août 1864, déclare à cet effet d'utilité publique :

1° La rectification du chemin d'Épinac au canal de Bourgogne ;

2° L'établissement d'un chemin de fer à exécuter en prolongement de Pont-d'Ouche à la ligne de Paris à Lyon, à ou près Velars ;

3° L'exécution d'un raccordement du chemin de fer d'Épinac à la ligne de Santenay à Étang.

Le même décret approuve, pour l'exécution de ces divers travaux, la convention passée, le 1ᵉʳ août 1864, entre le Ministre de l'agriculture, du commerce et des travaux publics et la Société des Houillères d'Épinac.

La rectification du chemin d'Épinac doit nécessiter, entre autres modifications, le percement à Ivry d'un tunnel de 1100 mètres de longueur. Sa soudure à la ligne de Santenay sera faite par un raccordement de un à deux kilomètres de développement.

Quant au prolongement de la ligne de Pont-d'Ouche à Velars, il est d'environ 25 kilomètres. Établi dans les conditions prescrites par le décret du 1er août 1864, le chemin de fer d'Épinac facilitera les débouchés de la houillère et de l'Autunois dans l'Est, et il réduira, par rapport au passage par Santenay, de 17 kilomètres le trajet d'Épinac à Dijon, et de 36 kilomètres celui d'Autun à Paris.

Les dispositions principales imposées relativement à la construction et au tracé de la voie par le décret du 1er août 1864, conformément au cahier des charges établi et arrêté par le ministre de l'agriculture, du commerce et des travaux publics, sont définies ainsi qu'il suit par le décret lui-même : *Dispositions principales du décret du 1er août 1864.*

« La largeur de la voie entre les bords intérieurs des rails devra
» être de 1^m 44 à 1^m 45. Dans les parties à deux voies, la largeur
» de l'entre-voie, mesurée entre les bords extérieurs des rails,
» sera de deux mètres.

» La largeur des accotements, c'est-à-dire des parties comprises
» de chaque côté entre le bord extérieur du rail et l'arête supé-
» rieure du ballast, sera de un mètre au moins.

» On ménagera au pied de chaque talus du ballast une banquette
de 0^m 50 de largeur.

» Les alignements seront raccordés entre eux par des courbes
» dont le rayon ne pourra être inférieur à 350 mètres. Une partie
» droite de 100 mètres au moins de longueur devra être ménagée
» entre deux courbes consécutives, lorsqu'elles seront dirigées en
» sens contraire.

» Le maximum de l'inclinaison des pentes et rampes est fixé à
» 17 millimètres par mètre.

» Une partie horizontale de 100 mètres au moins devra être

» ménagée entre deux fortes déclivités consécutives, lorsque ces
» déclivités se succèderont en sens contraire, et de manière à
» verser leurs eaux au même point.

» Les déclivités correspondant aux courbes de faible rayon
» devront être réduites autant que faire se pourra.

» La Compagnie aura la faculté de proposer aux dispositions de
» cet article et à celles de l'article précédent les modifications qui
» lui paraîtraient utiles; mais ces modifications ne pourront être
» exécutées que moyennant l'approbation préalable de l'adminis-
» tration supérieure.

» La Compagnie sera tenue de rétablir les communications inter-
» rompues par le chemin de fer, suivant les dispositions qui seront
» approuvées par l'administration.

» Lorsque le chemin de fer devra passer au-dessus d'une route
» impériale, ou départementale, ou d'un chemin vicinal, l'ouver-
» ture du viaduc sera fixée par l'administration, en tenant compte
» des circonstances locales; mais cette ouverture ne pourra, dans
» aucun cas, être inférieure à 8 mètres pour la route impériale, à
» 7 mètres pour la route départementale, à 5 mètres pour un
» chemin vicinal de grande communication, et à 4 mètres pour
» un simple chemin vicinal.

» Pour les viaducs de forme cintrée, la hauteur sous clef, à
» partir du sol de la route, sera de 5 mètres au moins. Pour ceux
» qui seront formés de poutres horizontales en bois ou en fer, la
» hauteur sous poutre sera de 4^m 30 au moins.

» La largeur entre les parapets sera au moins de 8 mètres. La
» hauteur de ces parapets sera fixée par l'administration, et ne
» pourra, dans aucun cas, être inférieure à 0^m 80.

» Lorsque le chemin de fer devra passer au-dessous d'une route
» impériale, ou départementale, ou d'un chemin vicinal, la largeur
» entre les parapets du pont qui supportera la route ou le chemin
» sera fixée par l'administration, en tenant compte des circons-
» tances locales; mais cette largeur ne pourra, dans aucun cas,
» être inférieure à 8 mètres pour la route impériale, à 7 mètres
» pour la route départementale, à 5 mètres pour un chemin vicinal

» de grande communication, et à 4 mètres pour un simple chemin
» vicinal.

» L'ouverture du pont entre les culées sera au moins de
» 8 mètres, et la distance verticale ménagée au-dessus des rails
» extérieurs de chaque voie pour le passage des trains ne sera pas
» inférieure à $4^m 80$ au moins.

» Dans le cas où des routes impériales, ou départementales, ou
» des chemins vicinaux, ruraux ou particuliers, seraient traversés à
» leur niveau par le chemin de fer, les rails devront être posés sans
» aucune saillie ni dépression sur la surface de ces routes, et de
» telle sorte qu'il n'en résulte aucune gêne pour la circulation des
» voitures.

» Le croisement à niveau du chemin de fer et des routes ne
» pourra s'effectuer sous un angle de moins de 45 degrés.

» Chaque passage à niveau sera muni de barrières; il y sera, en
» outre, établi une maison de garde toutes les fois que l'utilité en
» sera reconnue par l'administration.

» Lorsqu'il y aura lieu de modifier l'emplacement ou le profil
» des routes existantes, l'inclinaison des pentes et rampes sur les
» routes modifiées ne pourra excéder 3 centimètres par mètre pour
» les routes impériales ou départementales, et 5 centimètres pour
» les chemins vicinaux. L'administration restera libre, toutefois,
» d'apprécier les circonstances qui pourraient motiver une déro-
» gation à cette clause, comme à celle qui est relative à l'angle
» de croisement des passages à niveau.

» La Compagnie sera tenue de rétablir et d'assurer à ses frais
» l'écoulement de toutes les eaux dont le cours serait arrêté, sus-
» pendu ou modifié par ses travaux, et de prendre les mesures
» nécessaires pour prévenir l'insalubrité pouvant résulter des
» chambres d'emprunt.

» Les viaducs à construire à la rencontre des rivières, des canaux
» et des cours d'eau quelconques, auront au moins 8 mètres de
» largeur entre les parapets sur les chemins à deux voies, et $4^m 50$
» sur les chemins à une voie. La hauteur de ces parapets sera fixée
» par l'administration et ne pourra être inférieure à $0^m 80$.

» La hauteur et le débouché du viaduc seront déterminés, dans
» chaque cas particulier, par l'administration, suivant les circons-
» tances locales.

» Les souterrains à établir pour le passage du chemin de fer
» auront au moins 4^m 50 de largeur entre les pieds-droits au niveau
» des rails. Ils auront 5^m 50 de hauteur sous clef au-dessus de la
» surface des rails. La distance verticale entre l'intrados et le
» dessus des rails extérieurs de chaque voie, ne sera pas inférieure
» à 4^m 80. L'ouverture des puits d'aérage et de construction des
» souterrains sera entourée d'une margelle en maçonnerie de deux
» mètres de hauteur. Cette ouverture ne pourra être établie sur
» aucune voie publique.

» Tous les aqueducs, ponceaux, ponts et viaducs, à construire à
» la rencontre des divers cours d'eau et des chemins publics ou
» particuliers, seront en maçonnerie ou en fer, sauf les cas d'ex-
» ception qui pourront être admis par l'administration.

QUATRIÈME PARTIE.

LAVOIRS, FOURS A COKE, FOURS A CHAUX,
AGGLOMÉRÉS, DÉPÔT DE PONT-D'OUCHE, ATELIERS.

CHAPITRE XX.

Lavoirs.

Le charbon tout venant renferme à Épinac une proportion de 35 % de menu, que l'on en retire en faisant passer le charbon sur un crible à barreaux écartés de 7 millimètres. La teneur moyenne en cendres du charbon menu ainsi obtenu est de 16.35 %, et si l'on veut en faire usage pour fabriquer du coke ou des agglomérés, il faut abaisser sa teneur en cendres, et en conséquence le dépouiller au préalable, au moyen du lavage, des éléments pauvres et stériles qu'il renferme.

Le lavage a eu à Épinac ses différentes phases. Il a d'abord été fait au moyen de petits bacs à piston, mis en mouvement à bras d'hommes. Ces petits bacs ont été remplacés en 1861 par des bacs de plus grandes dimensions.

Ces bacs, au nombre de six, étaient rassemblés dans une usine connue sous le nom de Lavoir des Champs Pialey. Ils étaient desservis par une machine à vapeur, et munis d'une râclette mécanique disposée de façon à jouer au moyen d'un débrayage, pour enlever séparément et à volonté, après un nombre de coups de piston suffisant, la couche supérieure de charbon lavé et les couches inférieures de charbon schisteux et de schistes. La râclette mécanique conduisait les unes et les autres dans des wagons différents disposés au-dessous des bacs. Les charbons étaient du reste amenés aux bacs par une noria qui les élevait au-dessus d'eux dans une

Lavoirs des champs Pialey.

sorte de trémie faisant réservoir, et il suffisait d'une femme pour faire le service d'un bac pouvant traiter, par journée de douze heures, 250 hectolitres de houille.

Quant aux boues ou schlams qui passaient à travers la toile du bac, elles venaient se déposer à la partie inférieure de ce dernier, d'où on les retirait, à la pelle, tous les deux jours. On a fait, en 1863, mais sans résultat satisfaisant, l'essai d'une trémie projetée depuis un an pour opérer la vidange continue des schlams. Le but que l'on se proposait d'atteindre a été manqué, faute d'une pression suffisante sur les schlams pour les faire naturellement sortir, et l'atelier de lavage est ainsi resté avec le principal défaut qui lui a été reproché, d'être restreint à une production limitée, entravée par le curage fréquent des bacs qu'il fallait arrêter tous les deux postes. C'est ce qui a fait prendre le parti de construire le lavoir imaginé par M. l'ingénieur Max. Évrard, de la Chazotte.

A l'usine des Champs Pialey, chaque bac traitait par poste 250 hectolitres de charbon brut se divisant en trois classes, comme il suit dans les proportions suivantes :

Charbon propre à la carbonisation et aux agglomérés 77 %
Charbon rayé 11
Rocher 5
Schlams.................................... 7

Total............ 100

Le prix de revient du lavage était en moyenne de 0^f 12 centimes l'hectolitre, savoir :

Chargement et roulage de charbon....... $0^f\ 03^c$ 125
Machiniste et frais de lavage 0 01 225
Combustible 0 00 114
Curage des bassins et labyrinthes 0 00 710
Entretien des lavoirs et ustensiles 0 03 179
Surveillance 0 00 215
Amortissement................... 0 03 432

Total.......... $0^f\ 12^c\ 000$

Lavoir Évrard.

Le lavoir Évrard, construit pendant les années 1863 et 1864, a été établi au-dessus des fours à coke, de manière à pouvoir livrer ses charbons soit aux fours à coke eux-mêmes, soit à la fabrique d'agglomérés qui doit être montée dans le voisinage, soit enfin à de grands wagons de chemin de fer.

Nous n'avons pas à faire ici la description de cet appareil. Elle a été faite par l'inventeur du lavoir dans le tome IX du Bulletin de la Société de l'Industrie minérale (3ᵉ livraison). Nous rappellerons seulement, en renvoyant au dessin de l'appareil, ses dimensions principales, et la façon suivant laquelle ce bac gigantesque traite les charbons. (V. planche 30.)

Laissons à cet effet parler l'inventeur :

« Le bac est construit en maçonnerie revêtue de ciment. Il a
» la forme d'un cône renversé dont la base est de $10^m 20$ de
» diamètre et la hauteur de 10 mètres ; son extrémité se termine
» par un tube muni d'une vanne, par lequel s'écoulent dans un
» wagon les boues à l'état pâteux.

» Le piston est cylindrique, de $6^m 30$ de diamètre. Il occupe
» la partie centrale du bac. Une came soulevant un levier, au
» milieu duquel il est suspendu par deux bielles, lui imprime
» le mouvement d'oscillation. Ici, contrairement à ce qui a lieu
» pour le petit bac, l'ascension du piston se trouve commandée
» par le moteur, tandis que sa descente est produite par la
» gravité. Il en résulte l'avantage de pouvoir facilement modifier,
» dans tous les rapports utiles, les vitesses propres et relatives de
» ces deux mouvements, en variant le tracé de la came et le
» poids du piston : d'une part, en composant la came d'un noyau
» fixe et d'une enveloppe mobile, d'autre part, en chargeant de
» plus ou moins d'eau le piston.

» Le levier prend son point d'appui sur le rebord du bac, et
» repose, par son extrémité active, sur une tige verticale articulée
» avec lui et fixée à un flotteur qui en contrebalance entièrement
» le poids, de telle sorte qu'il ne fait qu'obéir passivement à la
» descente du piston.

» La table de lavage est plane et annulaire, de 10 mètres de

» diamètre extérieur, et de deux mètres de largeur. Elle est
» encaissée par deux rebords de trente centimètres de hauteur et
» formée de châssis en bois recouverts d'une tôle perforée en
» cuivre dont les trous ont un millimètre. Une cloison en maçon-
» nerie percée de jours sur toute sa base la sépare du piston.
» Solidement charpentée en tôle, cette couronne roule sur des
» galets dont les essieux, disposés suivant les rayons, portent d'un
» bout sur la cloison et de l'autre sur le bac. Il n'existe entre les
» rebords et les maçonneries qu'un jeu très faible qui ne permet
» pas le rejaillissement de l'eau. Elle reçoit son mouvement cir-
» culaire d'un pignon engrenant avec une crémaillère qui règne
» sur tout son pourtour.

» Ainsi considérée, si la table tournait dans un plan horizontal,
» l'appareil ne représenterait qu'un bac à piston à course uni-
» forme, il ne lui serait pas supérieur; mais il en est autrement.

» Expliquons-nous à cet égard :

» La table est inclinée de trente centimètres sur son grand
» diamètre, et le niveau de l'eau est réglé à 20 centimètres au-
» dessus de la tôle perforée dans la partie la plus basse, consé-
» quemment à 10 centimètres au-dessous de la plus haute. Dans
» cette disposition, lorsque le piston s'abaisse, l'eau monte uni-
» formément dans le bac, mais elle s'élève à des hauteurs diffé-
» rentes sur toute la surface de la table primitivement immergée,
» et pendant des temps variés sur celle qu'elle submerge. C'est-à-
» dire que la hauteur de submersion de la charge et l'amplitude
» de soulèvement des grains décroissent et passent successive-
» ment par tous les degrés, depuis un maximum correspondant
» au passage inférieur, jusqu'à l'intersection des plans d'eau et de
» charbon où les deux variantes deviennent nulles.

» On voit que se trouvent à la fois réalisées, *par une course uni-*
» *forme du piston,* toutes les circonstances essentielles auxquelles
» on doit attribuer la supériorité du petit bac à piston mû à bras,
» qui sont obtenues dans cet instrument par une course variable.

» Cet exposé suffira pour comprendre la marche de l'appareil.

» Suivons une opération :

» D'abord les charbons sont élevés par des chaînes à godets qui
» les versent sur la tôle perforée, où ils sont nivelés par une
» réglette, en une couche uniforme. Cette couche, de quinze cen-
» timètres environ d'épaisseur, est entraînée, dans la révolution
» de la couronne, sous des râteaux qui en facilitent l'imbibition ;
» elle s'immerge de plus en plus, et arrive ainsi dans la partie
» la plus basse où commence son épuration. A sa sortie de l'eau,
» quatre étages de râclettes amènent successivement dans des
» roues à palettes qui les rejettent dans des wagonets, les tran-
» ches de pureté différente. La tranche supérieure est la plus
» pure, les suivantes le sont de moins en moins, jusqu'aux
» pierres qui occupent le fond.

» Les premières râclettes sont fixées à dix centimètres au-
» dessus de la tôle, les deuxièmes à sept centimètres; celles de
» la troisième et de la quatrième roue sont mobiles, et ces deux
» roues sont commandées par des embrayages, pour n'agir que
» par intervalles; en voici la raison : comme au petit bac la
» couche ne pourrait s'enlever pour chacune des charges ou des
» révolutions, parce que son épaisseur ne serait pas suffisante
» pour en établir la démarcation, on attend qu'elle ait acquis une
» épaisseur de $0^m 05$ pour en faire le départ au moyen de la
» quatrième roue, pendant que la troisième sépare et rend au
» lavage une tranche superficielle de deux centimètres.

La production du lavoir Évrard ne dépend, dans de certaines limites, que de la vitesse de rotation de la table annulaire dont la surface totale est de 50 mètres carrés, mais elle varie avec le degré de pureté des charbons soumis au lavage. Le terme moyen de la durée d'une rotation de la table est de cinq minutes, et pendant cette rotation le charbon reçoit 60 coups de piston ; mais, selon la qualité du charbon, la couche lavée a une hauteur différente. C'est ainsi qu'en moyenne elle serait de $0^m 10$ de hauteur à la Chazotte (Loire), tandis qu'elle n'est que de $0^m 05$ à Épinac. Aussi, dans le premier cas, l'appareil lave 600 hectolitres par heure, et dans le second cas, il ne lave que 225 à 300 hectolitres. Le lavage est facilité à la Chazotte par l'enlèvement préalable du poussier renfermé dans le charbon. — La suppression du poussier évite l'empâtement de la houille dans le bac.

Personnel employé au service du lavoir Évrard. Prix de revient du lavage.

Avec la machine à vapeur de la force de dix chevaux, qui fait mouvoir le lavoir Évrard, il faut, pour le service journalier ordinaire de cet appareil :

Un machiniste, à............................	2ᶠ 50	2ᶠ 50
Un chef laveur, à............................	2 50	2 50
Un cheval et son conducteur pour l'approchage du charbon aux dragues...		6 » »
Un manœuvre aux wagons................		2 50
Huit rouleurs aux râclettes, à.........	2 25	18 » »
Un rouleur aux schlams...................		2 50
TOTAL.....		34ᶠ » »

A ces frais courants il y a ajouter ceux provenant des fournitures de charbon pour chauffage; suif, huile, etc., pour graissage. Il faut y joindre aussi les réparations qu'il est nécessaire d'exécuter de temps à autre, et l'on arrive alors au revient de 3ᶜ 536 par hectolitre de houille brute lavée. Ce prix de revient est ainsi composé :

Main-d'œuvre de lavage.....................	1ᶜ 524
Approchage...................................	0 317
Curage...	0 216
Divers..	0 215
Combustible...................................	0 138
Fournitures diverses ordinaires.............	0 434
Entretien et réparations { main-d'œuvre......	0 035
{ fournitures.........	0 657
TOTAL.....	0ᶠ 03ᶜ 536

Classification de la houille au lavoir.

Avec l'appareil Évrard, le charbon menu soumis au lavage est séparé en trois catégories, dans les proportions ci-après, estimées au volume :

Menu, 1ʳᵉ qualité .... 65 %
Menu, 2ᵉ qualité .... 35 »
Déchet ou boues communément appelées
schlams.......................... 10 %

Il y a ainsi, par la division de la masse au lavage, un foisonnement de 10 % qui est représenté précisément par les schlams.

Le charbon menu, avant d'être lavé, a une teneur moyenne en cendres de 16.35 %, et chacune des catégories dans lesquelles il est séparé par le lavage renferme :

Menu, 1ʳᵉ qualité .... 8 %
Menu, 2ᵉ qualité .... 20 »
Schlams.................. 50 »

Si l'on considère à présent que le charbon tout venant, tel qu'il sort du puits, a une teneur moyenne en cendres de 12 %, et qu'en le divisant par le criblage en deux classes, le menu et l'amélioré, on obtient en volume 35 % de menu à 16.35 % de cendres, et 65 % d'amélioré à 9.66 % de cendres, on voit que la classification des charbons obtenus, soit par les criblages, soit par les lavages, partage la houille d'une qualité donnée en diverses espèces de qualités variables. Mais de même que la division des houilles, soit par les criblages, soit par les lavages, produit diverses espèces ou qualités, de même aussi les mélanges des diverses espèces constituent des espèces ou qualités déterminées.

Au moyen de mélanges de charbons de diverses sortes, on peut d'après cela faire du charbon équivalant à une qualité primitive donnée. Ainsi, par exemple, on pourrait composer du malbrough absolument égal au malbrough obtenu naturellement sur les cribles. C'est ce que nous allons démontrer.

Pour cela il suffira de mesurer la teneur en cendres des charbons dans les deux cas, et de reconnaître si cette teneur est la même. A cet effet examinons :

1° Le charbon tout venant ordinaire ;
2° Le malbrough composé.

1° *Charbon tout venant ordinaire.*

Partage par le criblage en menu et amélioré. — Le charbon tout venant ordinaire est, comme son nom l'indique, le charbon tout venant tel qu'il sort du puits. Il porte aussi le nom de malbrough. Il a dans cet état une teneur en cendres de 12 %. Si on le divise par le criblage en deux classes, le menu et l'amélioré, on obtient 35 % de menu et 65 % d'amélioré, et chacune de ces deux espèces a pour teneur en cendres :

$$(A)\ \text{menu}\ \ldots\ldots\ldots\ldots\ 16.35\ \%$$
$$(B)\ \text{amélioré}\ \ldots\ldots\ldots\ 9.66\ \text{»}$$

En effet,

$$35\ \text{kilogrammes, à}\ \ldots\ldots\ldots\ 16.35\ \% = 5.7225$$
$$65\ \ \ \text{»}\ \ \ \ \ \text{à}\ \ldots\ldots\ldots\ 9.66\ \text{»} = 6.2790$$
$$\overline{100\ \ \ \ \ \ \ \ \ \ \ \ \ \ \ \ \text{Total}\ldots\ \ \ \ \ \ \ \ 12.0015}$$

Le tout venant ordinaire de la teneur en cendres de 12 % peut donc être considéré comme formé du mélange des deux qualités, menu et amélioré, contenant l'une 16.35 %, et l'autre 9.66 % de cendres, et entrant dans le mélange, la première pour 35 %, et la seconde pour 65 %.

Division du menu au lavage en diverses espèces. — Si à présent on soumet à son tour le menu au lavage, à l'appareil Max Évrard, on obtient pour 100 hectolitres :

$$65\ \text{hectolitres}\ 1^{re}\ \text{et}\ 2^e\ \text{râclettes.}$$
$$35\ \ \ \ \text{»}\ \ \ \ \ \ 3^e\ \text{et}\ 4^e\ \text{râclettes,}$$
$$\text{plus}\ 10\ \ \ \text{»}\ \ \ \ \ \ \text{de schlams.}$$

Mais 100 hectolitres menu non lavé, du poids de 85 kilogrammes l'hectolitre, représentent un poids total de 8,500 kilogrammes qui se compose de la manière suivante :

$$65\ \text{hectol.}\ 1^{re}\ \text{et}\ 2^e\ \text{râclettes, à}\ 74^k = 4,810\ \text{kilog.}$$
$$35\ \ \text{»}\ \ \ \ 3^e\ \text{et}\ 4^e\ \text{râclettes, à}\ 82 = 2,870\ \text{»}$$
$$10\ \ \text{»}\ \ \ \ \text{schlams, à}\ldots\ldots\ 82 = 820\ \text{»}$$
$$\overline{\ \text{Total}\ldots\ \ \ \ 8,500\ \text{»}}$$

De sorte que, par cent hectolitres de charbon, on retire du lavoir en poids :

1re et 2e râclettes $\frac{4810}{8500} \times 100 = 56.58 \,°/_0$

3e et 4e râclettes $\frac{2870}{8500} \times 100 = 33.77 \,°/_0$

Schlams . . . . $\frac{820}{8500} \times 100 = 9.65 \,°/_0$

$$\text{TOTAL} \ldots \ldots \quad 100.00$$

Et chacune de ces variétés a pour teneur en cendres :

1re et 2e râclettes $8 \,°/_0 - 4.5344$

3e et 4e râclettes $20 \,°/_0 - 6.7540$

Schlams. . . . . $50 \,°/_0 - 5.0616$

$$\text{TOTAL} \ldots \ldots \quad 16.3500$$

D'où il suit que le charbon tout venant ordinaire comprend :

(A) Menu 35 hect. à 16.35 °/₀ cendres.
$\left\{\begin{array}{l} 1^{re} \text{ et } 2^e \text{ râclettes } \frac{56.58}{100} \times 35 = 19.8030 \\ 3^e \text{ et } 4^e \text{ râclettes } \frac{33.77}{100} \times 35 = 11.8195 \\ \text{Schlams}\ldots\ldots\ \frac{9.65}{100} \times 35 = 3\cdot 3775 \end{array}\right\}$ 5.7225

$$\text{TOTAL} \ldots \ldots \quad 35.0000$$

(B) Amélioré 65 hect. à 9.66 °/₀ 6.2790

$$\text{TOTAL} \ldots \ldots \ldots \ldots \quad 12.0015$$

dont la teneur en cendres est de 12 °/₀.

2° *Malbroug composé.*

Il est aisé de voir, en présence de ces chiffres, qu'en prenant du charbon amélioré avec des menus de seconde qualité, le tout dans des proportions déterminées, on constituera soit des charbons équivalents au tout venant ordinaire, soit des charbons de qualité moindre, soit enfin des charbons de qualité supérieure. Ces diverses constitutions du charbon dépendent toutes de la teneur en cendres des mélanges, et cette teneur dépendra elle-même des proportions suivies dans les mélanges.

Comparaison entre le lavoir Évrard et le lavoir des Champs Pialey.

Envisagé au point de vue de la classification des produits, le lavoir Évrard diffère essentiellement des bacs mécaniques des Champs Pialey. Ces derniers donnaient, il est vrai, une proportion de charbon de 10 % plus grosse, au coke ou aux agglomérés, mais en revanche ils occasionnaient en rocher et en schlams une perte sèche de 12 %. Le lavoir Évrard, au contraire, divise les charbons en quatre classes qui, réunies deux à deux, sont utilisées, ainsi que cela a été dit, les unes à la fabrication du coke et des agglomérés, les autres au chauffage des chaudières à vapeur, à la cuisson de la chaux, ou enfin entrent dans la composition des diverses catégories commerciales de charbons. Sous le rapport du déchet, l'avantage est ainsi tout entier à l'appareil Évrard.

Le lavoir Évrard peut laver par heure, à Épinac, 270 à 300 hectolitres de menu brut, soit par jour 3,000 hectolitres environ; tandis qu'aux bacs des Champs Pialey, on ne pouvait pas faire plus de 1,500 hectolitres au maximum. Aussi, lorsque le lavage revenait à $8^c 568$ aux Champs Pialey, déduction faite des frais d'amortissement de premier établissement, il revient à l'appareil Évrard à $3^c 536$, déduction faite aussi des frais d'amortissement. Une grande supériorité est donc évidemment acquise à l'appareil Évrard sur les anciens bacs. Toutefois, il faut dire qu'il a sur eux le désavantage d'être d'un mécanisme un peu trop absolu. Après une rotation de la table, il prend, en effet, le charbon par la 1re et la 2e râclette, que ce charbon ait été ou non lavé suffisamment. Il faudrait, pour assurer le travail régulier de l'appareil, que la 1re et la 2e râclette pussent, comme la 3e et la 4e, tourner ou être arrêtées à volonté, au moyen de débrayages. On pourrait mieux, avec ces dispositions, régler la marche du lavoir, suivant la qualité des charbons qu'il aurait à traiter dans le cours d'un même poste.

CHAPITRE XXI.

Fours à coke.

A la place de la double batterie de 30 fours qui existe aujourd'hui entre la gare de chemin de fer du Curier et le lavoir Évrard, il y avait, avant 1864, pour la fabrication du coke, d'abord d'anciens fours boulangers, ensuite des fours à sole et à parois chauffées, désignés sous le nom de fours du système Brunfaut. *Anciens fours à coke.*

On a renoncé depuis plusieurs années aux fours boulangers dont la production était lente et le rendement faible. Ils ont été convertis en fours Brunfaut, présentant une section intérieure de $0^m 80 \times 1.40$ par une longueur de $3^m 30$. Ces fours, que l'on défournait au crochet, avaient une seule porte et un seul trou de chargement. Ils étaient munis chacun d'une cheminée spéciale pour le dégagement des gaz. La carbonisation y durait en moyenne quarante heures.

Le rendement en coke était de 60 %: le charbon employé pesant 74 kilog. l'hectolitre.

Les frais de carbonisation s'élevaient, pour la main-d'œuvre seulement, à $2^f 60$ par tonne, savoir :

Approchage des charbons aux fours...............	0^f 35
Enfournement, cuisson, défournement et extinction..	1 50
Chargement du coke en wagons................	0 75
Total....	2^f 60

Avec les fours précédents, la carbonisation péchait essentiellement par cinq points : *Fours à coke à défournement mécanique.*

1° Le mode de transport sur les fours des charbons qui, pour arriver à destination, subissaient un transbordement onéreux.

2° La section trop étroite des carnaux. Ils étaient par suite facilement obstrués, et il en résultait un préjudice pour le rendement, le moment de l'achèvement de la carbonisation étant fréquemment retardé.

3° Le mode de mise en feu des gaz qui, au lieu d'être allumés dans les carnaux, recevaient l'air directement dans les fours où il venait souvent lécher le coke et le brûler.

4° Le système de défournement qui s'opérait au moyen de ringards ou crochets à bras d'homme. Ce système avait l'inconvénient de nécessiter beaucoup de temps et une main-d'œuvre élevée. De plus, il brisait le coke, occasionnait en partie notable son incinération et donnait lieu à des abaissements de température ayant pour conséquence de troubler l'allure du four. Le rétablissement de cette allure ne s'opérait toujours qu'au détriment du rendement en coke, diminué forcément par la perte de charbon qu'il était nécessaire de brûler, pour faire revenir le four à son allure normale.

5° Le chargement du coke en wagons, exécuté à grands frais, en le portant à bras dans des rassières qu'il fallait élever au-dessus des wagons. A lui seul le chargement du coke comptait dans la fabrication pour $0^f 75$ la tonne.

Pour remédier à ces différents inconvénients, et mettre la carbonisation dans des conditions meilleures, il y avait d'après cela :

1° A placer les fours au-dessous du lavoir pour qu'il leur versât directement les charbons ;

2° A modifier la section trop étroite des carnaux ;

3° A disposer les prises d'air pour la mise en feu des gaz en dehors des fours, en les plaçant dans les carnaux eux-mêmes ;

4° A substituer au mode de défournement par ringards le mode de défournement mécanique appelé en même temps à permettre de donner aux fours une capacité plus grande ;

5° A perfectionner le mode de chargement du coke en wagons, au moyen d'un quai de chargement.

C'est dans ce but qu'ont été construites les deux batteries de chacune 30 fours dont l'ensemble est indiqué à l'atlas. (V. pl. 31 et 32.)

Ces fours sont du genre de ceux qui sont en usage dans le nord de la France et en Belgique. Ils ont $0^m 65$ de largeur, $1^m 20$ de hauteur sous la clef de voûte construite en plein-cintre, et 7 mètres de longueur. La disposition générale des carnaux est faite de telle façon que chaque four chauffe son voisin. Les gaz enflammés qui s'échappent par une ouverture placée à la tête de la voûte, afin qu'elle ne soit jamais exposée à donner passage au charbon pendant l'enfournement, viennent lécher la partie supérieure de la paroi, descendent sur la sole où ils font un double tour, et reviennent le long de la partie inférieure de la même paroi, pour se rendre à la cheminée par où ils s'échappent. Chaque four se compose de deux parties bien distinctes, ayant chacune son système particulier de carnaux et sa cheminée propre. Ce sont en quelque sorte deux fours juxta-posés bout à bout.

Ils ont deux trous de chargement, afin de hâter l'enfournement et de faciliter le régalage du charbon.

Ils sont à deux portes : l'une par laquelle entre le tampon de la machine à vapeur employée au défournement, l'autre par laquelle sort le coke. La première donne sur le quai de la machine qui se promène d'un four à un autre au moyen de voies ferrées ; la seconde communique au quai de défournement où le coke est reçu et éteint, et d'où il arrive facilement et économiquement dans les wagons qui servent à son expédition. Le quai sur lequel arrive le coke est incliné de $0^m 03$ par mètre et garni de plaques de fonte de 10 à 12 millimètres d'épaisseur, dans le double but de faciliter le glissement du coke et d'assurer l'écoulement des eaux employées pour l'éteindre : les parois intérieures des fours ne sont ni inclinées ni évasées dans la direction de la sortie du coke.

Les armatures des fours sont en fonte. Elles comprennent les châssis des portes reliés les uns aux autres au moyen de tirants. Les portes sont aussi en fonte. Elles sont divisées en deux parties, afin de permettre le régalage ; elles sont fixées aux châssis au moyen de gonds, et se ferment par un loquet ordinaire. Elles sont revêtues intérieurement d'une chemise de briques réfractaires.

Chacune des cheminées des fours est munie à son sommet d'un clapet que l'on abaisse à l'achèvement de la carbonisation pour fermer hermétiquement le four, et le soustraire à toute déperdition de calorique, et à l'influence de l'air, en attendant qu'il soit défourné.

Mode d'extinction du coke.

Des deux procédés, l'étouffement et l'arrosage employés pour l'extinction du coke, le plus répandu est l'arrosage, parce qu'il est plus rapide et d'une main-d'œuvre moins coûteuse. Il facilite en outre le départ du soufre qui, par l'action de l'eau, est entraîné à l'état d'acide sulfureux. Le procédé d'extinction par arrosage est celui que l'on emploie à Épinac. Il consiste tantôt à projeter l'eau sur le coke au moyen de seaux qui sont remplis dans des réservoirs ou bassins disposés le long du quai de défournement, tantôt à projeter l'eau sur la masse incandescente au moyen de jets ou dards d'où elle s'échappe à une pression élevée.

L'emploi du seau est primitif et assez dispendieux. Le jet à haute pression est économique, assure mieux l'extinction du coke qui est pénétré rapidement par l'eau, et diminue le déchet dû à la combustion à l'air.

Aux batteries de 60 fours récemment installées à Épinac, des jets ont été disposés pour l'arrivée de l'eau destinée à éteindre le coke. Mais l'eau arrive dans ces jets à une pression trop faible et elle est projetée avec quelque difficulté sur toute la fournée de coke. On remédiera à cet inconvénient en faisant venir l'eau d'un château-d'eau élevé qui doit être construit au puits Sainte-Barbe, à l'achèvement de l'organisation de l'exhaure qui va être centralisé à ce puits.

Quantité d'eau employée à l'extinction d'une tonne à coke.

L'expérience nous a fait reconnaître que pour éteindre au seau une tonne et demie de coke, on jette dessus 1,500 litres d'eau ou 125 seaux de la capacité de 12 litres. Il faut trois hommes pour manœuvrer les 125 seaux, et la durée de l'extinction est de 15 minutes. Sur les 1,500 litres d'eau jetés sur le coke, une partie est absorbée et volatilisée, une autre est égouttée et s'écoule sur la sole de défournement. La partie absorbée est de 500 litres, et la partie égouttée est de 1,000 litres. Sur la quantité d'eau employée au seau, un tiers seulement est donc utilisé.

Au jet, l'extinction dure 15 minutes comme avec le seau. Durant ce temps, le jet donne 70 litres par minute, soit en total 1,050 litres. L'eau perdue est de 150 litres, de sorte qu'avec le jet, la quantité d'eau utilisée est de 900 litres.

L'extinction au jet se fait à deux hommes, l'un manœuvrant le jet, l'autre divisant le coke avec un crochet pour faciliter l'action de l'eau.

Si l'on compare les deux modes d'extinction, on trouve que dans les deux systèmes sa durée est de 15 minutes ; qu'au seau il y a trois hommes, tandis qu'il n'y en a que deux au jet ; que la quantité d'eau lancée est de 1,500 litres dans le premier cas et de 1,050 dans le second ; que l'eau utilisée est avec le seau de 500 litres et avec le jet de 900 litres ; que le rapport entre l'eau lancée et l'eau perdue est de 3 à 1 dans un cas et de 7 à 1 dans l'autre. On voit par là que tous les avantages se trouvent du côté de l'extinction au jet. Il est en outre à faire remarquer que le coke est toujours mieux éteint suivant ce dernier système que suivant le premier.

Les chiffres donnés sur l'extinction font voir combien il pourrait être important, dans une localité où les eaux seraient rares, de recueillir toutes celles qui ne seraient pas absorbées à l'extinction, puisque sur 3 ou 7 parties, deux ou six seulement sont employées en pure perte. On aurait donc intérêt, là où les eaux ne seraient pas abondantes, à établir un château-d'eau qui desservirait une machine spéciale. On y trouverait en effet le triple avantage d'obtenir pour l'eau une pression aussi grande qu'on le voudrait pour faciliter l'extinction, de rendre cette dernière d'une main-d'œuvre moins dispendieuse, et de réduire notablement la dépense de l'eau.

Pour le service d'une batterie de 30 fours, il y a :

Personnel pour une batterie de trente fours. Production et prix de revient.

Un machiniste à...............	2f 50	2f 50
4 rouleurs enfourneurs.........	2 50	10 » »
Un régaleur...................	2 75	2 75
2 extincteurs	2 50	5 00
3 chargeurs de coke...........	2 50	7 50
Un garde de nuit..............	2 » »	2 » »
Total..........		29f 75

Il est mis dans chaque four une charge de 28 hectolitres de houille du poids de 74 kilogrammes l'hectolitre. Elle est amenée dans quatre wagonets contenant chacun 7 hectolitres, et qui sont versés deux au trou d'enfournement de droite, deux au trou d'enfournement de gauche.

La durée de la carbonisation est en moyenne de 30 heures. On défourne par jour 25 fours. Le coke obtenu pèse 48 kilog. l'hectolitre frais éteint, et 47^k 50 après dessèchement.

Le charbon rend 70 % de gros coke métallurgique ou marchand et 1^k 5 % de petit coke. On produit ainsi par 24 heures, avec 30 fours dont 25 seulement sont défournés, 37 tonnes et demie de coke. La main-d'œuvre de la fabrication proprement dite revient d'après cela à 0^f 80 la tonne ; ce chiffre est de 65 % moindre que celui du revient obtenu avec les petits fours déchargés au crochet. Par la main-d'œuvre seule, les nouveaux fours permettent donc de réaliser d'importants bénéfices. Il faut en outre observer que les nouveaux fours donnent un rendement de 70 %, tandis que les anciens ne produisaient que 60 %.

Prix d'établissement des nouveaux fours. — Nous ferons connaître, pour terminer ce qui vient d'être dit sur la carbonisation, le prix de revient d'établissement des fours du système à défournement mécanique.

FOURS A COKE.

DIVISION DES DÉPENSES	1re BATTERIE DE TRENTE FOURS	2e BATTERIE DE TRENTE FOURS
Terrassements et fouilles............	690 »»	790 »»
Transports de matériaux	2,900 »»	2,900 »»
Maçonneries (main-d'œuvre).......	25,000 »»	18,000 »»
Travaux divers	1,200 »»	500 »»
Ferrures et divers	15,000 »»	16,500 »»
Entretien d'outils.................	600 »»	500 »»
Estacades	300 »»	»» »»
Séchage	600 »»	650 »»
Chemins de fer...................	Mémoire	Mémoire.
TOTAUX........	46,290 »»	39,840 »»
Machines à défourner.............	16,000 »»	14,300 »»

D'où on trouve pour ensemble, en y ajoutant le matériel de service :

<blockquote>
Construction des fours................ 86,130^f
Matériel de wagonets 4,800
Deux machines à défourner........... 30,300
TOTAL....... 121,230^f
</blockquote>

Les sommes ci-dessus ont pour base les prix suivants :

<blockquote>
Briques rouges ordinaires............ 17^f le mille.
Briques réfractaires .... 66 id.
Carreaux réfractaires ....600 id.
Terre réfractaire................. 25 le mètre cube.
Terrassements................... 1 id.
Ferrures en fer .... 0^f 60 le kilog.
Armatures et portes en fonte ...... 0 30 id.
</blockquote>

Main-d'œuvre en maçonnerie ordinaire (vides déduits), 3ᶠ 50 le m³.
Id.   id..   réfractaire (id. non déd.), 6 » »   id.

Les briques réfractaires ont les dimensions de 0ᵐ 11 sur 0ᵐ 055.
Les dimensions des carreaux employés à la sole du four ont 0ᵐ 323 de côté par 0ᵐ 07 d'épaisseur.

Il faut compter employer 750 à 800 briques par mètre cube de maçonnerie réfractaire.

Quant aux armatures, leur prix est établi d'après le détail qui suit :

Portes et châssis en fonte.............	360ᵏ à	0ᶠ 30	93ᶠ 60
Ferrures pour châssis, fer laminé.......	28	0 30	8 40
Main-d'œuvre de forge..........................			6 » »
Id. d'ajustage...........................			10 » »
Une corniche fonte pour registre de cheminée	52ᵏ à	0ᶠ 37	19 24
2 tampons......... id................	16	0 37	5 92
3 chappes .... id. fer martelé	7	0 50	3 50
2 tringles.......... id. id.	3	0 50	1 50
2 balanciers......... id. fer laminé.....	4	0 35	1 40
1 cadre............ id. id.	7	0 35	2 45
Main-d'œuvre d'ajustage.........................			5 » »
Id. de forge............................			5 25
TOTAL........			162ᶠ 26

CHAPITRE XXII.

Fours à chaux.

Établissement et dimensions des fours. — Deux fours à chaux coulants existent à la Houillère d'Épinac, où ils servent partie à fabriquer la chaux nécessaire pour les diverses constructions de la Mine, partie à l'agriculture pour l'amendement des terres.

Ces fours ont une hauteur totale de $4^m 20$. La cuve a $2^m 50$ de diamètre à la gueule, $2^m 60$ au ventre, et $2^m 10$ à la partie inférieure. Elle est revêtue intérieurement d'une chemise en briques réfractaires, et enveloppée de maçonneries en briques ordinaires. Sa capacité est de 150 hectolitres, et le volume total des maçonneries entrant dans la construction du four est d'environ 80 mètres cubes. Dans ces conditions la construction revient à 1,800 francs. (V. planche 33.)

Fabrication. La production du four, quand il est en allure normale, est de 75 hectolitres par 24 heures. Le service du four exige 4 journées d'ouvriers, savoir :

Casseurs de pierres	2
Enfourneur	1
Défourneur	1

Et la fabrication revient, en tenant compte de tous frais, extraction et transport de la pierre, consommation en combustible, entretien du four, etc., à $0^f 759$ l'hectolitre, savoir :

Extraction de la pierre	$0^f 100$
Chargement	0 033
Transport par chemin de fer	0 330
Combustible	0 100
Déchargement et cassage de la pierre	
Id. du combustible	
Fabrication	0 156
Défournement	
Mesurage	
Réparations des fours	0 030
Entretien d'outils	0 010
Amortissement	mémoire.
TOTAL	$0^f 759$

Il est à remarquer que la quantité de combustible consommée est de $0^h.33$ à $0^h 40$ de charbon de qualité médiocre par hectolitre de chaux, et que dans le prix ci-dessus, ce combustible est évalué au prix de $0^f 30$ l'hectolitre, non compris les frais de transport au four. Si l'on prenait du charbon maigre, de qualité ordinaire, la consommation par mètre cube de chaux produite serait en moyenne de 1 1/2 hectolitre environ. Dans ce cas, le charbon vaudrait à peu près $1^f 20$ l'hectolitre sur place, et la fabrication de la chaux reviendrait ainsi, en ce qui concerne le combustible, à $1^f 20 + 0^f 60 = 1^f 80$ par mètre cube, soit $0^f 18$ l'hectolitre.

On doit observer aussi que la pierre à chaux employée à Épinac est moyennement hydraulique, qu'elle exige par conséquent une quantité moindre de combustible pour la cuisson. Si, en effet, les fours en fabriquant de la chaux maigre consomment par mètre cube de chaux produite 1 1/2 hectolitre de houille, ils brûleront à peu près deux hectolitres de charbon par mètre cube de chaux grasse obtenue. C'est ce qui a lieu à Tournay (Belgique), avec les grands fours de 12 mètres de hauteur et six mètres de diamètre maximum au ventre de la cuve. Selon que ces fours fabriquent de la chaux grasse ou de la chaux maigre, leur production est de 40 à 50 mètres cubes de chaux, la consommation variant en charbon de 1 1/4 à 2 hectolitres par mètre cube de chaux fabriquée.

CHAPITRE XXIII.

Agglomérés. — Dépôt de Pont-d'Ouche.

Agglomérés. Le charbon livré aux agglomérés est le même que celui qui est employé aux fours à coke. Il a une teneur en cendres dont la moyenne est de 8 %. Il produit des briquettes qui remplacent généralement le coke poids pour poids, et qui ont même quelquefois, comme les briquettes anglaises de Cardif, une légère supériorité sur le coke, tandis que les agglomérés ne développent souvent que les 9.10 du travail accompli par lui.

La fabrique d'agglomérés est actuellement établie à Pont-d'Ouche, au dépôt des charbons amenés par le chemin de fer de la houillère au rivage du canal de Bourgogne. Elle est du système de l'ingénieur Max Évrard, et elle a été construite par MM. J.-F. Révollier jeune et Cie. Elle possède un plateau desservi par une machine à vapeur faisant la force de 50 chevaux avec un seul cylindre, à 50 tours par minute, à détente, sans condensation. Sur la force de 50 chevaux, 35.50 sont utilisés à l'agglomération proprement dite. Les autres sont employés : 3.35 pour frottement de la machine motrice elle-même; 7.10 pour dépense de compression exercée par le piston avant le départ de l'aggloméré; 3.85 pour le dragueur ou élévateur des charbons, le mélangeur, etc.

Dispositions et production de l'usine. — L'usine à agglomérer de Pont-d'Ouche est établie dans un bâtiment divisé en deux parties renfermant l'une la machine motrice, l'autre la machine à agglomérer.

La machine à agglomérer comprend 16 moules cylindriques de 12 centimètres de diamètre, disposés circulairement sur un bâti en fonte. Chaque moule divisé suivant l'axe dans la moitié de sa longueur porte une lumière qui sert à l'admission de la matière à agglomérer. Un piston joue librement dans le moule en faisant une course de 14 centimètres. Il découvre alternativement l'ouverture d'admission de la matière qu'il admet pour la refouler à une pression moyenne de 100 atmosphères.

Avant d'être introduite dans les moules, la houille menue, élevée par une drague et chauffée par un courant de vapeur pour éviter une trop grande condensation qui la réduirait à l'état de boue, est précipitée dans une auge où elle s'allie au brai et au goudron mélangés avec elle, pour donner de la ténacité à la briquette et lui permettre de résister, sans déchet sensible, aux divers transbordements qu'elle doit supporter, qu'elle soit destinée aux chemins de fer, à la marine ou à tous autres usages. De l'auge dans laquelle arrivent la houille, le brai et le goudron, le mélange se rend, sous l'action d'une vis d'Archimède, dans un agitateur où il devient plus intime. De l'agitateur, il passe dans quatre couloirs au moyen de râcles mobiles qui le font tomber sur un anneau tournant, qui le distribue également à son tour au moyen de râclettes dans les seize moules agglomérateurs. Les briquettes obtenues ont une longueur moyenne de 75 centimètres. Elles sont brisées, à la sortie des moules, par les ouvriers de service qui les chargent dans des chariots spéciaux, au moyen desquels elles sont conduites dans des bateaux.

La densité des briquettes est de 1.23.

La production d'un plateau est de 8 tonnes à l'heure. Ce résultat est en assez grande concordance avec celui que donne la théorie.

En effet, la poussée ou la quantité d'avancement de l'aggloméré est de $0^m 03$ environ dans chaque moule par coup de piston. La densité du charbon aggloméré étant de 1.23, et le diamètre moyen de la briquette de 12 centimètres, le poids d'une briquette de un mètre de longueur sera de $13^k 90$. Un appareil à 16 pistons donnant 25 courses par minute, soit 1,500 à l'heure, produira par heure :

$$0.03 \times 16 \times 1,500 \times 13.90 = 10 \text{ tonnes.}$$

En ce qui concerne la main-d'œuvre, le personnel employé à la fabrication proprement dite, le charbon étant amené à pied-d'œuvre, comprend par poste :

Un contre-maître.

Un machiniste.

Un chauffeur.

Un au chauffage du charbon.

Un au mélangeur.

Quatre femmes ou enfants au bâti pour aider à la distribution du mélange.

Six porteurs de briquettes.

Deux au service du brai.

Soit en total 17 ouvriers.

AGGLOMÉRÉS.

La composition d'une tonne d'agglomérés comprend en moyenne :

Charbon, 12 hectolitres 52 à 74^k	924^k	48
Brai..............................	58	52
Goudron	17	» »
TOTAL.....	1,000	» »

Le goudron vaut 80 à 85 francs la tonne, et le brai 63 à 65 francs.

Dépôt de Pont-d'Ouche. — Le dépôt de Pont-d'Ouche est situé à la jonction du chemin de fer avec le canal de Bourgogne. Il renferme, avec la fabrique d'agglomérés, le port d'embarquement des charbons, et les estacades au moyen desquelles les wagons chargés à la Mine viennent, selon les circonstances, verser les charbons tantôt directement dans les bateaux, tantôt sur les quais du port.

Port du dépôt de Pont-d'Ouche. — Le port du dépôt de Pont-d'Ouche mesure une longueur de 250 mètres par une largeur de 17^m 50, soit une étendue carrée de 4,375 mètres. Il a une profondeur de 3 mètres, et le tonnage des bateaux qu'il reçoit varie de 120,000 à 150,000 kilogrammes, selon l'étiage des eaux. Il est entouré d'estacades sur toutes ses faces et est environné d'un espace offrant une surface de 1 hectare 50, capable de tenir 250,000 hectolitres de houille, afin de parer aux éventualités de toutes sortes susceptibles d'arrêter la marche des expéditions. (V. planche 34.)

Estacades d'emmagasinement et de chargement. — Les wagons qui amènent les charbons au rivage de Pont-d'Ouche viennent rouler sur des estacades disposées les unes sur les bords du quai d'embarquement, les autres dans les emplacements libres environnants. Les premières estacades sont destinées au chargement direct des bateaux dans lesquels la houille ou le coke descendent en sortant des wagons ; les secondes servent à emmagasiner les charbons lorsqu'ils ne peuvent pas être mis, pour une cause quelconque, directement dans les bateaux.

Les dispositions générales des estacades sont données au plan d'ensemble du dépôt.

Les estacades d'emmagasinement sont celles qui, éloignées du port, servent à mettre le charbon en dépôt. Elles portent des glissoires, les unes fixes, les autres mobiles, et qui servent soit à préserver le charbon dans sa chute, soit à isoler la houille en tas séparés, à travers lesquels l'air peut circuler librement et abondamment pour l'empêcher de s'échauffer. Les estacades de chargement sont placées sur les bords mêmes du port : de ces estacades le charbon est versé dans les bateaux en suivant des glissoires qui l'y conduisent doucement, sans choc, et qui sont disposées pour varier de hauteur, selon que le bateau, plus ou moins chargé, est plus ou moins enfoncé dans l'eau. Nous avons ainsi à considérer dans les estacades : 1° les estacades proprement dites; 2° les glissoires d'emmagasinement; 3° les glissoires de chargement direct en bateaux. (V. planche 35.)

La construction des estacades consiste en chevalets espacés de 3 mètres les uns des autres. Ils sont réunis ensemble par des longrines auxquelles sont fixés les rails des voies faisant suite au chemin de fer; ces longrines portent aussi les trottoirs qui permettent la libre circulation des ouvriers occupés à la manœuvre des wagons.

Le mètre d'estacade ainsi établi revient à 59^f 90 qui se décomposent comme il suit :

$$\begin{array}{lr}
1/3 \text{ chevalet}\dots\dots\dots\dots\dots\dots & 31^f\,15 \\
1 \text{ mètre de tablier}\dots\dots\dots\dots\dots & 28\ 75 \\
\hline
\text{Total}\dots\dots\dots & 59^f\,90
\end{array}$$

Voici d'ailleurs comment se compose chaque chevalet avec le tablier :

Chevalet :

1 chapeau de $3^m30 \times 0^m125 \times 0^m125 = 0^m0515$
2 montants de $3\ 10 \times 0\ 35\ \times 0\ 35\ = 0.7440$

$$\text{A reporter}\dots\ 0^m7955$$

Report........ 0ᵐ7955
2 bras..., de 0 95 × 0 40 × 0 10 = 0 0190
2 bras.... de 0 57 × 0 10 × 0 10 = 0 0114
4 bras.... de 1 90 × 0 12 × 0 12 = 0 1094

TOTAL....... 0ᵐ9353 à 100ᶠ = 93ᶠ 53

dont le tiers est de 31ᶠ 15.

Tablier :

2 grosses longrines de 0ᵐ30 × 0ᵐ20 × 3 = 0ᵐ3600 à 100ᶠ   36 » »
2 petites longrines de 0 23 × 0 125 × 3 = 0 1725 à 100   17 25
Plancher......................... 5 50   à   2   11 » »
Garde-corps .... 6 » »   à   2   12 » »
Ferrures .... 20ᵏ   à   0ᶠ 50   10 » »

TOTAL......... 86ᶠ 25

dont le tiers est de 28ᶠ 75.

Dans le transbordement des charbons, soit que le transbordement se fasse de wagons à wagons, soit de wagons à bateaux, il se présente deux questions qui intéressent les manipulations des houilles: le bris du charbon, et les frais de manutention qu'il supporte. *Utilité générale des glissoires.*

Le bris a lieu tout d'abord chaque fois que l'on commence un emmagasinement du haut des estacades. Le charbon précipité d'une grande hauteur sur le sol y est en partie réduit en poussière, sa qualité est altérée et sa valeur est diminuée d'autant. En recevant les charbons à la sortie des wagons sur un plan incliné par lequel il descend à terre, la houille cesse d'être brisée. Au premier coup-d'œil, l'établissement d'un plan incliné paraît tout simple ; mais il faut que ce plan soit agencé de telle sorte qu'il puisse être retiré dans certains cas lorsque l'estacade aura été remplie à côté de lui, d'abord pour rendre libre la place qu'il occupe, ensuite pour être employé sur un autre point où il s'agit de faire un autre tas d'emmagasinement.

Plans inclinés employés à l'emmagasinement.

C'est dans ce but qu'a été établi à Pont-d'Ouche, à la fin de l'année 1863, un plan incliné mobile supporté par un train à quatre roues, au moyen duquel il est à volonté introduit sous tel point des estacades que l'on veut. Il arrive au-dessous d'elles, de manière à présenter sa ligne d'inclinaison suivant une normale à l'axe de l'estacade, et il se retire en roulant sur ses roues au fur et à mesure du versement des charbons; et lorsque le tas atteint le sommet de l'estacade, le plan peut être entièrement dégagé. Le prix d'un appareil de ce genre est de 300 francs.

Train complet à quatre roues	150 fr.
Boulons et étriers	15
Bois de chêne pour plan	85
Main-d'œuvre	50
TOTAL	300 fr.

Outre les plans inclinés mobiles, on rencontre de distance en distance, dans les estacades destinées à l'emmagasinement à Pont-d'Ouche, des plans inclinés fixes accolés deux à deux par le sommet. Ces plans inclinés, beaucoup plus simples que les précédents, servent comme eux à commencer divers emmagasinements sur des points déterminés. Ils restent pris dans le charbon, mais ils séparent les tas les uns des autres, en même temps qu'ils servent à la fois à ménager des passages au milieu d'eux, et à les diviser pour les soustraire à l'action des fermentations qui se produisent dans la houille accumulée en trop grande masse, où elles provoquent des incendies spontanés.

Si la houille est brisée lors de l'emmagasinement à terre, elle l'est aussi par les manipulations auxquelles elle est soumise pour être reprise et mise en bateaux. En outre elle se trouve, dans ces conditions, grevée de frais que le chargement direct en bateau peut seul permettre de réduire. En Angleterre, pays d'expédients par excellence, on a été conduit, pour faciliter le chargement des navires, à multiplier dans les ports les moyens mécaniques, et grand nombre de grues hydrauliques et autres appareils divers connus sous le nom de « drops », ont été employés dans ce but. Parmi ces appareils, on rencontre dans le port de Blyth l'installation sur estacades de glissoires qui sont absolument les mêmes que celles qui existent à Pont-d'Ouche. Des glissoires reposant sur un même principe ont aussi été mises en usage en Belgique par M. E. Dinck, ingénieur, ancien directeur du chemin de fer de Chimay, pour le transbordement de wagons à bateaux du charbon, du minerai, du sable, du guano, etc.

La glissoire d'Épinac établie à Pont-d'Ouche date de l'année 1858. Abandonnée pendant quelque temps, elle a été remise en usage à la fin de 1863, et aux deux glissoires existant à l'extrémité d'estacades transversales, en furent ajoutées sept autres installées en travers sur les estacades longitudinales, qui ont été placées sur les bords du quai du bassin. Ces glissoires sont composées de deux couloirs, l'un fixe qui arrive au-dessous des estacades, l'autre mobile qui s'établit en prolongement du premier jusqu'à la soute du bateau. Le couloir mobile tourne au moyen d'un treuil à engrenages, autour d'un axe, pour que sa pente puisse être réglée selon l'enfoncement du bateau dans l'eau. Le charbon, en sortant des wagons, coule par les glissoires dans le bateau : le mesurage et le transport à la brouette sont supprimés, et la main-d'œuvre de déchargement se fait à un chiffre aussi bas que possible. La construction d'une glissoire ne coûte du reste, avec ses ferrures et le treuil nécessaire pour la manœuvre, que 250 francs, frais de fournitures et de main-d'œuvre réunis.

Puisque les glissoires existaient à Pont-d'Ouche dès l'année 1858, on est conduit à se demander pourquoi leur emploi avait été délaissé, et leur construction rejetée. C'est que, disait-on, le chargement direct en bateaux nuisait à la propreté des charbons, et que le comptage par wagons ne présentait pas au commerce une garantie certaine comme le mesurage partiel et détaillé à la brouette.

Le triage des charbons doit en effet être moins facile à la glissoire qu'à la brouette. Les quantités de houille versées à la fois par la glissoire sont considérables, et les matières stériles qu'elles peuvent renfermer sont à même d'échapper plus aisément à l'œil chargé de les apercevoir et à la main qui doit les saisir. Pourtant, avec des précautions, et en évitant des versements trop rapides, on peut toujours arriver à livrer la houille à l'état de pureté. Cela est d'ailleurs d'autant plus facile que le triage des charbons doit être fait d'une façon parfaite à la sortie du puits, lors du chargement en wagon, de sorte qu'en arrivant au port la houille ne doit plus contenir que des matières stériles extrêmement rares.

Pour ce qui est de la question du mesurage, avec des wagons d'une capacité bien déterminée, on peut, toujours avec la plus grande exactitude, livrer le charbon à l'hectolitre, s'il n'est pas, ce qui est beaucoup plus simple, donné au poids comme cela a lieu aujourd'hui la plupart du temps.

Le chargement à la glissoire revient à 0.01^c l'hectolitre. Il réalise, par rapport au chargement à la brouette, une économie de $0^f 005$ par hectolitre de houille mis en bateaux.

CHAPITRE XXIV.

Ateliers.

Les ateliers se composent des ateliers sur métaux et des ateliers sur bois.

Ateliers sur métaux. Les ateliers sur métaux occupent un personnel de 51 ouvriers. Ils comprennent : forge, chaudronnerie, ajustage et une petite fonderie de cuivre. La forge possède 15 enclumes : l'ajustage renferme 12 étaux ordinaires, un étau limeur, 2 machines à percer, une poinçonneuse et une cisaille, 2 tours ordinaires, un tour parallèle, un tour double à double poupée et à double chariot spécialement affecté aux roues de locomotives, un grand tour pour les grandes pièces, arbres de machines, grandes poulies, molettes et grandes roues d'engrenages. Un moteur à vapeur de la force de 8 chevaux, à un seul cylindre oscillant, fait tout le service des ateliers sur métaux, donne le vent nécessaire aux quinze foyers de forge, et met en marche les divers outils-machines.

Il est facile, avec ces ateliers, d'exécuter toutes les réparations et l'entretien du matériel employé, soit à l'exploitation de la Mine proprement dite, soit au chemin de fer. Mais avec l'importance et le développement pris par l'exploitation, on doit compléter les ateliers sur métaux en y ajoutant un cubilot, un four à réchauffer et un marteau-pilon. Ces trois appareils seraient du reste une source sensible d'économie pour la main-d'œuvre et pour la consommation des fournitures.

Les ateliers sur bois comprennent : scierie, charronnerie, menuiserie et charpenterie.

Ateliers sur bois.

La scierie se compose de trois sortes de scies :
1° Scie des bois en grume.
2° Scie circulaire.
3° Scie à ruban.

Scie des bois en grume. — Ainsi que son nom l'indique, la scie des bois en grume est affectée à l'équarrissage des bois pris à l'état naturel. C'est une machine locomobile avec son moteur à vapeur, et qui est en quelque sorte à l'exploitation des bois ce qu'est la batteuse à l'exploitation agricole. Elle est montée à six lames, pour débiter des pièces de toutes essences, chêne, peuplier, sapin, etc., d'une longueur de 8 mètres et d'un équarrissage de 0^m 50 à 0^m 70. Son moteur est de la force de 5 chevaux-vapeur.

Installée en 1866, elle a coûté :

Scie proprement dite	7,000 » »
Machine à vapeur de 5 chevaux	5,000 » »
TOTAL	12,000 » »

Les avantages de la scie locomobile sont incontestables. Au simple point de vue des transports, elle permet d'aller débiter sur place les bois abattus dans les coupes; dans de grands magasins ou dans les magasins dispersés d'une grande entreprise, elle simplifie aussi les manutentions en allant prendre les bois là où ils se trouvent empilés pour les débiter.

Au point de vue du travail, la scie à vapeur a l'avantage de réduire énormément les frais de main-d'œuvre, avantage d'autant plus précieux que les salaires deviennent chaque jour plus élevés et les bras plus rares. Dans la Compagnie des Mines d'Épinac, où l'on débite annuellement en moyenne un millier de mètres cubes de bois, l'introduction de la scie à vapeur réalise un bénéfice de 12,500 francs par an. En effet, le débit des bois à bras coûtait 16 francs le mètre cube, et à la machine, sur laquelle on peut faire passer par jour de 10 à 15 mètres cubes, il revient à $2^f 50$, savoir :

Scieurs............	2 à $3^f 50$	7^f » »
Aides-scieurs........	5 à 3 » »	15 » »
Chauffeur...........	1 à 2 50	2 50
Entretien de la machine.........		0 50
TOTAL........		25 » »

soit $2^f 50$ par mètre cube de bois.

Il est à remarquer que le foyer de la machine est disposé pour être chauffé au bois, avec les débris, sciures, copeaux, etc., provenant de la scierie.

Scie circulaire. Le rôle de la scie circulaire est de travailler tous les bois, excepté les bois en grume. Sa spécialité est pour les bois de charpente, de charronnage et de menuiserie.

Une scierie circulaire, comprenant deux établis, l'un de 4 mètres de longueur pour des lames de $0^m 35$ à $0^m 50$ de diamètre, l'autre de 10 mètres de longueur pour des lames de $0^m 80$ à $0^m 95$ de diamètre, nécessite, sans le moteur chargé de la faire mouvoir, une dépense de 1,400 francs, savoir :

2 lames circulaires de 0^m 35 à 11'............ 22 fr.
2   id.   de 0^m 50 à 24.............   48
2   id.   de 0^m 80 à 80.............   160
2   id.   de 0^m 95 à 125............   250
Charpente, rouleau, poulies, arbres, appareil à débrayage, etc..........................   920
                                           ―――――
                    TOTAL..............   1,400 fr.

Pour desservir deux lames, l'une de 0^m 50, l'autre de 0^m 90, il faut une machine à vapeur de la force de huit chevaux. Les deux lames, desservies chacune par deux hommes, faisant 1200 tours à la minute, soit 20 tours par seconde, peuvent donner 3,000 mètres de chevrons d'un équarrissage de 0^m 08.

Le service de la scie à ruban est spécial à la menuiserie et aux petites pièces de charronnage. C'est une lame sans fin qui tourne sur deux poulies situées dans un même plan vertical. La poulie inférieure est calée sur l'arbre de la poulie motrice qui porte aussi une poulie folle pour débrayage; la poulie supérieure est fixée contre un support mobile à volonté le long d'un poteau, afin que dans de certaines limites elle puisse être descendue ou élevée selon la longueur de la scie, pour lui donner une tension convenable.

Scie à ruban.

Une scie de ce genre, en dehors de la machine motrice, ne coûte que 350 francs, savoir :
Garniture de scies de 60 à 15 millimètres de largeur, et de 4^m 50 à 3^m 60 de longueur......................   70 fr.
Établi complet de la scie......................   280
                                           ―――――
                    TOTAL................   350

La grosse scie est établie sous une baraque en planches de 6 mètres de largeur et de 17 mètres de longueur; sa hauteur au carré est de 2^m 60. Les autres appareils que l'on installe en ce moment seront logés dans une baraque ayant 4^m 90 de hauteur au carré, 31 mètres de longueur et 11^m 80 de largeur. (Voir l'Atlas pour les plans de cette installation.)

Installations des ateliers de scierie.

CINQUIÈME PARTIE.

CITÉ OUVRIÈRE.

CHAPITRE XXV.

Vue à vol d'oiseau de la Cité.

But et utilité de la Cité ouvrière. — Pour assurer le développement de ses travaux, il était nécessaire que la Compagnie des Mines d'Épinac construisît des logements afin de recevoir les ouvriers au fur et à mesure des besoins. La population locale, composée en grande partie d'ouvriers propriétaires venant passer seulement les mois d'hiver dans la mine, ne pouvait pas en effet être suffisante. Aussi, de ce côté comme de tout autre, la Compagnie s'est mise résolument à l'œuvre en ajoutant, en 1864 et 1865, aux 129 maisons qu'elle possédait déjà, 196 maisons nouvelles. (V. planche 37.)

Ensemble de la Cité. — Sa division en deux parties. — Les nouvelles maisons ont été disposées de façon à former avec les anciennes une cité ayant ses rues, ses boulevarts, ses places, ses fontaines, ses écoles, et plus tard son église.

La cité occupe une surface totale de 15^h 82^a 71^c, enceinte dans une série de rues ou boulevards connus sous les noms de boulevard Napoléon, rue Turbigo, rue Hagerman, rue d'Orient et rue Audéoud. Elle se compose de deux parties : la vieille cité, et la nouvelle cité, réunies l'une à l'autre par une percée longue de 310 mètres, l'avenue Solférino qui s'étend du boulevard Napoléon à la rue d'Orient.

VUE A VOL D'OISEAU DE LA CITÉ.

La vieille cité est située au sud de l'avenue Solférino. Sa construction remonte à l'année 1836. Elle comprend 92 maisons ou logements répartis entre quatorze groupes placés sur deux lignes brisées parallèles entre elles, et espacées de 57 mètres l'une de l'autre. Les maisons placées sur chacune de ces deux lignes ont les façades exposées au midi et au sud-est, et celles de la première ligne tournent le dos à celles de la seconde ligne. Derrière chacune d'elles sont ménagés des jardins pour les besoins de chaque ménage, et les maisons de la première ligne donnent sur une vaste place d'une surface de $67^a\ 94^c$, entourée d'une barrière continue, plantée d'arbres, et qui forme un square sur lequel a lieu, chaque samedi, le marché hebdomadaire, en attendant que l'église y soit construite pour donner satisfaction aux intérêts spirituels. La vieille cité, par la disposition de ses maisons tournées le dos des premières contre la façade des secondes, offre un aspect tout particulier qui rappelle peut-être un peu trop les casernes dans lesquelles sont logés les ouvriers en Angleterre, et qui a l'inconvénient d'isoler les habitants les uns des autres d'une façon trop complète. Elle comprend la place de la Garenne, les rues Hagerman, Turbigo, Micheneau et Magenta. Les maisons qui y sont construites sont de trois types différents.

Vieille cité. — Ses dispositions générales. — Ses divers types de maisons.

1° Maisons à étage avec cellier attenant ;
2° Maisons à mansardes avec cellier attenant ;
3° Maisons à étage avec cellier indépendant.

Les maisons du premier et du second type se trouvent dans les rues Hagerman et Micheneau ; celles du troisième type se rencontrent dans les rues Turbigo et Magenta.

Ces diverses maisons seront décrites plus loin dans un chapitre spécial.

La nouvelle cité qui renferme les écoles est établie au nord de l'avenue Solférino. Elle comprend le boulevard Napoléon, les rues Lestiboudois, Bleymüller, Lutscher, Audéoud, d'Orient, Mallet et Caullet, et elle est divisée en deux parties, du nord au sud, par le boulevard des Écoles qui, prolongé au-delà de l'avenue Solférino,

Nouvelle cité. — Ses rues et ses boulevards. — Ses divers types de maisons.

doit aller déboucher en ligne droite sur la place de la Garenne, à travers la vieille cité, en coupant les rues Micheneau et Hagerman. Les rues de la nouvelle cité ont, les unes 20 mètres, les autres 16 mètres, d'autres 12 mètres de largeur. Elles sont toutes tirées au cordeau. Elles sont plantées d'arbres de diverses essences. Les unes ont le platane et le sycomore, d'autres sont bordées par l'orme et par l'acacia.

Les maisons de la nouvelle cité sont au nombre de 220. Elles sont réparties en groupe renfermant tantôt 12, tantôt 10, 8 ou 6 logements. Les groupes sont isolés les uns des autres dans le double but d'assurer une aération aussi grande que possible et de permettre, en cas d'incendie, de maîtriser promptement le feu, et de limiter ses désastres d'une façon certaine. Les maisons dont les façades se regardent absolument, comme dans les villes, forment entre elles des carrés qui constituent des cours et des jardins, et c'est à travers ces cours et ces jardins que l'air peut pénétrer et circuler abondamment dans tous les sens, par suite des intervalles vides d'une largeur moyenne de 6 mètres qui existent entre chaque groupe.

C'est dans la nouvelle cité, à l'extrémité est de la rue Lestiboudois et sur le boulevard des Écoles, que se trouvent les écoles. Elles consistent en un bâtiment de $41^m 50$ de longueur par $8^m 50$ de largeur, qui comprend quatre salles servant, deux aux classes des garçons, et deux aux classes des filles. Ce bâtiment doit être complété par deux pavillons surmontés d'un étage, placés à chacune de ses extrémités. Ces pavillons formeront au rez-de-chaussée de nouvelles salles pour l'agrandissement des classes, et à l'étage des logements pour les instituteurs et les religieuses chargés de l'enseignement.

Divers égouts, aboutissant à une sorte d'égout collecteur, assurent l'assainissement de la cité. Des puits, au nombre de 23, munis de petites pompes à bras, procurent commodément aux habitants l'eau nécessaire pour tous les usages domestiques et pour l'arrosage des jardins. Des lieux d'aisance à quatre ou à six cabinets sont établis au milieu des jardins, et construits de façon à dissimuler par leur structure leur choquante destination.

Les maisons de la nouvelle cité sont bâties suivant un seul type pour tout ce qui concerne l'intérieur. Extérieurement, et eu égard à la nature des matériaux employés à la construction, elles présentent trois types distincts.

1° Les maisons avec caves, en briques, avec couvertures en ardoises ;

2° Les maisons avec caves, en moellons, avec ouvertures en briques et couvertures en ardoises ;

3° Les maisons avec caves, en moellons, avec ouvertures en briques et couvertures en tuiles de Montchanin.

Au nord de la cité, à l'extrémité du boulevard, se trouve la rue Hottinguer bâtie de 13 maisonnettes isolées, entourées de grands jardins. Cette rue se distingue par l'isolement plus grand de ses maisons les unes des autres. Elle est habitée par les employés et les maîtres-mineurs de la houillère. La destination des maisons les a fait ainsi diviser en deux classes portant les noms suivants :

Rue Hottinguer. — Ses deux types de maisonnettes.

1° Maisons d'employés ;

2° Maisons de maîtres-mineurs.

CHAPITRE XXVI.

Types divers des maisons de la Cité ouvrière.

En considérant l'ensemble de la cité ouvrière, nous avons vu que ses maisons sont de huit types différents. Nous allons successivement examiner chacun de ces types de constructions.

Ce type de maisons renferme deux sortes de logements établis les uns au rez-de-chaussée, les autres à l'étage. Le logement du rez-de-chaussée consiste en une chambre rectangulaire de $5^m 15$ de longueur par $4^m 60$ de largeur. Cette chambre est éclairée par

N° 1. Maisons à étage avec cellier attenant.

une fenêtre et une porte surmontée d'une imposte vitrée. Elle communique directement avec le cellier construit derrière elle en appentis. (V. planche 38.)

Le logement de l'étage comprend une chambre analogue et de grandeur égale à celle du rez-de-chaussée. Il est complété par un cellier situé à côté de celui du logement du rez-de-chaussée.

L'accès aux logements d'étage, rassemblés dans un même groupe, est donné par deux grands escaliers situés à chacune des extrémités du groupe, et arrivant dans un large corridor dans lequel débouchent les portes d'entrée de chaque logement. Ce corridor règne sur toute l'étendue du groupe, au-dessus des celliers construits pour les logements de l'étage et du rez-de-chaussée.

Les logements du type n° 1 sont peu vastes; ils conviennent aux jeunes ménages dans lesquels la famille n'est pas nombreuse.

N° 2. Maisons à mansardes avec cellier attenant.

Les maisons à mansardes avec cellier attenant sont, comme les précédentes, assemblées en groupes contenant un nombre de 6, 8 ou 10 logements. Chaque logement comprend une chambre au rez-de-chaussée, une chambre sous les mansardes, et un cellier construit comme dans le type n° 1, en appentis derrière la maison.

La chambre du rez-de-chaussée a $5^m 40$ de longueur et 5 mètres de largeur. Elle est éclairée par une fenêtre et une porte d'entrée à imposte, et elle communique par un escalier avec la pièce de la mansarde. (V. planche 39.)

La pièce de la mansarde est éclairée par une seule fenêtre construite en forme de lucarne de grenier.

Le cellier adossé à la maison n'a point de communication immédiate avec elle. On y pénètre par une porte établie extérieurement. Il présente une surface de $2^m 50$ par $2^m 25$.

Les maisons du type n° 2 sont construites en briques qui sont tantôt laissées à nu, tantôt revêtues d'un enduit extérieur. Une distance verticale de 3 mètres existe entre le carrelage du rez-de-chaussée et le plancher de la mansarde; le faîtage de la maison est à 7 mètres au-dessus du seuil de la porte. Les murs de longères, dont la hauteur totale est de $4^m 50$, ont, ainsi que les pignons, $0^m 40$ d'épaisseur. L'épaisseur des murs des celliers est de $0^m 25$,

La couverture est faite en tuiles plates ordinaires.

Comparés aux logements des maisons du type n° 1, les logements des maisons du type n° 2 ont sur les premiers l'avantage d'être composés de deux pièces. La seconde de ces pièces n'est, il est vrai, qu'une mansarde, mais cette mansarde est assez spacieuse pour faire une petite chambre à coucher convenable, et l'on voit que dans un pareil logement peut déjà habiter une famille composée d'un certain nombre de membres. Il est d'ailleurs à observer que le nombre des habitants ne doit pas être non plus trop grand, car la mansarde, d'une section verticale assez réduite, n'est aérée que par une seule fenêtre de grandeur ordinaire.

Les maisons du type n° 3 présentent parmi elles plusieurs variétés, au point de vue des matériaux employés à la construction; mais elles consistent toutes en deux pièces de 5 mètres de profondeur par 4 mètres de façade, placées l'une au-dessus de l'autre, et reliées ensemble au moyen d'un escalier installé dans la pièce même du rez-de-chaussée. (V. planche 40.) N° 3. Maisons à étage avec cellier indépendant.

Cette pièce est éclairée par une porte et une fenêtre. A l'étage, deux fenêtres, disposées régulièrement au-dessus des ouvertures du rez-de-chaussée, aèrent et éclairent l'appartement. Enfin, un petit cellier d'une surface de 3 mètres par $2^m 25$, isolé de la maison, construit derrière elle en murs de $0^m 25$ d'épaisseur, à une distance de 5 à 6 mètres, vient compléter le logis.

Toutes ces maisons sont construites en briques; elles sont couvertes les unes en tuiles plates ordinaires, les autres en ardoises; les murs ont $0^m 40$ d'épaisseur.

Elles sont munies de seuils et d'appuis de fenêtres en pierres de taille.

Avec une toiture en ardoise, chaque logement revient à la somme de 2,106ᶠ 41 qui se décompose ainsi qu'il suit :

Fouille pour fondations . . . . 20ᶠ » »
Maçonneries . . . . . . 50m³ à 15 francs. . . . . 750 » »

       A reporter . . . . 770 » »

Report..............	770ᶠ » »
Seuils et marches.. 11 à 5 »	55 » »
Cheminée, y compris massif et pose	30 » »
13 solives......... 1ᵐ 090 à 82 francs	89 38
Charpente........ 0m³ 890 à 82 »	72 98
Planchers...................................	70 50
Couverture .... 41m² 29 à 4ᶠ » »	165 16
Enduits au mortier. 114 » » à 0 35	39 90
Enduits au plâtre .. 114 » » à 0 50	57 » »
Galandage d'escalier.............................	30 » »
Plafond...............................	55 » »
Carrelage	75 » »
Menuiserie, peinture et serrurerie	250 » »
Cave { Maçonneries....................... 96 / Charpente......................... 14 / Couverture........................ 25 / Porte............................. 20 }	155 » »
	1,914 92
Plus 1/10 pour imprévu...	191 49
Soit en total...	2,106 41

Les maisons du type n° 3 fournissent des logements commodes, bien aérés ; mais on peut leur adresser le reproche d'être un peu froids et humides, soit à cause de la faible épaisseur des murs construits en briques laissées à nu, soit à cause de la faible élévation du carrelage du rez-de-chaussée au-dessus du niveau du sol.

N° 4. Maisons en briques avec couverture en ardoises. — Le type des maisons en briques avec couverture en ardoises est celui des constructions du boulevard Napoléon. Il se distingue du précédent par la suppression du cellier que remplace une cave voûtée dans laquelle on pénètre directement de la chambre du rez-de-chaussée, au moyen d'un escalier fermé par un trappon au niveau du carrelage. (V. planche 40.)

Ce genre de logement est à l'abri du reproche adressé au précédent, de n'être pas assez sain à cause du contact presque immédiat du carrelage de l'habitation avec le sol extérieur. Il revient au prix de 2,043ᶠ 93 se subdivisant ainsi qu'il suit :

Terrassements, maçonneries et pierres de taille........	1,022ᶠ 10
Solivage.................................	89 35
Charpente	59 96
Plancher.................................	78 75
Faux plancher............................	11 » »
Couverture	182 21
Enduits, galandage, plafonds et carrelage	183 23
Menuiserie, serrurerie, peinture et vitrerie..........	320 » »
Total.......	1,946 60
Imprévu.................................	97 33
Ensemble....	2,043 93

Dans le calcul ci-dessus, les terrassements sont portés à 1 franc le mètre cube. Les maçonneries sont au prix de 13 fr. Les enduits reviennent à 0ᶠ 35 et 0ᶠ 50 le mètre carré, les galandages à 2ᶠ 50, et le carrelage à 2ᶠ 50.

Quant aux briques qui entrent dans la construction, elles sont obtenues au prix de 15 fr. le mille ; ce prix renfermant les frais de fabrication et les frais généraux de toute sorte.

Revient et fabrication des briques.

La fabrication qui a lieu sur l'emplacement même de la construction, à la volée, comprend l'extraction et la trituration des terres, la préparation des places, le moulage ou fabrication proprement dite, le séchage, l'enfournement, la cuisson, le défournement, du moins en ce qu'il est nécessaire pour évaluer d'une façon certaine la quantité de briques propres à être employées. A la fabrication se rattachent aussi tous outils, pelles, pioches, etc., utiles au travail ; la paille, les perches et les paillassons nécessaires pour abriter les briques en cas de pluie, et tout le combustible bois et charbon employé à la cuisson.

Les frais généraux comprennent les moules, les tables, les baquets, les petites baraques destinées aux ouvriers, et les dépenses de diverses sortes à exécuter pour l'approvisionnement des eaux, telles que creusement de puits, installation de pompes, de treuils ou autres engins.

Les dépenses de fabrication sont de 12^f 50 le mille : les frais généraux s'élèvent à 2 fr. 50.

Dans la fabrication on peut estimer en moyenne que quatre hommes et deux enfants attachés au service d'une table produiront par jour six mille briques, y compris le malaxage de la terre et l'empilage des briques.

Ce personnel est dans ce cas composé et payé ainsi qu'il suit :

1 mouleur, à	6^f	6
1 chargeur de table, à	4	4
1 rouleur de terre, à	5	5
1 malaxeur, à	5	5
2 enfants servants à	2	4
TOTAL...		24 fr.

Ces frais de fabrication répartis sur six mille briques grèvent ainsi le mille de 4 fr. A cette somme il faut ajouter 1 fr. par mille pour l'extraction des terres.

L'enfournement et la cuisson se font à 1^f 50 le mille.

Quant au combustible employé, il est en moyenne de 2 1/4 hectolitres de charbon de qualité ordinaire qui, au prix de 2 fr. l'hectolitre, chargent la fabrication de 4^f 50 par mille.

Le chiffre total de 14^f 50 se décompose d'après cela comme ci-dessous :

Extraction des terres............	1^f	» »
Fabrication	4	» »
Enfournement et cuisson	1	50
Combustible	4	50
Usure d'outils et divers..........	1	50
Frais généraux	2	50
TOTAL...	15^f	» »

En faisant usage de schlams ou déchets de lavage de houille pour la cuisson, on peut parvenir à réduire de 2 1/4 à 1 1/4 hectolitre la consommation en combustible, à la condition de remplacer par 3 hectolitres de schlams l'hectolitre de charbon supprimé. Il ne serait d'ailleurs guère facile de faire la cuisson tout entière avec des schlams, le charbon étant, en quelque sorte, à peu près nécessaire pour la mise en feu des pieds de fours.

La fabrication de briques à la volée comparée à la fabrication mécanique d'un appareil à vapeur faisant, comme celui de MM. Boulet et Buissart, de Vis-en-Artois (Pas-de-Calais), qui a figuré, en 1861, à l'exposition universelle de Metz, 18,000 à 25,000 briques par dix heures de travail effectif, avec le secours de cinq hommes et un enfant, ne reste pas, sous tous les rapports, à l'avantage de ce dernier mode de travail. Le revient de la main-d'œuvre, les frais de machine laissés de côté, est de 6^f 50 par mille dans le second cas, tandis qu'il est de 4 fr. par mille dans le premier cas; mais les briques provenant de la machine sont mieux confectionnées; elles offrent des arêtes plus vives, présentent une résistance plus grande, sont moulées sous une pression beaucoup plus forte et résistent beaucoup mieux à l'action des agents atmosphériques. D'un autre côté, l'installation d'une briqueterie mécanique occasionne une mise de fonds d'un chiffre élevé, et avant de l'installer on devait voir si, pour la quantité de briques à produire, les frais de l'installation ne grèveraient pas la production d'un chiffre trop fort. C'est ce qui a motivé, à Épinac, le choix de la fabrication à la volée, pour la quantité de 7 à 8 millions de briques nécessaires aux constructions de diverses sortes exécutées dans ces trois dernières années.

Prix de revient d'un mètre cube de maçonnerie en briques employées à la construction des maisons du type n° 4.

Le prix de revient d'un mètre cube de maçonnerie de briques aux maisons du type n° 4 est de 13 fr., savoir :

450 briques, à 17 fr. le $^u/_{oo}$	7^f 65
Transport des briques	0 45
A reporter	8 20

$$\text{Report} \ldots\ldots\ldots\ldots\ 8^f\ 20$$

$$\text{Mortier} \begin{cases} 0^{m^3}\ 700\ \text{cendres, à}\ \ 0^f\ 60 = 0^f\ 42 \\ 0^{m^3}\ 350\ \text{chaux à}\ ..\ 10\ \text{»»} = 3\ 50 \\ \phantom{0^{m^3}\ 350\ \text{chaux}} \text{Total}\ldots\ 3\ 92 \end{cases}\ 1/3 = 1\ 30$$

$$\text{Main-d'œuvre}\ldots\ldots\ldots\ldots\ldots\ldots\ldots\ldots\ldots\ 3\ \text{»»}$$
$$\text{Frais généraux}\ldots\ldots\ldots\ldots\ldots\ldots\ldots\ldots\ 0\ 60$$
$$\text{Total}\ldots\ 13\ \text{»»}$$

N° 5. Maisons en moellons avec ouvertures en briques et couvertures en ardoises. — Dispositions générales.

Les maisons du type n° 5 sont celles des rues Lestiboudois et Mallet. Elles sont au nombre de 84 dans la nouvelle cité, et chaque logement comprend : (V. planche 40.)

1° Une cave voûtée ;

2° Une chambre au rez-de-chaussée, carrelée et munie d'une cheminée.

3° A l'étage, une chambre sans cheminée, garnie d'un parquet en bois et d'un plafond en plâtre fixé simplement à un faux plancher.

Deux escaliers en bois placés à l'intérieur réunissent la cave au rez-de-chaussée, et le rez-de-chaussée à l'étage.

Deux portes de communication donnent accès au logement, l'une sur la façade principale, l'autre du côté de la cour. Enfin, l'habitation est éclairée et aérée par trois fenêtres placées sur la façade principale donnant sur la rue, l'une au rez-de-chaussée, les deux autres à l'étage.

Qualité et emploi des matériaux employés à la construction.

Les maçonneries sont faites partie en briques, partie en moellons, avec pierres de taille pour les marches et les seuils des portes.

Maçonneries. Sont faites en moellons :

1° Toutes les maçonneries de fondations, à l'exception des voûtes des caves ;

2° Toutes les maçonneries extérieures d'élévation, excepté les encoignures, les parois extérieures des socles, les pilastres et ouvertures construits en briques à bandeaux saillants de $0^m\ 03$. Ces bandeaux ont $0^m\ 25$ de largeur aux portes et fenêtres, et

0^m 50 aux pilastres et encoignures. La hauteur des socles construits en briques varie selon le nivellement et le profil du sol.

Sont faites en briques :
1° Les voûtes des caves;
2° Les murs de séparation de logements.

Toutes les maçonneries sont crépies sur la paroi extérieure, à l'exception des bandeaux laissés saillants. Le crépissage est fait avec un mortier composé de chaux blanche et de sable de rivière.

Les maçonneries intérieures sont revêtues d'un enduit de mortier fin qui est, soit recouvert d'une couche de plâtre, soit blanchi à la chaux.

Les cheminées sont en pierres de taille provenant des carrières de Puligny (Côte-d'Or). Les tablettes de ces cheminées ont 0^m 245 de longueur, et 0^m 24 de largeur. Les jambages qui les supportent ont 0^m 15 d'épaisseur, 0^m 22 de largeur et 0^m 87 de hauteur. L'épaisseur de la tablette de la cheminée est de 0^m 13, et sa hauteur, au-dessus du niveau du carrelage, est de 1 mètre.

Charpente. Les solives sont en bois de sapin ou en peuplier noir. Elles ont 5^m 30 de longueur, 0^m 18 de hauteur et 1^m 09 de largeur : elles présentent entre elles un vide de 0^m 37 et sont par conséquent au nombre de 12 par logement. Elles sont droites, à vives arêtes, et blanchies au rabot sur toutes faces.

Menuiserie. Les portes d'extérieur, munies d'un châssis en chêne de 5 centimètres d'épaisseur et de 9 à 10 centimètres de largeur, sont faites en bois blanc, en planches de 3 centimètres, assemblées à languettes avec liteaux en chêne.

Les fenêtres sont entièrement en chêne. Elles sont à châssis de 0^m 05 d'épaisseur; les battants ont 3 centimètres.

Les portes intérieures sont en bois blanc, sapin ou peuplier. Les planches sont assemblées à languettes sur deux traverses chêne de 12 centimètres de largeur et de 3 centimètres d'épaisseur.

Les trappons de cave comprennent un cadre en chêne dont les pièces ont un équarrissage de 0^m 12 sur 0^m 08, et une porte de planches bois blanc, assemblées à languettes sur deux petites traverses en chêne.

Les poteaux de galandage sont en sapin ; ils ont 0^m 12 de large et 0^m 05 d'épaisseur.

Les escaliers de cave, construits sous forme d'échelles de meunier, sont tout en chêne. Les limons ont une largeur de 0^m 18 et une épaisseur de 0^m 05. Les marches, avec une largeur commandée par celle des limons, ont une épaisseur de 0^m 03.

Les limons de l'escalier de l'étage sont en bois de sapin. Ils présentent une largeur de 0^m 20 sur une épaisseur de 0^m 05.

Les marches sont en bois de chêne et munies d'une fonçure en planches bois blanc.

Le plancher de la chambre de l'étage est blanchi sur les deux faces. Il est à lames de 4 mètres de longueur, de 14 à 16 centimètres de large, assemblées à languettes ayant une saillie d'un centimètre. Comme les solives, il est en bois de sapin ou de peuplier noir.

Le faux plancher contre lequel est fixé le plafond est composé de planches en bois blanc, sapin ou peuplier noir, de 11 centimètres de large et de 3 centimètres d'épaisseur. Ces planches aboutissent par une extrémité aux murs sur lesquels elles reposent, et par l'autre extrémité à une solive ordinaire de 5^m 30 de longueur, de 0^m 08 d'épaisseur et de 0^m 14 de hauteur, disposée au milieu et au-dessus du plafond.

Toutes les pièces de la toiture, sablières, pannes, faîtages et chevrons sont en bois blanc. Elles ont pour dimension, les sablières 0^m 20 sur 0^m 05, les pannes et les faîtages 0^m 14 sur 0^m 08, et les chevrons 0^m 07 sur 0^m 05.

La couverture est en ardoises d'Angers posées sur voliges jointives. Les ardoises ont un recouvrement de 0^m 18 : elles ont les dimensions de 0^m 30 sur 0^m 22. Il en entre 40 par mètre carré de couverture, pesant chacune 0^k 500, de sorte que le poids d'un mètre carré de couverture est de 20 kilogrammes.

Le faîtage est recouvert d'une feuille de zinc n° 14, qui a une largeur de 0^m 40, de manière à garnir chaque pan de 0^m 20.

Serrurerie. Les portes extérieures sont garnies de deux bandes à boulons et prenant dans des gonds à brides attachés aux châssis au moyen de vis. Elles sont munies d'une serrure et d'un loquet.

Les fenêtres ont deux fiches à chaque battant : elles ferment au moyen de crémones à bouton.

Les portes d'intérieur ont trois charnières et un loquet, et les trappons de caves sont ferrés à bandes et à gonds. Les trappons sont munis d'une poignée mobile pour les soulever, et un tourniquet fixé dans le mur permet de les maintenir ouverts.

Peinture et vitrerie. Toutes les ouvertures, les balustrades et les rampes d'escaliers sont revêtues, à l'intérieur comme à l'extérieur, de trois couches de peinture de couleur grise.

Les fenêtres sont vitrées en verre demi-double blanc et de bon second choix.

Dans ces conditions, une maison revient à la somme 1,969 fr. 59^c, savoir :

Terrassements, maçonneries et pierres de taille......	951^f 30
Solivage	89 35
Charpente	59 96
Plancher.....................................	78 75
Faux plancher	11 » »
Couverture	182 21
Enduits, galandages, plafonds et carrelage.........	183 23
Menuiserie, serrurerie, peinture et vitrerie.........	320 » »
Total........	1,875 80
Imprévu....	93 79
Ensemble.....	1,969 59

Les éléments des prix ci-dessus sont établis sur les mêmes bases qu'au type n° 4. Pour le mètre cube de maçonnerie en moellons, il est coté à 10 francs, savoir :

Prix des matériaux. — Revient d'un mètre cube de maçonnerie en moellons.

Achat d'un mètre cube de moellons.	1^f 75
Transport.........id.............	2 55
Mortier....... 0m³ 400..........	1 60
Main-d'œuvre	3 50
Frais généraux..................	0 60
Total........	10^f » »

N° 6. Maisons en moellons avec ouvertures en briques et couverture en tuiles de Montchanin.

Ce type ne diffère du précédent, le type n° 5, absolument que par la couverture. Pour en faire l'examen, nous sommes ainsi conduits à comparer la couverture en ardoises à la couverture en tuiles. (V. planche 40.)

Comparaison entre les ardoises et les tuiles. — Généralités.

En dehors des couvertures métalliques dont l'usage est fort restreint, les couvertures principalement employées dans les bâtiments sont de deux sortes, les couvertures en tuiles et les couvertures en ardoises. Le chaume est interdit par les règlements de police et la civilisation moderne : le carton bitumé est de peu de durée et d'un entretien coûteux, et le prix toujours croissant des bois a fait proscrire naturellement les tuiles en bois et les pierres plates connues sous le nom de laves. C'est aussi le prix élevé des bois qui a été l'une des causes pour lesquelles on a cessé, dans un grand nombre de contrées, d'employer les tuiles ordinaires plates ou creuses. L'industrie des ardoisières, favorisée par les voies de transport, est venue souvent les supplanter à grande distance de son lieu d'extraction.

En effet, les ardoises, par leur légèreté et leur nature, n'ont pas eu de peine à l'emporter sur les tuiles, en permettant l'emploi de charpentes moins fortes, moins inclinées et par conséquent moins étendues. Il a fallu, pour élever une concurrence contre l'industrie ardoisière, apporter de grands perfectionnements à l'industrie céramique. Ces perfectionnements ont consisté à abaisser le revient de la fabrication, à donner des produits de bonne qualité, d'un poids aussi faible que possible, fabriqués de telle sorte qu'ils n'exigent pas une grande inclinaison comme la tuile plate ordinaire. C'est ainsi qu'ont été fabriquées les grandes tuiles dites tuiles romaines, dont l'un des types est représenté par le modèle de Montchanin. Comparons ce modèle à l'ardoise d'Angers.

Résultats premiers de l'adoption d'un mode de couverture.

Selon que l'on adopte tel ou tel système de couverture, il y a à déterminer :

1° L'inclinaison des chevrons avec laquelle varient la surface de couverture nécessaire par mètre carré du bâtiment à couvrir, et par suite les aiguilles des pignons du bâtiment.

2° La force et la forme de la charpente nécessaire pour supporter la couverture, selon le poids qu'elle présente.

Dans le premier cas, et toutes choses égales d'ailleurs, la préférence doit être accordée au mode de couverture qui peut supporter la plus petite inclinaison. Dans le second cas, ce sont les matériaux les plus légers qu'il convient de choisir, pour économiser les bois de charpente. Les plus avantageux seraient donc ceux qui satisferaient à ces deux conditions, leur prix de revient étant du reste le plus bas, et leur entretien étant le moins coûteux.

L'inclinaison reconnue comme bonne à Épinac avec l'ardoise est de 33 degrés. C'est celle qui a été adoptée pour les maisons de la cité. Avec la tuile de Montchanin, il convient d'avoir une pente d'au moins 0^m 40 par mètre. On peut donc, comme pour l'ardoise, adopter la pente de 33 degrés, soit 0^m 54 par mètre. Cela étant, l'ardoise d'Angers et la tuile de Montchanin se présentent dans des conditions égales, c'est-à-dire que les maçonneries des maisons sont les mêmes aux pignons, et que les surfaces de toitures sont égales. *Inclinaison des couvertures.*

La force de la charpente est subordonnée au poids de la couverture. *Force de la charpente.*

La couverture en ardoises pèse 20 kilog. le mètre carré : celle en tuiles de Montchanin pèse 39 à 42 kilog. Il y a ainsi au désavantage de la tuile de Montchanin un excès de poids de 19 à 22 kilog. Il faut en conséquence un excès de force à la charpente. Mais ce dernier est obtenu sans en augmenter le coût, de la façon suivante :

La charpente pour l'ardoise comprend, par maison, 32 chevrons qui ont un écartement de 0^m 29. Avec la tuile de Montchanin, le nombre de chevrons est réduit de moitié, mais pour soutenir le faîtage et les pannes, il est nécessaire de placer une ferme entre les deux pignons. Ainsi, d'un côté, on a 16 chevrons de moins ; de l'autre côté, une ferme de plus.

Les chevrons qui ont 3^m 90 de longueur et un équarrissage de 0^m 07 sur 0^m 05 donnent chacun un cube de 0m^3 013.650, soit pour 16 chevrons 0m³ 218. La ferme ne cube que 0m³ 125,800, et en l'estimant au prix de 100 francs le mètre cube, tandis que les chevrons ne sont évalués que 82 francs, on voit qu'elle ne coûtera que 12ᶠ 58, tandis que les chevrons dont elle tient la place reviennent à 17 francs. La tuile de Montchanin occasionne, dans le cas de logements qui nous occupent, une économie de 4ᶠ 42 par logement.

De ces chiffres il résulte, avec ce qui précède, que l'avantage des deux systèmes de couverture l'un sur l'autre, sera là où se trouveront d'une part le meilleur marché d'achat et d'établissement, d'autre part, l'entretien le plus économique.

Coût d'un mètre carré en ardoises et en tuiles.

L'ardoise coûte 4 francs le mètre carré, savoir :

5 mètres voliges à 0ᶠ 20	1ᶠ » »
Pointes et clous...................	0 10
40 ardoises à 60 francs le mille	2 40
Façon du couvreur................	0 50
TOTAL........	4ᶠ 00

La tuile revient à 3 francs, savoir :

3 mètres lattes sapin à 0ᶠ 03	0ᶠ 09
Pointes à latter....................	0 02
13 tuiles à 150 francs le mille	1 95
Frais de transport.................	0 69
Façon du couvreur................	0 25
TOTAL........	3ᶠ 00

La différence entre l'ardoise et la tuile est donc de 1 franc à l'avantage de la tuile.

Il reste à voir, pour terminer la comparaison, si l'entretien de la tuile ne sera pas plus coûteux que celui de l'ardoise. Cette question est assez complexe, car elle dépend de la qualité des produits.

Question d'entretien. — Inconvénients de la tuile et de l'ardoise.

On reproche aux tuiles d'être souvent mal cuites, d'absorber l'humidité, de se couvrir de mousse, de se casser en grand nombre par l'effet du gel et du dégel. Les ardoises, au contraire, n'absorbent pas l'eau, ne sont pas sensibles aux alternatives de l'humidité et de la gelée, et elles ne se chargent pas de mousse sous l'influence de l'air. Mais elles ont un inconvénient. Elles ferment très hermétiquement les greniers, empêchent la circulation de l'air, et rendent les appartements d'une chaleur difficile à supporter et nuisible à la santé.

Le reproche adressé aux tuiles tombera si elles sont bien fabriquées, en terre de bonne qualité, et elles auront sur les ardoises tous les avantages du bon marché. Elles y joindront en outre celui de permettre mieux la circulation de l'air au-dessus des plafonds des appartements, et de satisfaire ainsi à l'une des lois de l'hygiène utile surtout dans les habitations d'ouvriers.

Couverte en tuiles de Montchanin, la maison, qui coûte avec une couverture en ardoises la somme de 1,969^f 59, revient à 1,912^f 78. Ce chiffre a les éléments suivants : {Prix d'une maison du type n° 6.}

Terrassements, maçonneries et pierres de taille	951^f 30
Solivage	89 35
Charpente	55 54
Plancher	78 75
Faux plancher	11 » »
Couverture, y compris dix faîtières grand modèle, à 0^f 50 l'une	132 53
Enduits, galandages, plafonds et carrelage	183 23
Menuiserie, serrurerie, peinture et vitrerie	320 » »
TOTAL	1,821 70
Imprévu	91 08
ENSEMBLE	1,912 78

La maison couverte en tuiles de Montchanin présente, avec celle qui est couverte en ardoises d'Angers, une différence de 56^f 81 à l'avantage des tuiles. Cette différence, de peu d'importance quand il s'agit d'une simple maison, se traduit par un chiffre élevé, si l'on a à construire plusieurs centaines de logements. Toute autre considération à part, il convenait donc, comme cela a eu lieu à propos de la cité ouvrière d'Épinac, de ne pas négliger l'emploi des tuiles de Montchanin.

Reproches adressés aux logements des types n⁰ˢ 4, 5 et 6. — Moyens de parer à ces reproches.
On reproche aux logements des types n⁰ˢ 4, 5 et 6 de manquer, soit d'un grenier, soit d'un cabinet spécial pour recevoir les vieux linges et les habits sales que l'on ne saurait déposer dans la cave qui est trop humide, et qu'il est malsain de laisser dans les chambres habitées du rez-de-chaussée et de l'étage. On remédierait à cet inconvénient, soit en établissant un grenier, soit en divisant la chambre de l'étage de manière à lui donner un petit cabinet qui aurait une longueur de 3 mètres par une largeur de 1 mètre, accessible par une porte située sur le palier de l'escalier, et éclairé par une fenêtre donnant sur la façade des cours et des jardins. Ces modifications augmenteraient les frais d'établissement du logement de 127 francs dans le premier cas, et de 74 francs dans le second cas.

On fait aussi aux mêmes logements le reproche d'avoir, à la chambre du rez-de-chaussée, une communication peu commode et dangereuse avec la cave. Pour remédier à cet inconvénient et éviter le maniement d'un trappon trop lourd à soulever, et dont l'ouverture constitue un danger pour les enfants, on pourrait renfermer l'escalier par un galandage dans lequel serait ménagée une porte ordinaire donnant accès dans la cave. Il ne résulterait de cette modification aucune augmentation dans les frais de construction de la maison qui, avec ces nouvelles dispositions, se trouverait dans des conditions meilleures sous tous les rapports.

N⁰ 7. — Maisons d'employés.
Les maisons d'employés situées rue Hottinguer sont conformes à celles que l'on rencontre dans les centres industriels de l'Angleterre, et elles comprennent au rez-de-chaussée deux pièces principales auxquelles sont attenantes deux autres pièces couvertes en appentis et formant l'une la cuisine, l'autre la cave ou cellier. A

l'étage, ou mieux au grenier où l'on arrive par un escalier intérieur, existent trois pièces mal aérées et d'un usage peu commode. Aussi, il faut dire que si ces logements conviennent aux employés qui les habitent, cela tient plutôt à leur isolement complet et aux jardins assez vastes qui les entourent, qu'aux dispositions mêmes de l'habitation. (V. planche 41.)

Les matériaux employés à la construction sont des briques de 0^m 24 de longueur, 0^m 12 de largeur et de 0^m 07 d'épaisseur, fabriquées par des ouvriers anglais. Les murs n'ont que 0^m 25 d'épaisseur. La toiture est faite en tuiles plates ordinaires.

Les maisons de maîtres-mineurs, situées aussi rue Hottinguer, ont été, comme celles des employés, bâties en 1846 par des ouvriers anglais. Elles sont en briques, avec des murs de 0^m 37 d'épaisseur, et une couverture en tuiles plates ordinaires. Elles sont accolées deux à deux, et elles comprennent au rez-de-chaussée une chambre, un cabinet et une cage d'escalier, et à l'étage ou grenier deux pièces qui sont établies en mansarde et qui sont aérées et éclairées, l'une par une grande fenêtre donnant sur le pignon, l'autre par une tabatière intercalée dans la toiture elle-même. (V. planche 41.) N° 8. — Maisons de maîtres-mineurs.

A chaque logement est adjoint un cellier adossé à la maison et couvert en appentis. Au-dessus du cellier est disposé une sorte de petit grenier, comme cela se pratique habituellement. Enfin, un grand jardin est contigu à l'habitation.

Au milieu des jardins, à l'intérieur des carrés compris entre les divers groupes de maisons, ont été établis de petits pavillons pour lieux d'aisance. Ces pavillons construits à l'instar des maisons nouvelles de la cité, partie en moellons, partie en briques, sont de deux sortes. Les uns comprennent quatre cabinets, les autres en comprennent six. (V. planche 42.) Pavillons pour lieux d'aisance.

Le devis de ces pavillons est établi ainsi qu'il suit :

	Pavillons à 4 cabinets.	Pavillons à 6 cabinets.
Déblais	14ᶠ 30	19ᶠ 49
Maçonneries	263 91	356 77
Charpente	39 42	49 50
Couverture	72 » »	98 10
Portes	60 » »	90 » »
Seuils	20 » »	30 » »
Pierres de lunettes.	20 » »	30 » »
	489 63	673 86
Et avec 10 % d'imprévu ...	538 59	741 25

Le cabinet revient ainsi à 134ᶠ 65 dans les premiers pavillons, et à 123ᶠ 54 dans les seconds.

Les prix de construction sont les suivants : les déblais sont à 0ᶠ 80 le mètre cube de fouille ; les maçonneries, selon leur nature, sont à 9, 13 et 15 francs le mètre cube ; la charpente est portée au prix de 60 francs le mètre cube, et la couverture à 4ᶠ 50 le mètre carré ; les portes sont évaluées à 15 francs l'une ; les seuils et les pierres de lunettes sont estimés 5 francs la pièce.

CHAPITRE XXVII.

Établissements de la Cité. — Sa population. — Son avenir.

Écoles. — Infirmerie et Cantine. — Outre les écoles dont la description sommaire a été donnée dans le chapitre XXIV, la cité renferme une infirmerie, une cantine, des boulangeries et diverses boutiques de marchands.

L'infirmerie est située à l'extrémité sud du boulevard des Écoles, à son intersection avec la rue Micheneau. Elle est dotée de quinze lits, pourvue d'une pharmacie, et dirigée par deux docteurs en médecine. Des sœurs de l'ordre de l'Enfant-Jésus prodiguent aux malades et aux blessés leurs soins assidus et empressés.

L'établissement alimentaire ou cantine est situé aussi rue Micheneau. Il comprend seize chambres pour loger les ouvriers célibataires qui y trouvent propreté, bonne nourriture et bon marché. Cet établissement, dans lequel un ouvrier est logé et nourri pour la somme de 1^f 10 par jour, sert principalement aux nouveaux venus ; ils y logent en attendant qu'ils aient pris crédit dans le pays.

La cité a ses boulangers et ses marchands de diverses sortes. Ces derniers sont installés dans des magasins à façade vitrée, qui peuvent être mis en parallèle avec les boutiques de nos petites villes. Les uns sont épiciers, d'autres merciers ; ailleurs on est faïencier, enfin un peu plus loin on est restaurateur. *Boulangerie et boutiques de marchands.*

Il est intéressant de voir le développement rapide imprimé par l'industrie à une contrée déjà active, il est vrai, mais forcément limitée dans son essor par le manque de communications ; et il est permis de croire que lorsque le chemin de fer de Santenay à Étang sera raccordé avec la ligne d'Épinac à Velars, la houillère ne tardera pas d'être fondue avec le chef-lieu d'Épinac, du centre duquel elle est séparée par une distance de deux kilomètres. La gare de la ligne de Santenay, placée entre la Mine et Épinac, formera le trait d'union naturel des deux localités.

La surface totale de la cité, qui est de 15^h 82^a 71^c, se divise en ce moment ainsi qu'il suit :

Places, rues et passages	6^h	45^a	42^c
Jardins	7	48	65
Place de la Garenne	»	67	94
Maisons	1	20	70
Total	15^h	82^a	71^c

D'après ces chiffres, la surface moyenne occupée par chaque maison est de 37 mètres carrés, et celle de chaque jardin est de 2^a 30^c. Lorsque les nouvelles maisons seront construites, et que le nombre en sera ainsi porté de 325 à 525, en continuant à admettre pour chacune une surface moyenne de 37 mètres carrés, la contenance moyenne de chaque jardin sera de 1ª 30ᶜ.

En ce qui concerne les habitants, la population dans les maisons actuelles étant de 1,500 habitants, la surface correspondant à chacun est de 105 mètres carrés. Après l'achèvement des constructions, la population étant estimée à 2,500 âmes, chaque habitant occupera une surface moyenne de 63 mètres carrés. Ce dernier chiffre est celui qui a été fourni pour 11 arrondissements par le calcul fait sur les surfaces dont se compose le territoire de Paris, relativement à la population qu'il contient et à celle qu'il pourrait contenir. En effet, les neuf arrondissements les plus peuplés de la ville de Paris (1ᵉʳ, 2ᵉ, 3ᵉ, 4ᵉ, 5ᵉ, 6ᵉ, 9ᵉ, 10ᵉ et 11ᵉ) comprennent une population de 938,170 habitants répartis sur une surface de 1,880 hectares, donnant à chaque habitant une surface de 20 mètres carrés.

Les onze autres arrondissements, dont la population est de 887,104 habitants, offrent une superficie de 5,922 hectares, soit 64 mètres carrés pour chaque individu.

Population actuelle et population future de la Cité.— Sa comparaison avec les habitations ouvrières de l'Angleterre.
Telle qu'elle est aujourd'hui, la cité comprend, avons-nous dit, une population de 1,500 habitants répartis sur une surface de 15ʰ 82ª 71ᶜ. Lorsque les constructions de la cité seront complètes, et alors qu'elle sera en possession d'une église, d'un lavoir, d'un établissement de bains et d'un abattoir, indispensables pour compléter les mesures déjà prises et assurer le bien-être moral et matériel de la population ouvrière dont le chiffre augmente chaque jour, la cité doit contenir une population de 2,500 habitants. La surface sur laquelle cette population sera répartie sera largement suffisante, d'après la comparaison qui a été faite plus haut, et d'ailleurs les percements nombreux qui divisent la ville lui assureront toujours des conditions convenables de salubrité. Sans insister sur les bienfaits multipliés que l'ouvrier et sa famille retireront d'une habitation saine et commode, on peut dire que la société elle-même est intéressée à leur en procurer la jouissance. Elle doit employer tout son pouvoir à favoriser l'aisance des

ouvriers pour en faire des partisans dévoués des principes de prévoyance, d'économie et d'ordre qui importent tant, en général, au maintien de la sécurité publique. Elle doit faire aussi tous ses efforts pour assurer le recrutement des ouvriers dont le nombre, avec le développement que prennent de tous côtés les exploitations de mines, devient de plus en plus restreint.

Sous le rapport du bien-être matériel, la cité ouvrière sera dans des conditions avantageuses. Elle ne renfermera dans chacune de ses maisons composées de deux chambres, qu'un nombre moyen de 5 habitants, soit par chambre 2.50 habitants. Ce chiffre est de beaucoup inférieur à ceux des districts industriels de la Grande-Bretagne, où les personnes sont réparties dans les maisons suivant une proportion de 6 à 15 individus par chambre, ainsi que l'indique le tableau ci-après :

LOGEMENTS

D'UNE SEULE CHAMBRE A ÉDIMBOURG EN 1861.

NOMBRE De chambres.	NOMBRE D'individus par chambre.	NOMBRE TOTAL D'individus.
825	6	4950
437	7	3059
173	8	1384
55	9	495
26	10	260
8	11	88
3	12	36
3	13, 14, 15	42
1530	674 en moyenne.	10,314

De pareils chiffres n'ont pas besoin de commentaires. Ils parlent assez d'eux-mêmes pour expliquer la dégradation physique et morale du bas peuple du Royaume-Uni, où les ouvriers logés souvent dans des maisons élevées de huit ou neuf étages, séparées les unes des autres par d'étroites ruelles qui n'y laissent arriver ni le jour ni l'air, sont exposés à toutes les maladies qu'engendre une atmosphère viciée, et au contact des causes les plus actives de démoralisation.

Nécessité d'assurer le recrutement des ouvriers mineurs. Les exploitations des mines, en grossissant et en augmentant chaque année, ont besoin d'un nombre de bras de plus en plus grand. En vain on a cherché, pour augmenter ce nombre, de faire travailler les femmes dans les mines. Des essais faits dans ce sens dans le district de Commentry d'abord, et plus tard à Épinac, sont restés infructueux. La femme n'est point née pour un travail pénible, elle ne convient qu'aux travaux domestiques; son rôle est d'assurer le bien-être matériel et moral de la maison, et de diminuer par la douceur de son caractère les labeurs de l'homme. Et d'ailleurs, outre que le travail des mines est de tous celui qui lui convient le moins, il doit lui être interdit par ce seul fait qu'il est un danger permanent pour la morale.

Il importe donc d'aviser aux moyens nécessaires pour assurer aux mines une population d'un chiffre assez fort afin de satisfaire à leurs besoins. A ce propos nous répétons ce que nous écrivions en juin 1866, en réponse sur ce sujet aux questions posées par l'ingénieur-secrétaire du Comité des Houillères françaises. Dans le but d'augmenter le nombre des mineurs, on doit tout d'abord s'attacher à perfectionner les méthodes de travail de façon à n'avoir autant que possible dans les mines que des chantiers simples, d'un accès facile, et toujours bien aérés. La Compagnie houillère d'Épinac s'est attachée, dans ces dernières années, à placer ses travaux dans ces conditions, et pour encourager les ouvriers, le conseil d'administration leur a accordé, par décision en date du 14 septembre 1866, deux prix annuels de chacun 500 francs, et quatre prix annuels de chacun 250 francs, destinés à récompenser ceux qui se distinguent le mieux par la bonne culture de leurs jardins et la bonne tenue de leurs ménages. Ces prix dont les lauréats sont désignés par le suffrage des ouvriers eux-mêmes au scrutin secret, sont répartis par sections et par quartiers entre les habitants de la cité qui est, à cet effet, partagée en quatre quartiers formant deux sections. Ils sont distribués solennellement le 15 août.

Mais en dehors de ces mesures privées, il conviendrait que l'on cherchât, d'une manière générale, à rehausser la profession de mineur, et à donner à ce métier autant d'éclat que possible. Le temps est passé où les esclaves seuls étaient avec les criminels occupés aux travaux des mines. Les mineurs d'aujourd'hui sont, dans le pays de l'égalité et du suffrage universel, des citoyens jouissant de tous leurs droits. Mais cela ne suffit pas. Le gouvernement qui s'intéresse avec raison aux hommes du sol, aux agriculteurs, qui a organisé pour eux des comices dans lesquels sont distribués des prix aux plus dignes, devrait aussi créer les comices des hommes du sous-sol, pour décerner des récompenses nationales et des distinctions honorifiques à ceux des ouvriers mineurs qui se distinguent par leur intelligence, leur bonne conduite, leur assiduité et leur habileté au travail. L'illustre auteur de la vie de Jules-César dit qu'au siège d'Avaricum les Bituriges, habitués au travail des mines de fer et à la construction des galeries souterraines, se faisaient remarquer entre les autres Gaulois par leur habileté et leur audace. Les mineurs d'aujourd'hui ont le même esprit, les mêmes tendances, et ils sont attachés au Souverain dont ils connaissent les principes libéraux et populaires. Que le gouvernement favorise donc le développement de cette classe si intéressante et si utile d'ouvriers, dans laquelle la France trouverait des soldats excellents pour défendre le sol de la patrie menacé, et des citoyens dévoués pour soutenir l'Empereur Napoléon et sa dynastie.

SIXIÈME PARTIE.

STATISTIQUE des FORCES de la HOUILLÈRE.

CHAPITRE XXVIII.

Division des forces de la houillère en trois parties. — Évaluation de ces forces.

Les forces dont dispose la houillère d'Épinac sont de trois sortes : les ouvriers, les moteurs animés chevaux ou mulets, et les machines à vapeur.

Ouvriers.

Les ouvriers, en réunissant à l'exploitation souterraine proprement dite les ateliers, le lavoir, les fours à coke, la fabrique d'agglomérés, les fours à chaux, le chemin de fer et le dépôt de Pont-d'Ouche, sont au nombre de 1,208. Ce chiffre se répartit ainsi qu'il suit dans les tableaux ci-après où ils sont classés par destination et par catégories :

(A) PUITS EN EXPLOITATION ET EN FONÇAGE.

NOMS des puits.	Mineurs.	Boiseurs.	Manœuvres.	Machinistes.	Chauffeurs.	Receveurs.	Cribleurs.	Trieurs.	Wagonistes.	Commissionnaires.	Lampistes.	TOTAL.
Font.-Bonnard.	24	16	30	2	2	3	»	»	»	1	»	78
Curier.........	»	7	3	2	2	2	»	»	»	»	»	16
Sainte-Barbe..	6	»	»	2	2	2	»	»	»	»	»	12
Hagerman.....	44	37	63	2	2	4	8	5	1	1	»	167
Micheneau....	57	32	69	2	2	6	7	4	1	1	»	181
Garenne	130	76	122	3	4	8	18	12	2	1	4	380
Hottinguer....	12	»	»	2	2	2	»	»	»	1	»	19
Lestiboudois..	12	»	»	2	2	2	»	»	»	»	»	18
Franç. Mathieu	6	»	»	2	2	2	»	»	»	1	»	13
Mallet........	10	»	»	2	2	3	»	»	»	»	»	17
Totaux....	301	168	287	21	22	34	33	21	4	6	4	901

(B) CHEMIN DE FER.

Machinistes.	Chauffeurs.	Conducteurs	Gardes barrières.	Cantonniers.	Équipes diverses.	Manœuvres aux plans inclinés.	TOTAL.
5	5	5	21	10	18	9	73

(C) LAVOIR. — FOURS A COKE. — ATELIERS. —

DÉPOT DE PONT-D'OUCHE ET DIVERS.

DESTINATIONS des Ouvriers.	Machinistes.	Chauffeurs.	Laveurs.	Cokeurs.	Manœuvres.	Ajusteurs.	Chaudronniers.	Forgerons.	Charrons et charpentiers.	Menuisiers.	Wagonistes.	Embarqueurs et trieurs.	Mesureurs.	Charretiers.	Peintres.	Maçons.	TOTAL.
Lavoirs	1	»	12	»	»	»	»	»	»	»	1	»	»	»	»	»	14
Fours à coke	1	»	»	8	»	»	»	»	»	»	»	»	»	»	»	»	9
Agglomérés	1	3	»	»	13	»	»	»	»	»	»	»	»	»	»	»	17
Dépôt de P.-d'Ouche	»	»	»	»	2	»	»	»	»	»	7	52	»	»	»	»	61
Ateliers sur métaux	1	»	»	»	»	25	3	22	»	»	»	»	»	»	»	»	51
Ateliers sur bois	»	»	»	»	»	»	»	»	31	2	»	»	»	»	»	»	33
Fours à chaux	»	»	»	»	4	»	»	»	»	»	»	»	»	»	»	»	4
Divers	»	»	»	»	25	»	»	»	»	»	»	»	4	5	1	10	45
Totaux	4	3	12	8	44	25	3	22	31	2	8	52	4	5	1	10	234

Par les trois tableaux qui précèdent, on voit que le nombre total d'ouvriers occupés à la mine pour une production journalière de 7,300 hectolitres, est de 1,208 qui se résume ainsi :

Tableau A — 901
Id. B — 73
Id. C — 234

TOTAL..... 1,208

Chevaux et Mulets. Les chevaux et mulets sont au nombre de 45 : ils sont partagés entre le roulage intérieur des puits, et le service extérieur de la mine, conformément au tableau ci-après :

D. MACHINES DES PUITS ET ATELIERS.

Numéros	NOMS des Machines.	NATURE des Machines.	DIMENSIONS des cylindres.			Nombre de tours par minute.	Volume de vapeur dépensée par heure.	Pression utile de la vapeur.	POIDS du mètre cube de vapeur.	Force en chevaux-vapeur.	Poids d'eau dépensée par heure.	CHAUDIÈRES.				Timbre des chaudières.	Consommation de charbon par cheval et par heure.
			Diamètre.	Longueur.	Volume.							FORME.	Diamètre.	Longueur.	Nombre.		
1	Souacbères.....	un cylindre, à engrenages	0.40	1.»»	0.126	40	302.80	3	2x0962	25	634x73	cylindrique, à fond plat	1.30	11»	2	6 at.	6 x.»»»
2	Fontaine-Bonnard.	id.	0.40	1.»»	0.126	40	302.80	3	2.2962	25	634.73	id.	1.»»	11 »»	3	5	8 »»»
3	Curier...........	deux cylindres horizontaux conjugués	0.50	1.50	0.294	30	1058.40	3 1/2	2.3345	90	2470.83	id.	1.30	11 »»	4	6	7 500
4	Sainte-Barbe.....	deux cylindres verticaux conjugués	0.80	2.»»	1.052	15	1893.60	2	1.6110	200	3050.59	id.	1.30	11 »»	8	6	7 500
5	Hagerman.......	deux cylindres horizontaux conjugués	0.50	1.20	0.295	25	885.»»	4	2.5682	90	2272.»»	id.	1.30	11 »»	4	6	7 750
6	Micheneau......	un cylindre, à engrenages	0.65	1.75	0.580	25	870.»»	4	2.5682	70	2235.»»	id.	1.30	10 50	6	7	»»»
7	Garonne.........	deux cylindres verticaux conjugués	0.80	2.»»	1.052	15	1893.60	2	1.6110	200	3050.59	cylindrique, fond plat	1.30	11 »»	7	6	7 500
8	Hottinguer......	un cylindre, à engrenages	0.50	1.20	0.235	35	493.50	2	2.0962	40	1034.50	id.	1.30	11 »»	2	6	7 750
9	Lestibondois.....	id.	0.55	1.»»	0.237	35	497.70	3	2.0962	40	1043.80	cylindrique, fond plat	1.30	11 »»	2	6	5 500
10	François Mathieu..	id.	0.50	1.20	0.235	35	493.50	4	2.5682	40	1034.50	id.	1.30	11 »»	2	6	5 »»»
11	Caullet..........	id.	0.30	1.20	0.085	40	»	»	»	12	»	id.	1.30	11 »»	2	6	» »»»
12	Mallet..........	locomobile à un cylindre, avec engrenages	0.22	0.28	0.011	100	66.»»	4	2.5682	10	169.62	tubulaire	»	»	1	8	2 500
13	Ateliers sur métaux	à un cylindre oscillant	0.20	0.50	0.016	100	96.»»	3 1/2	2.3345	8	244.»»	cylindrique, fond sphérique	1.20	5 »»	2	5	6 »»»
14	Ateliers sur bois...	locomobile à un cylindre, avec courroies	0.22	0.40	0.016	100	96.»»	4	2.5682	12	246.55	tubulaire	»	»	1	6	2 560
15	Scierie........	id.	0.10	0.25	0.005	100	30.»»	4	2.5682	4	77.06	id.	0.70	3 50	1	5	» »»»
16	Lavoir...........	fixe, avec courroies	0.30	0.80	0.050	50	168.»»	3 1/2	2.3345	12	392.20	cylindrique, fond plat	1.10	11 »»	2	5	7 »»»
17	Fours à coke ...	locomobile, avec courroies	0.22	0.28	0.011	100	66.»»	4	2.5682	10	169.62	tubulaire	»	»	1	8	2 505
18	id.	locomobile, avec engrenages	0.24	0.55	0.025	60	90.»»	4	2.5682	10	231.14	id.	»	»	1	5	2 500
19	Agglomérés......	fixe, à engrenages	0.65	0.90	0.298	50	894.»»	4	2.5682	50	2295.97	cylindrique, fond plat	1.20	11 »»	3	6	7 500

Total en chevaux 949

DESTINATIONS Des Mulets et Chevaux.	MULETS.	CHEVAUX.	TOTAL.
Fontaine-Bonnard....................	4	»	4
Hagerman...........................	10	»	10
Micheneau...........................	12	»	12
Garenne.............................	12	2	14
Extérieur............................	»	5	5
Totaux....................	38	7	45

Au nombre des chevaux du puits de la Garenne, se trouve un cheval corse essayé pour reconnaître si les petits chevaux pourraient être employés à la place des mulets. L'expérience a été désavantageuse sous tous les rapports pour les chevaux corses.

Les machines à vapeur sont au nombre de 28, tant pour l'exploitation générale que pour les services de toutes sortes qui s'y rattachent. Elles représentent une force totale nominale de 1,379 chevaux-vapeur. Les tableaux suivants font connaître leur nature, leur force, leurs principales dimensions, les chaudières dont elles sont pourvues, les quantités de charbon et d'eau qu'elles consomment.

Machines à vapeur.

(E) MACHINES DU CHEMIN DE FER.

Numéros.	NOMS des Machines.	NATURE des Machines.	Force nominale.	Poids des machines.	Dimensions des cylindres.		Charbon brûlé par cheval et par heure.	Observations.
					D.	L.		
1	L'Ouche.	4 roues à tender.	30	»	0.30	0.42	2k40	La force en chevaux, est déduite de la surface de chauffe exprimée en mètres carrés, et divisée par 1.30.
2	L'Arroux.	Id.	30	»	0.30	0.42	2.40	
3	Le Doubs.	6 roues, tender séparé.	55	21T	0.40	0.48	2.60	
4	La Saône.	Id.	55	21	0.40	0.48	2.60	
5	L'Yonne.	Id.	55	21	0.40	0.48	2.60	
6	La Drée.	Id.	55	21	0.40	0.48	2.60	Les locomotives brûlent du tout venant.
7	Côte-d'Or.	6 roues avec tender.	55	27	0.40	0.48	2.60	
8	Saône-et-Loire.	Id.	55	27	0.40	0.48	2.60	
9	Machine fixe à Ivry.	Un cylindre avec engrenage.	40	»	0.60	1.20	10.»»	La machine fixe d'Ivry est chauffée avec des charbons sales et rocheux.
		Total en chevaux.	430					

Résumé. — Les forces totales de la houillère se composent, d'après les divers tableaux qui précèdent, de 1,208 ouvriers, 45 chevaux ou mulets, et 1,379 chevaux-vapeur. Si l'on considère que la force d'un cheval ordinaire est égale à celle de 10 hommes de force moyenne, et que la force d'un cheval-vapeur, soit 75 kilogrammètres, vaut 3 chevaux ordinaires, on voit qu'il faudrait 450 ouvriers pour remplacer les chevaux, et 4,137 chevaux pour tenir lieu des machines à vapeur. On voit aussi par là que les forces de la houillère correspondent à celles de 4,302 chevaux ordinaires, et à celles de 43,020 ouvriers.

SEPTIÈME PARTIE.

RECUEIL DES RÈGLEMENTS APPLIQUÉS
A LA MINE D'ÉPINAC.

CHAPITRE XXIX.

Texte des règlements.

RÈGLEMENT GÉNÉRAL.

Art. 1er.

Conformément à la loi, tout ouvrier entrant à l'établissement doit être porteur de son livret.

Il prend l'engagement d'y travailler un mois entier, et il accepte, par le fait seul de son entrée, les clauses et conditions du présent règlement général, ainsi que de celles du règlement particulier de son atelier, dont un exemplaire lui sera remis, sur sa demande, au prix de 10 centimes.

Art. 2.

Il doit obéissance et respect à ses chefs, comme il peut compter sur leur protection et leur équité.

Art. 3.

Chaque ouvrier est tenu de se rendre régulièrement à son travail tous les jours ouvrables, aux heures fixées, et il doit être présent aux heures précises des appels.

Celui qui ne répond pas à l'appel de son nom n'est pas admis à travailler de la journée, et il est mis à l'amende.

Dans le cas où l'administration le jugerait utile, l'ouvrier qui en sera requis ne pourra se refuser à travailler le dimanche, les jours de fête et la nuit.

Les heures d'appel et les heures de repas sont annoncées par les cloches de l'établissement. Ces heures sont fixées pour les divers ateliers par les règlements particuliers.

Art. 4.

Il y a toujours, et tour à tour, un employé de garde au bureau central les jours fériés.

Art. 5.

Il est remis tous les jours, à dix heures du matin, au bureau de l'Ingénieur en chef, par chaque chef de service, un état des absents de la veille.

Art. 6.

Il est défendu de faire entrer du vin ou des liqueurs. Tout ouvrier qui trouble le bon ordre ou qui se présente au travail en état d'ivresse est mis à l'amende.

Art. 7.

1° L'ouvrier qui abandonne son chantier sans autorisation, de même que l'ouvrier qui veut quitter l'établissement doit, sous peine de perdre toutes les journées qui lui sont dues, en faire la déclaration au bureau de la marque, où un registre *ad hoc* est tenu à cet effet.

2° Les déclarations ne peuvent être faites que les 1er et 15 de chaque mois. Elles sont remises au lendemain si ces jours tombent un dimanche ou un jour de fête.

3° L'ouvrier qui a fait sa déclaration dans les formes et dans le temps voulu, doit faire quinze jours de travail avant d'avoir le droit de toucher son compte.

4° Le compte est réglé le seizième jour si l'ouvrier est à la journée, et le dix-septième s'il est à l'entreprise.

5° L'ouvrier qui veut quitter l'établissement avant d'avoir fini sa quinzaine est tenu de payer à la Société, pour être libre d'engagement, quinze journées évaluées au taux moyen des journées qu'il a gagnées pendant sa dernière quinzaine de travail.

Art. 8.

Par réciprocité, si la Société veut renvoyer un ouvrier, elle doit le prévenir de son intention quinze jours à l'avance et aux mêmes époques que celles déterminées en l'article précédent.

L'ouvrier continue à être occupé jusqu'à l'expiration de la quinzaine.

Si, après avoir donné congé à un ouvrier, il convient à la Société de faire cesser son travail avant la fin de la quinzaine, elle est tenue de lui payer, à titre d'indemnité, les journées restant à courir sur cette quinzaine, en les comptant au prix moyen de la quinzaine précédente, et le paiement est fait les jours indiqués au § 4 de l'article 7.

Art. 9.

Les ouvriers peuvent être réunis en atelier ou équipe et ils doivent accepter les hommes qui leur sont adjoints.

Art. 10.

L'administration décide si les travaux seront faits à l'entreprise, à la pièce ou à la journée.

Elle indique les heures des travaux et les tâches à faire.

Les ouvriers ne peuvent se refuser à travailler aux heures de jour ou de nuit qui sont indiquées, et sont tenus d'accomplir les tâches imposées, à moins qu'il ne soit prouvé qu'ils ont été dans l'impossibilité de l'effectuer dans le temps voulu.

Art. 11.

Les prix et conditions sont fixés d'un commun accord entre l'administration et l'ouvrier, soit à l'entreprise pour plusieurs ouvriers ensemble, soit à la pièce individuellement ou à la journée. L'administration fait ses propositions que l'ouvrier est libre de refuser ; mais une fois acceptées, la convention fait loi entre les parties.

Art. 12.

Tout ouvrier coupable de vol ou de fraude est renvoyé immédiatement de l'établissement et livré à la justice. Si des visites corporelles ou domiciliaires sont jugées nécessaires par ses chefs, il doit s'y soumettre.

Art. 13.

Chaque ouvrier reçoit de son chef les outils et matériaux qui lui seront nécessaires, et il en devient responsable.

Il doit, en quittant le service de la Société, restituer ses outils en bon état, et il lui est expressément défendu, pendant tout le temps qu'il est attaché à l'établissement, de s'en approvisionner lui-même dans les magasins particuliers.

Art. 14.

Aucun étranger ne peut entrer sans permission dans les ateliers ou chantiers, si ce n'est pour affaire, auquel cas il doit s'adresser immédiatement au chef de service. En cas de contravention, tous les ouvriers du chantier ou de l'atelier seront punis d'une amende de 50 centimes.

Art. 15.

Tout ouvrier logé dans les bâtiments de la Société est responsable des dégâts qui seraient commis. Il est tenu de se conformer au règlement spécial et d'envoyer ses enfants à l'école primaire de l'établissement.

Art. 16.

L'ouvrier qui quitte le service de la Société est tenu de vider son logement dans la huitaine. Il ne reçoit son salaire qu'en remettant les clefs.

Art. 17.

Tout ouvrier ou chef ouvrier devient, par ce fait seul et dès son entrée au travail, membre de la Caisse de secours, de même que s'il vient à quitter, soit volontairement, soit par congé ou renvoi, il perd tous ses droits aux fonds et matériel de ladite Caisse.

Art. 18.

Cette Caisse est fondée dans le but d'assurer à tous les ouvriers de l'établissement, à leurs femmes et à leurs enfants, les secours indispensables en cas de maladie ou d'accident, secours que la prévoyance exige et qu'il leur serait difficile, sinon impossible, de se procurer autrement.

Les ressources de cette Caisse consistent dans une retenue de 3 % sur le salaire mensuel, c'est-à-dire sur le prix du travail net ou de main-d'œuvre de chaque ouvrier.

La Caisse de secours est régie par un règlement particulier qui reste constamment affiché, et elle est sous la surveillance d'un syndicat pris parmi les ouvriers et nommé par eux.

Art. 19.

Il est expressément défendu aux chefs de service, employés, maîtres ou chefs de chantier de faire aucun commerce avec les ouvriers. Cette interdiction s'étend à une intervention, même à titre officieux.

Art. 20.

La paie se fera le premier samedi de chaque mois. La Société se réserve toutefois la faculté de la remettre de huit jours. Les ouvriers qui ne s'y présentent pas sont remis au samedi suivant; et ceux qui ne se présentent pas à ce dernier samedi ne peuvent réclamer le paiement de ce qui peut leur être dû que le premier samedi après le jour de la paie du mois suivant.

Art. 21.

Les amendes qui se rattachent à la non-exécution de ces conventions comme à la conduite générale des ouvriers, sont proportionnées à la gravité du cas et aux moyens de l'ouvrier, en raison du salaire qu'il gagne.

Elles se divisent en deux catégories :

Les amendes de police, qui sont versées à la Caisse de secours, et les retenues pour contraventions causant un préjudice à la Société, et qui conséquemment doivent lui appartenir.

Amendes générales de police au profit de la Caisse de secours.

Sont punis d'une amende de 50 c. à 3 fr. par jour, et selon la gravité des cas :

1° Tout acte d'insubordination, insolence ou injure envers les chefs ou proposés (renvoi même de l'établissement s'il y a lieu);
2° Tout refus de faire un travail juste ou nécessaire;
3° Toute introduction de boissons spiritueuses dans les ateliers;
4° L'état d'ivresse au travail;
5° Tout acte ayant pour but de provoquer du désordre;

6° Tout amusement ou batterie pendant le travail, même si l'ouvrier est à ses pièces;

7° Toute contravention au bon ordre et à la décence;

8° Tout ouvrier ou chef d'atelier qui fume dans les ateliers, magasins, chantiers ou près de la poudrière;

9° Tout ouvrier s'éclairant la nuit avec des morceaux de vieux câble;

10° L'introduction des étrangers dans le chantier ou les ateliers, sans permission;

11° Toute malpropreté dans les habitations, dans le bassin d'alimentation, ou dans les galeries de circulation;

12° Tout ouvrier s'approvisionnant d'outils ou de matériaux nécessaires au service;

13° Les délits sur la propriété de la Société, tels que, pacage non autorisé, pêche dans les étangs, volaille ou bestiaux dans les récoltes, passage sur les terrains semés ou défendus, ou par-dessus les murs et palissades;

14° Tout acte de vol ou de fraude. L'ouvrier coupable de ces méfaits, ou qui a manqué à l'honneur, soit envers la Société, soit envers un camarade, est renvoyé sur-le-champ;

15° Tout ouvrier qui ouvre lui-même, sous quelque prétexte que ce soit, les lampes de sûreté dans les puits à grisou et qui fume dans ces puits.

Les retenues pour contraventions au profit de la Société, comprendront:

1° Celles faites aux ouvriers qui ont quitté l'établissement sans avoir donné l'avertissement prescrit par l'article précité;

2° La valeur des matériaux ou des outils perdus;

3° Les retenues proportionnées au cas, pour tous accidents ou pertes provenant de désobéissance, négligence dans le travail ou gaspillage volontaire;

4° Le montant des retenues proportionnelles aux dégâts faits dans les ateliers, dans les logements ou plantations, sous réserve de toute demande en dommages-intérêts s'il y a lieu;

5° Les amendes de 50 c. à 1 fr. qui sont appliquées à tout ouvrier à la journée en retard dans les heures d'arrivée;

6° Les amendes de 50 c. à 3 fr. dont sont punis les ouvriers pour toute absence du travail sans permission; pour s'introduire sans besoin dans un atelier autre que le sien; pour quitter son travail ou son poste avant d'être relevé ou d'avoir terminé sa tâche; pour mauvais travail ou négligence bien constatée, ou enfin, pour avoir nui aux intérêts de la Société en gâtant ses propriétés, soit en coupant des bois, soit en salissant les eaux des machines, soit de toute autre manière.

Art. 22.

Les fautes qui n'ont pas été prévues et comprises parmi celles ci-dessus ou parmi celles portées sur les règlements particuliers, sont punies suivant la gravité du cas, mais en toute équité et paternellement.

Art. 23.

En cas de récidive, les amendes ou retenues peuvent être doublées; s'il y a contravention répétée, l'ouvrier est renvoyé.

Art. 24.

Les chefs de service qui infligent des amendes ou retenues en préviennent les ouvriers sur-le-champ; ils les inscrivent en leur présence sur leur carnet de service, en ajoutant le motif, et en font mention sur leur premier rapport.

Si, contre les intentions formelles de la Société, qui veut qu'il y ait toujours justice et équité, il arrivait à un chef de service de noter ou de faire noter à un ouvrier une amende non méritée, et que ce fait blâmable soit clairement établi par des témoins dignes de foi, l'ouvrier qu'on a arbitrairement puni est délivré de l'amende prononcée contre lui, et le chef de service est passible, au profit de la Caisse de secours, d'une amende égale au double de celle qu'il aura infligée ou fait infliger indûment.

Art. 25.

L'exécution du présent règlement est confiée à l'Ingénieur et aux chefs de service, pour chacun en ce qui le concerne. Il fait loi pour les ouvriers et les personnes attachées à l'établissement d'Épinac.

Épinac-les-Mines, le 25 septembre 1866.

Le Délégué du Conseil d'administration,
H. GISLAIN.

Approuvé par le Conseil d'administration dans sa séance du 28 septembre 1866.

Le Secrétaire général,   *Un Administrateur,*
H. GISLAIN.   Th. AUDÉOUD.

RÈGLEMENT DES OUVRIERS D'INTÉRIEUR.

ART. 1er.

La direction et la surveillance du travail des ouvriers de l'intérieur, ainsi que de tout ce qui y a trait, appartiennent à l'ingénieur en chef de l'établissement, et, sous ses ordres, aux sous-ingénieurs, aux chefs-maîtres mineurs, aux marqueurs et aux surveillants de nuit, chacun en ce qui le concerne.

ART. 2.

Les maîtres-mineurs doivent faire chaque jour la visite des travaux qui leur sont confiés; plusieurs fois s'il est possible. Ils mettent à exécution les instructions de l'ingénieur en chef; ils président à la descente des ouvriers et ils doivent, par conséquent, se trouver sur le puits une demi-heure avant l'heure fixée pour la descente, à moins que le service n'exige leur présence ailleurs, auquel cas ils sont représentés par le marqueur ou le surveillant sur puits; ils aident à faire les métrés.

ART. 3.

Ils indiquent chaque jour aux marqueurs le travail à faire, et, en général, portent leur surveillance sur toutes les parties du service.

Art. 4.

Ils veillent au bon état et à l'entretien des puits et de leur puisard, des pompes et accessoires, et surtout des câbles, des cages et des parachutes.

Art. 5.

Leur attention doit avant tout se porter sur ce qui intéresse la sûreté des ouvriers, le bon entretien des boisages, courants d'air et échelles ; la pose convenable des boisages dans les galeries, tailles, dépilages, etc. Ils apportent des soins tout particuliers à connaître et à signaler les ouvriers qui commettent des imprudences pouvant amener une explosion de grisou. Les marqueurs, les surveillants du fond et de la surface doivent aussi suivre strictement cette recommandation.

Art. 6.

Chaque maître-mineur est responsable de tout le matériel qui lui est délivré pour le service de son puits. Il délivre les bons pour obtenir les matériaux nécessaires pour les travaux.

Art. 7.

Chaque maître-mineur doit être muni d'un carnet sur lequel il note les observations qu'il trouve à faire sur le travail, l'allure des couches, dérangements, etc.; et d'un calque ou plan des travaux dont la surveillance lui est confiée. Ces objets lui sont fournis par la Société.

Art. 8.

Les maîtres-mineurs, et à leur défaut les marqueurs, rendent compte chaque jour de l'état d'avancement des travaux, ainsi que des incidents survenus. A cet effet, ils font un rapport écrit et détaillé par chantier, indiquant les quantités de charbon, déblais et rochers extraits ; le nombre de journées faites par les mineurs, boiseurs, approcheurs et rouleurs ; enfin, leurs observations particulières sur la puissance et l'allure des couches, ainsi que sur le personnel et le matériel qui leur sont confiés. Ils apportent ce rapport au bureau du génie, à 3 heures du soir, suivant l'ordre déjà en vigueur, et ils donnent les explications verbales nécessaires pour mettre l'ingénieur à même de se rendre un compte exact de l'état des travaux.

Art. 9.

Les marqueurs et surveillants d'intérieur sont sous les ordres directs des maîtres-mineurs. Ils doivent être rendus sur leurs puits une demi-heure avant l'heure fixée pour la descente de leur poste. Ils accompagnent les ouvriers à leur entrée dans les travaux et ils n'en sortent que les derniers, à moins que le service n'en exige autrement.

Art. 10.

Ils rendent compte chaque jour, au bureau de la marque, du nombre de journées d'ouvriers employées pendant leur poste : au maître-mineur, du nombre de bennes et chariots de charbon, déblais, rochers et eau ; au surveillant du puits au jour, des matériaux de toute nature entrés ou sortis. Ils assistent au rapport des maîtres-mineurs, s'ils sont du poste du matin, pour rendre compte de la manière dont ils remplissent leurs fonctions en même temps que recevoir les instructions nécessaires au service.

Art. 11.

Ils doivent apporter une attention sérieuse à ce que le boisage des galeries, tailles et dépilages soient convenablement exécutés ; à ce que l'abattage des charbons ou des rochers, que les coups de mine auraient ébranlés, se fasse immédiatement ; et, surtout, à ne pas permettre l'abandon du travail sans que le boisement soit aussi complet que possible.

Art. 12.

Ils exécutent les ordres de leurs chefs concernant la répartition et le travail des manœuvres, le travail des galeries et montages, le havage, le boisage, et, en général, ils donnent tous les renseignements qui peuvent intéresser sur l'exécution des travaux. Ils tiennent surtout la main à la propreté du charbon et à sa conservation, à cet effet, ils font organiser les chantiers proprement, soit en faisant faire des planchers, glissoires, petits murs à front des galeries, soit en empêchant les approcheurs et les rouleurs d'enlever d'autres matières que celles qu'ils sont commandés de prendre, etc.

Art. 13.

Ils veillent à ce que le travail de dépilage se fasse convenablement et dans les endroits désignés ; à ce que les massifs soient toujours enlevés en entier et à ce qu'ils ne présentent pas de danger.

Le travail d'abattage étant uniquement confié aux mineurs en dépilage, les marqueurs et surveillants doivent s'assurer que les approcheurs ou rouleurs n'abattent jamais le charbon et n'en prennent que dans les chantiers en activité. Ils veillent également à ce que les tailles en dépilage ne soient jamais encombrées, qu'il n'y reste pas de charbon après leur poste, et que les déblais, surtout après l'éboulement du toit, ne contiennent pas de charbon.

Ils tiennent sérieusement la main à ce que dans l'exploitation régulière par remblais, les éboulements soient évités avec le plus grand soin, et à ce que les remblais soient exécutés de façon à ne laisser aucun vide dans les dépilages.

Art. 14.

Ils indiquent aux rouleurs et approcheurs les endroits où ils doivent travailler et le travail à faire en nombre de chariots, de brouettes ou d'hectolitres, et ils veillent à l'entretien des galeries et des voies ferrées.

Art. 15.

Ils tiennent la main à ce que les chargeurs ne laissent jamais encombrer leurs accrochages ; à ce que les bennes et chariots soient bien remplis ; enfin au maintien du bon ordre et à tout ce qui concerne le bien du service intérieur.

Art. 16.

Pour les puits guidés, avant l'entrée comme avant la sortie de chaque poste, le maître mineur et les marqueurs ou surveillants doivent s'assurer que le parachute fonctionne bien ; que les chapeaux en tôle sont solidement fixés ; et une fois par jour l'arrête-cage doit fonctionner en sa présence.

Art. 17.

Les travaux dans les puits s'exécutent en deux postes : l'un de jour à charbon, l'autre poste à remblais et aux réparations, qui se succèdent ainsi qu'il suit :

1° Poste de jour à charbon :

Les mineurs descendent de 3 à 4 heures et les manœuvres de 4 heures à 4 heures 1/2 du matin. Le poste à charbon commence à 5 heures précises du matin, pour finir quand le puits a fourni le nombre de chariots déterminé.

Ce nombre est fixé après celui des ouvriers occupés et selon les conditions des chantiers, mais de façon à ce que le poste puisse être terminé vers 2 heures de relevée, étant entendu que le poste sort quand le nombre de chariots fixé est atteint, quelle que soit l'heure.

Dans tous les cas, la remonte des ouvriers se fait en commençant par les mineurs qui doivent toujours être sortis avant les manœuvres, comme aussi ils doivent toujours descendre avant eux, conformément aux heures déterminées ci-dessus.

2° Poste de nuit aux remblais et aux réparations.

Les ouvriers du poste de nuit descendent de 4 heures 1/2 à 5 heures 1/2 du soir, pour être au travail à 6 heures; ils remontent de 3 à 4 heures 1/2 du matin, pendant la descente des ouvriers du poste de jour, si la tâche attribuée au poste est faite.

Le travail à la tâche est pour tout le monde la base du salaire. En conséquence il est expressément déclaré aux ouvriers de toutes classes que chacun est payé selon ses œuvres et que les manœuvres aussi bien que les mineurs et les boiseurs n'ont le salaire déterminé pour un travail déterminé qu'autant que ce travail a été réellement accompli. Tous les ouvriers d'un même puits sont par la nature de leur tâche solidaires les uns des autres. En effet, les mineurs doivent abattre du charbon pour les rouleurs; les rouleurs doivent enlever le charbon pour que les chantiers ne soient pas encombrés et que les mineurs puissent continuer à en abattre; les boiseurs doivent assurer, par l'entretien des galeries, le passage des chariots produits par les mineurs et transportés par les rouleurs.

Art. 18.

Les ouvriers de l'intérieur travaillent autant que possible à la tâche ou à prix fait.

Art. 19.

Les mineurs travaillent au chariot combiné avec le mètre courant d'avancement en galeries, montages et recoupes; et au chariot en taille ou en dépilage.

Chaque atelier de mineurs a un chef qui règle avec le maître-mineur les intérêts de son atelier.

Art. 20.

Les boiseurs à l'entretien travaillent au mètre courant, à la paire de bois, ou à forfait pour un temps déterminé et pour un travail spécifié.

Ils travaillent isolément ou réunis en atelier, comme les mineurs au charbon.

Art. 21.

Les approcheurs, chargeurs, rouleurs travaillent au chariot ou à forfait, pour un travail spécifié; ils doivent fournir la quantité demandée par le maître-mineur ou le marqueur; en tous cas, ils doivent enlever tout le charbon fait par les mineurs et de manière à ne jamais laisser ceux-ci encombrés. Les prix sont arrêtés de gré à gré.

Art. 22.

Il est établi sur les principaux puits des salles d'attente et vestiaires dans lesquels les ouvriers sont tenus de se comporter avec ordre et avec décence.

Art. 23.

Dans les puits guidés, où la descente des ouvriers se fait par les cages, le nombre d'ouvriers montant ou descendant à la fois est limité à quatre par étage, soit à douze par cage.

Art. 24.

Dans les puits non guidés, où la descente se fait par les échelles ou par des galeries, les ouvriers ne peuvent descendre ni remonter à la benne sans une autorisation spéciale, sous peine d'une amende de 2 fr. Les preneurs de bennes signalent, sous peine de 2 francs d'amende, l'infraction à cet article. Aucun ouvrier ne peut remonter avant la fin du poste, sans en avoir obtenu la permission du maître-mineur ou des marqueurs, excepté pour le cas de blessure ou de maladie. Dans l'un ou l'autre cas, l'encageur au rond doit donner le signal prescrit pour la remonte des ouvriers.

Tout ouvrier qui remonte sur les cages chargées de charbon, déblais ou rocher, est puni d'une amende de 5 fr., et les encageurs doivent le signaler, sous peine d'une amende égale.

Art. 25.

Les mineurs, manœuvres, etc., peuvent être changés de puits ou de chantiers, suivant les besoins du service et leur plus ou moins d'aptitude au travail, sans qu'ils puissent se dispenser de remplir toutes les formalités voulues pour la sortie régulière des travaux.

Art. 26.

Les mineurs doivent séparer les rochers et les déblais à mesure de l'abattage du charbon et en former des tas distincts le long d'une paroi de la galerie, en ayant soin d'élever un mur avec les plus gros rochers, de manière que les menus ne puissent se mêler au charbon.

Toute infraction à cette mesure sera punie d'une amende de 0 fr. 50 c. à 3 fr.

Art. 27.

Les dépileurs sont tenus de suivre les instructions qui leur sont données par le maître-mineur et le chef de poste ; ils prennent soin de ne pas abandonner de charbon, ni volontairement, ni par négligence, soit parmi les déblais, soit dans les éboulements, sans en prévenir le chef, sous peine d'une amende de 0 fr. 50 c. à 3 fr.

Art. 28.

Il en est de même pour tout approcheur ou rouleur qui abat du charbon sans autorisation, ainsi que pour le dépileur qui ne le rappelle pas à l'observance du règlement.

Art. 29.

Les approcheurs, rouleurs et chargeurs sont tenus de fournir à l'extraction le nombre de bennes ou chariots voulus par poste.

Il est fait une retenue de 1 à 5 fr. à celui qui n'a pas fourni son compte ou qui a empêché ses camarades de le fournir. Il en est de même si les bennes et chariots ne sont pas convenablement remplis.

Art. 30.

Il est strictement défendu aux ouvriers de recéper des bois.

Ils doivent prendre sur le puits les bois de la dimension qui convient à leur travail. On doit employer de préférence, pour les galeries de direction, les bois les plus forts.

Les ouvriers qui contreviennent aux prescriptions ci-dessus sont punis d'une amende de 1 à 5 fr., suivant la valeur des bois coupés.

Art. 31.

Les ouvriers travaillant dans les puits à grisou sont munis de lampes de sûreté. Ces lampes, en bon état, sont fermées à clef et ne peuvent être ouvertes par les ouvriers dans l'intérieur des puits. Celles qui s'éteignent sont rallumées en un lieu fixé par un homme qui est spécialement chargé de ce service.

Il est strictement défendu de fumer dans lesdits puits à grisou et d'y introduire des allumettes chimiques ou autres matières inflammables.

Art. 32.

En entrant au puits les ouvriers s'engagent à se soumettre au présent règlement.

Toute désobéissance, contravention ou infraction aux présents articles est punie d'une amende proportionnée au délit et infligée immédiatement par le chef de service, sans préjudice du renvoi immédiat, s'il y a lieu.

Art. 33.

Le présent règlement n'abroge aucune des dispositions du règlement général auquel sont soumis tous les ouvriers de la Société. Il sera constamment affiché partout où besoin sera, afin de lui donner une convenable publicité.

Épinac-lès-Mines, le 25 septembre 1866.

Le Délégué du Conseil d'administration,
H. GISLAIN.

Approuvé par le Conseil d'administration, dans sa séance du 28 septembre 1866.

Le Secrétaire général,   *Un Administrateur,*
H. GISLAIN.   TH. AUDÉOUD.

RÈGLEMENT

POUR LE SERVICE EXTÉRIEUR DES PUITS.

Art. 1er.

Le service extérieur des puits est sous la surveillance spéciale des maîtres-mineurs, du surveillant général des puits et du surveillant particulier de la surface sur chaque puits. Tous ces chefs de service sont sous les ordres de l'ingénieur en chef et du sous-ingénieur.

Art. 2.

Le travail est divisé en deux postes d'ouvriers, travaillant, l'un de jour, l'autre de nuit.

Le poste de jour commence à 6 heures du matin, et celui de nuit à 6 heures du soir, de manière à ne laisser aucune interruption dans le service.

Art. 3.

Les ouvriers alternent dans le service de jour et de nuit. Ce changement de poste se fait le dimanche de chaque semaine.

Art. 4.

Chaque ouvrier doit être rendu à son travail au moins un quart d'heure à l'avance, afin que son camarade puisse lui transmettre les ordres reçus ou lui rendre compte des incidents survenus pendant sa journée.

Art. 5.

Les ouvriers du crible à charbon sont chargés de la manipulation du charbon, depuis les culbuteurs jusqu'aux wagons inclusivement. Ils doivent, pour cela, exécuter les instructions qui leur seront données par les surveillants. Ils veillent surtout au triage du rocher. Ils sont employés, dans les moments où il ne monte pas assez de charbon pour les occuper complètement, aux divers travaux à faire sur les puits.

Art. 6.

Les surveillants des puits sont spécialement chargés de la surveillance et de la police de leur puits.

Ils veillent à ce qu'aucune personne *étrangère au service* (ouvriers du jour, ouvriers du fond ou personnes étrangères) ne séjourne sur le carreau du puits, qui doit être nettoyé et balayé à chaque tournée, au moment du changement de poste.

Art. 7.

Ils veillent également à ce que le triage des rochers et du charbon rayé soit fait avec soin, pour ne mettre en wagon ou en dépôt pour la vente locale que du charbon de bonne qualité. Ils font faire avec soin le triage du charbon grêle et du rocher dans les charbons de déblais destinés au chauffage des chaudières à vapeur.

Art. 8.

Ils ne doivent laisser descendre par les bennes aucun ouvrier sans autorisation, sous peine de 2 fr. d'amende, ni laisser brûler dans les foyers de chauffage ou d'éclairage d'autre charbon que celui désigné, sous peine de 50 cent. à 3 fr. d'amende.

Art. 9.

Ils sont chargés de la garde et de la tenue du magasin particulier de chaque puits.

Art. 10.

Ils adressent chaque jour à l'ingénieur en chef, par l'intermédiaire du sous-ingénieur des mines, un rapport mentionnant :

1° Les journées faites par les ouvriers sous leur surveillance;

2° L'extraction journalière, tant en charbons et déblais qu'en eau et rocher;

3° Les livraisons et consommations de charbons et déblais;

4° Les entrées et les sorties journalières des puits et de leur magasin;

5° Les demandes de matériaux;

6° Le compte-rendu de tous les faits saillants ou extraordinaires de la journée.

Art. 11.

Les receveurs de bennes ou chariots marquent exactement, sur une planchette préparée pour cet usage, le nombre de bennes ou de chariots extraits pendant leur poste, tant en charbon qu'en déblais, rocher, eau. Ils signalent aux surveillants et aux machinistes les bennes ou chariots qui ne montent pas convenablement remplis.

Art. 12.

Tout receveur de bennes ou de chariots dont la négligence ou la paresse occasionnerait le bris des bennes ou autres accidents, sera puni d'une amende de 1 à 5 fr., tout en encourant son renvoi immédiat en cas d'accidents graves et en restant passible de dommages-intérêts.

Art. 13.

Le présent règlement n'abroge aucune des dispositions du règlement général, auquel sont soumis tous les ouvriers de la Société. Il sera constamment affiché, partout où besoin sera, afin de lui donner une convenable publicité.

Épinac, le 4 août 1858.

Le Directeur,
L. COTTIGNIES.

Approuvé par le Conseil d'administration, dans sa séance du 6 août 1858.

Le Secrétaire général,	*Un Administrateur,*
H. GISLAIN.	Th. AUDÉOUD.

RÈGLEMENT PARTICULIER

POUR LES

MESUREURS DE CHARBON, LES MANOUVRIERS ET LES CHARRETIERS.

Art. 1er.

Les mesureurs et manouvriers ne peuvent charger aucune voiture sans recevoir du conducteur un bon qui en indique la contenance ainsi que l'espèce de charbon.

Art. 2.

Ils doivent charger consciencieusement, sans nuire ni aux intérêts de la Société ni à ceux des clients.

Art. 3.

Il leur est défendu, sous quelque prétexte que ce soit, d'accepter des acheteurs des gratifications en argent ou en nature.

Art. 4.

A la fin de la journée ils doivent rapporter au bureau de la comptabilité tous les bons qu'ils auront reçus.

Art. 5.

Les manouvriers travaillent d'après les indications qui leur sont données par les mesureurs.

Art. 6.

Les charretiers doivent se trouver le matin deux heures avant le commencement de la journée pour donner la nourriture et tous les soins nécessaires aux chevaux, sans excepter les dimanches et jours de fête.

Art. 7.

Ils doivent conduire leurs chevaux avec la douceur qui convient à de bons voituriers, tout en les soumettant à un travail suffisant et bien entendu.

Art. 8.

Ils doivent veiller à ce que les harnais soient constamment en bon état et donner aux surveillants avis des réparations qu'ils jugeraient utiles.

Art. 9.

Ils sont civilement responsables des avaries, tant aux harnais qu'aux voitures, résultant d'une mauvaise conduite.

Art. 10.

Il est expressément défendu aux charretiers d'entrer à l'auberge pendant les heures de travail ou de laisser stationner les voitures attelées, sans motifs plausibles.

Art. 11.

Les infractions au présent règlement seront punies d'une amende de 1 à 5 fr.

Art. 12.

Le présent règlement n'abroge aucune des dispositions du règlement général auquel sont soumis tous les ouvriers de la Société. Il sera constamment affiché partout ou besoin sera, afin de lui donner une convenable publicité.

Épinac, le 4 août 1858.

Le Directeur, ...

Approuvé par le Conseil d'administration dans sa séance du 6 août 1858.

Le Secrétaire général,   *Un Administrateur,*
H. Gislain.   Th. Audéoud.

RÈGLEMENT

SUR LE SERVICE DES MACHINES.

Art. 1er.

La conservation et la bonne marche des machines, leur propreté et celle des bâtiments qui les contiennent, sont confiées à la prudence et aux soins attentifs des machinistes chargés de leur service.

Art. 2.

Deux machinistes sont attachés à chaque machine, l'un pour le jour, l'autre pour la nuit.

La durée de leur service est de 12 heures, qui commencent à 6 heures du matin et à 6 heures du soir.

Ils alternent dans le service de jour et de nuit.

Art. 3.

Les machinistes et chauffeurs sont sous les ordres des maîtres-mineurs, du surveillant général des puits et du surveillant spécial de chaque puits pour le service d'extraction.

Ils reçoivent les instructions et les ordres du mécanicien pour l'entretien de la machine et la manière de la gouverner.

Art. 4.

Le chauffeur est sous les ordres du machiniste, qui est tenu de surveiller son travail et qui est responsable des accidents résultant de sa négligence, à moins qu'il ne prouve que son contrôle était momentanément impossible.

Art. 5.

Le machiniste est tenu d'indiquer au chauffeur les précautions qu'exigent les chaudières et leurs appareils d'alimentation et de sûreté, et de lui apprendre le maniement de sa machine et les soins qu'elle réclame.

Art. 6.

Le machiniste et le chauffeur doivent être rendus à leur poste une demi-heure avant celle fixée pour leur entrée en fonctions.

Ils profiteront de ce temps pour balayer le bâtiment de la machine et celui des bobines, et pour y mettre tout en ordre.

Ils devront, en outre, faire un nettoyage général de la machine et des appareils des chaudières, au moins une fois par jour.

Toute malpropreté ou négligence dans l'entretien des machines et accessoires sera punie d'une amende de 50 centimes à 3 francs.

Art. 7.

Le machiniste tiendra note exacte du nombre de bennes ou chariots de charbon, déblais, rochers et eaux extraits du puits. Il en rendra compte chaque jour, en quittant son poste, au bureau de la marque.

Art. 8.

Dans le cas de dérangement ou d'accident à la machine ou aux chaudières, il fera prévenir de suite le mécanicien et l'ingénieur.

Il devra attendre l'arrivée de l'un d'eux avant de toucher aux parties essentielles de la machine.

Art. 9.

L'instruction du Gouvernement sur les mesures de précaution à employer relativement aux chaudières sera affichée à proximité de chaque machine. Il est enjoint aux machinistes et chauffeurs de se bien pénétrer de cette instruction et des soins nécessaires à la conservation et au bon entretien des chaudières.

Art. 10.

Le machiniste aura soin d'entretenir la sonnette en bon état, ainsi que les indicateurs des câbles.

Il devra ralentir le mouvement de la machine au point de rencontre des bennes, dans les puits non guidés.

Art. 11.

Aucun machiniste ou chauffeur ne pourra s'absenter sans autorisation et sans se faire remplacer par son camarade, sous peine d'une amende de 1 à 3 francs.

Art. 12.

Tout machiniste qui quittera la manette pendant la marche de sa machine; qui chargera les soupapes de sûreté ou qui négligera d'avertir quand elles seront dérangées ou qu'elles ne fonctionneront plus; qui n'entretiendra pas l'alimentation régulière de ses chaudières; qui laissera en mauvais état le manomètre, l'indicateur du niveau d'eau ou le sifflet d'alarme; qui omettra d'ouvrir les portes de son foyer et de fermer les registres lorsqu'il y aura excès de vapeur; qui laissera passer une benne par-dessus les molettes,

Enfin, tout machiniste ou chauffeur qui dormira pendant son poste, sera puni d'une amende de 1 à 5 francs, sous réserve de dommages pour le cas de bris ou autres accidents résultant de sa négligence ou de son imprudence.

Art. 13.

Il est défendu aux machinistes de laisser entrer des personnes étrangères au service dans le bâtiment de la machine, sous peine de 1 franc d'amende.

Art. 14.

Tout chauffeur qui prendra un autre charbon que celui désigné pour le service, ou qui le prodiguera inutilement, sera puni d'une amende de 50 centimes à 3 francs.

Art. 15.

Toutes les infractions aux prescriptions du présent règlement seront punies d'une amende proportionnée à la gravité du cas, mais qui ne pourra jamais dépasser le chiffre de 5 francs.

Art. 16.

Le présent règlement n'abroge aucune des dispositions du règlement général auquel sont soumis tous les ouvriers de la Société. Il sera constamment affiché partout où besoin sera, afin de lui donner une convenable publicité.

Épinac, le 6 août 1858.

Le Directeur, L. COTTIGNIES.

Approuvé par le conseil d'administration, dans sa séance du 6 août 1858.

Le Secrétaire général,   *Un Administrateur,*
H. Gislain.   Th. Audéoud.

RÈGLEMENT PARTICULIER

DES ATELIERS DE FORGE, AJUSTAGE, CHAUDRONNERIE, FERBLANTERIE, FONDERIE, MENUISERIE, CHARPENTE, SCIERIE ET MAGASIN DE BOIS.

Art. 1er.

Les ouvriers sont et demeurent divisés par ateliers.

Art. 2.

Les heures de travail sont fixées selon les besoins du service; les changements seront annoncés par ordre du jour.

Art. 3.

Si la journée de travail est augmentée en durée, l'ouvrier reçoit un surcroît de salaire proportionnel.

Art. 4.

Les ouvriers travaillant à forfait ne peuvent, sans autorisation, dépasser les heures de la journée ordinaire.

Art. 5.

Tout ouvrier qui aura un travail à faire en dehors de l'atelier se munira des outils qui lui seront nécessaires ; ce travail terminé, il les remettra en place et retournera à son atelier, sans perdre de temps.

Art. 6.

Un employé spécial vérifie et note le travail de chaque ouvrier, chaque fois qu'il le juge convenable, et ce en présence du contremaître, s'il y a contestation de part et d'autre.

Art. 7.

Aucun ouvrier ne peut, sans autorisation, s'absenter ou sortir de l'atelier, pour aller travailler au dehors, ni exécuter d'autre travail que celui indiqué par les chefs d'ateliers.

Art. 8.

Tout ouvrier reçoit gratuitement de la Société les outils de son état.

La visite de ces outils sera faite aussi souvent qu'il en sera besoin.

Un tiroir, fermant à clef, est donné à chaque ouvrier pour y serrer ses outils.

L'ouvrier est pécuniairement responsable de la disparition et des dégradations des outils qui lui ont été confiés.

Art. 9.

Il est strictement défendu aux ouvriers d'ouvrir et surtout de forcer les tiroirs les uns des autres, pour s'approprier ou se servir des outils d'autrui, sous peine d'une amende, de renvoi ou de poursuites judiciaires, selon la gravité du cas.

Art. 10.

Les ouvriers ne peuvent, sans autorisation spéciale, entrer dans les ateliers avant ou après les heures de travail.

Art. 11.

Les ouvriers doivent rester au travail pendant tout le temps de leur poste ; ils ne peuvent faire leurs préparatifs de départ avant que la cloche n'ait annoncé ce départ.

Art. 12.

Tous les samedis, vingt minutes avant la fin de la journée, les ouvriers cesseront leurs travaux pour serrer les outils, nettoyer leur étau et leur établi.

Ils placeront avec ordre, à l'endroit désigné dans l'atelier, les ouvrages qu'ils auraient en main.

ART. 13.

Tous les samedis, avant la fin de la journée, les ouvriers doivent représenter à leur chef les matériaux non employés, et les déposer dans un lieu indiqué.

ART. 14.

Il est défendu de travailler avec des outils en mauvais état.

ART. 15.

Les ouvriers sont tenus de faire visiter par leur chef les outils qu'on leur confie et ceux dont ils font la remise.

ART. 16.

Il est accordé aux ouvriers une demi-heure pour déjeuner et une heure pour dîner; ces heures sont annoncées par la cloche de l'établissement.

ART. 17.

Toute demande de congé pour affaire personnelle sera adressée au chef respectif de l'ouvrier, puis transmise à M. l'ingénieur ou à son représentant qui statuera.

ART. 18.

Les chefs de service sont investis du droit de contrôle le plus large sur le travail des ouvriers; ceux-ci doivent se prêter à toutes les explications qui leur sont demandées.

ART. 19.

Le présent règlement n'abroge aucune des dispositions du règlement général auquel sont soumis tous les ouvriers de la Société. Il sera constamment affiché partout où besoin sera, afin de lui donner une convenable publicité.

Épinac, le 4 août 1858.

Le Directeur, L. COTTIGNIES.

Approuvé par le Conseil d'administration dans sa séance du 6 août 1858.

Le Secrétaire général, *Un Administrateur,*
H. GISLAIN. TH. AUDÉOUD.

ÉTABLISSEMENT ALIMENTAIRE.

Cet établissement a pour objet de procurer aux ouvriers et à leur famille des aliments sains et bien préparés, à des prix réduits ; il sera exploité aux frais, périls et risques de la Société, qui a pour but de faire jouir les ouvriers de ses exploitations des avantages qu'on peut réaliser par des achats en gros et des préparations faites dans de bonnes conditions. Le Conseil espère que les ouvriers y verront une nouvelle preuve de la sollicitude dont ils sont l'objet, et que leur conduite dans l'établissement ne donnera jamais lieu à aucun reproche.

RÈGLEMENT.

ART. 1er.

Les aliments préparés seront délivrés contre des jetons vendus au comptant à la caisse du magasin.

Il y en aura de quatre espèces, et sur chacun d'eux sera inscrite la nature de la portion à recevoir en échange :

Soupe ou Bouillon, Viande, Pain, Vin.

ART. 2.

Jusqu'à nouvel ordre les jetons seront vendus aux prix suivants :

Soupe, demi-litre........................	} 0,05 c.
Bouillon, demi-litre......................	
Viande, une portion.....................	0,15
Pain, une portion	0,10
Vin, quart de litre	0,10

ART. 3.

Il est formellement interdit au chef de cuisine de délivrer des aliments contre des jetons qui ne correspondraient pas aux aliments demandés, ou contre des pièces.

ART. 4.

Les distributions auront lieu à huit heures du matin (pour la soupe seulement), de midi à trois heures de l'après-midi et de huit à onze heures du soir. Nul ne sera admis dans l'établissement après dix heures trois quarts.

Art. 5.

L'établissement sera ouvert et les distributions auront lieu les dimanches et jours de fête comme les autres jours de la semaine.

Art. 6.

Nul ne sera admis à acheter des jetons s'il n'est ouvrier de la Société.

Art. 7.

L'entrée de l'établissement est interdite à toute personne étrangère à la houillère ; les ouvriers seuls, occupés par la Société, y seront admis ainsi que leur famille.

Art. 8.

Un ouvrier peut consommer dans l'établissement le pain qu'il apporte avec lui, mais il est expressément défendu d'y apporter toute autre denrée.

Art. 9.

Aucun ustensile ni aucune pièce de vaisselle ne peut sortir de l'établissement. Les ouvriers qui viendront chercher des aliments pour les emporter à domicile, devront être munis de la vaisselle nécessaire.

Art. 10.

Tout objet cassé ou détérioré par les ouvriers sera porté à leur compte pour leur être retenu à la paie.

Art. 11.

La ration maxima de vin est fixée à un quart de litre par homme et par repas.

Art. 12.

Il est interdit aux ouvriers de séjourner dans l'établissement après avoir pris leur repas, dont la durée pourra au besoin être limitée par un règlement spécial.

Art. 13.

Il est expressément défendu d'y jouer, d'élever la voix, d'adresser des interpellations et de tenir de mauvais propos ; il est également défendu de fumer et d'allumer ou d'éteindre du tabac dans l'établissement.

Art. 14.

Il est formellement interdit au chef de cuisine de vendre du vin, de la bière, des liqueurs, et en général toute denrée ou marchandise quelconque.

Il fera observer par les ouvriers les dispositions du présent règlement, et chaque fois que la conduite de l'un deux donnerait lieu à quelque plainte, il préviendra immédiatement l'employé chargé de la surveillance et du contrôle.

Art. 15.

Ce service est placé sous la surveillance immédiate d'un employé délégué à cet effet.

Art. 16.

Chacun devra se conformer aux observations qui pourront être adressées, soit par l'employé chargé de la surveillance, soit par le chef de cuisine, et ce dernier est autorisé à refuser des aliments à tout ouvrier qui ne se comporterait pas d'une manière convenable.

Art. 17.

Il sera ouvert à l'établissement, sur les livres de la Société, un compte spécial dont les bénéfices, s'il y a lieu, seront versés à la caisse de secours.

Art. 18.

Toute contravention au présent règlement pourra être punie suivant les cas :

D'une réprimande ;

D'une amende de 50 centimes ;

D'une amende de 1 à 2 francs ;

D'une amende et de l'interdiction d'entrer dans l'établissement ou de venir y chercher des aliments ;

Du renvoi de l'exploitation.

Art. 19.

Le présent règlement sera constamment affiché dans l'établissement et partout où besoin sera, afin de lui donner une convenable publicité.

Approuvé par le Conseil d'administration :

Le Secrétaire général,   *Un Administrateur,*
H. Gislain.   A. Bleymuller.

Le Directeur,
Th. Lissignol.

RÈGLEMENT POUR LE CHEF DE CUISINE.

Art. 1ᵉʳ.

Le chef de cuisine n'achètera ni ne vendra rien; il recevra et préparera les aliments, qu'il échangera contre des jetons.

Art. 2.

Il tiendra toujours le réfectoire et la cuisine, ainsi que les abords et dépendances, dans un état parfait d'ordre et de propreté.

Art. 3.

Il lui est défendu de vendre sans autorisation, des os, graisses, eaux grasses ou restes quelconques.

Art. 4.

Sous le contrôle de l'employé chargé de la surveillance de l'établissement, il recevra et reconnaîtra les denrées livrées par les fournisseurs, et sera tenu de refuser tout ce qui ne serait pas de bonne qualité, et parfaitement conforme au cahier des charges.

Art. 5.

Il délivrera aux fournisseurs un récépissé constatant le poids et la nature de la denrée reçue; un double exemplaire sera remis au garde général des magasins; ces deux pièces seront détachées d'un registre à souche, dont les pages numérotées seront visées par le directeur de la Société.

Art. 6.

Il se consacrera d'une manière exclusive à l'accomplissement des fonctions qui lui sont confiées, et il se conformera strictement aux ordres et instructions qui lui seront transmis par le directeur de la Société.

Art. 7.

Un exemplaire de chacun des règlements et cahier des charges relatifs à l'établissement sera remis au chef de cuisine, qui en délivrera récépissé, devra en prendre une parfaite connaissance et se conformera à leurs dispositions.

Art. 8.

Le présent règlement sera constamment affiché dans l'Établissement et partout où besoin sera.

Approuvé par le Conseil d'administration.

Le Secrétaire général,   *Un des Administrateurs,*
H. GISLAIN.   A. BLEYMÜLLER.

Le Directeur,
Th. LISSIGNOL.

RÈGLEMENT

DE LA CAISSE DE SECOURS.

Objet et ressources de l'institution.

Art. 1er.

Cette caisse est fondée dans le but d'assurer à tous les ouvriers de l'établissement d'Épinac (ouvriers du fond et du jour à la mine, ouvriers du chemin de fer et de Pont-d'Ouche), à leurs femmes et à leurs enfants, les secours indispensables en cas de maladies ou d'accidents, secours que la prévoyance exige et qu'il leur serait impossible de se procurer autrement.

Art. 2.

Tout ouvrier ou chef ouvrier de la Société devient, par ce fait seul et dès son entrée au travail, membre de la caisse de secours; de même que s'il vient à quitter volontairement, par congé ou par renvoi, il perdra tous ses droits aux fonds et matériel de ladite caisse de secours.

Art. 3.

Les revenus de la caisse consistent dans une retenue de 3 0/0 sur le salaire mensuel, c'est-à-dire sur le prix de travail net ou de main-d'œuvre de chaque ouvrier.

Art. 4.

Conformément au décret du 3 janvier 1813, la Société d'Épinac prend à sa charge les traitements des médecins et les médicaments. Elle fait, en outre, l'abandon à la caisse de secours des produits des amendes de police.

Art. 5.

Le mobilier, linge, pharmacie et matériel de l'infirmerie appartiennent à la caisse de secours. Il en est dressé un inventaire général par les soins du médecin, le 31 juillet de chaque année. Les fonds de la caisse sont déposés entre les mains de l'administration, qui les gère ; ils portent intérêt à 5 0/0.

Art. 6.

Ces fonds sont destinés :

1° A entretenir, chauffer et éclairer l'infirmerie, et à payer les linge, aliments et autres objets nécessaires aux malades ;

2° A donner des secours pécuniaires pendant le temps de maladie grave ;

3° A solder les pensions dont il sera parlé ci-après ;

4° A rétribuer le personnel de l'infirmerie, à l'exception des médecins (art. 4) ;

5° A solder les obsèques des ouvriers morts à l'infirmerie ou par suite d'accident dans les travaux ;

6° A payer l'instruction primaire des orphelins et des enfants des veuves et ouvriers pensionnés, ainsi que le loyer des écoles, bâtiments et jardins de l'infirmerie.

De l'administration.

Art. 7.

La caisse de secours est administrée par une commission de six syndics, dont quatre au moins doivent être présents aux délibérations ; elle est présidée par le directeur, représenté par l'ingénieur de l'établissement ou, à son défaut, par l'aide ingénieur.

Art. 8.

Les syndics sont élus par les ouvriers, pour un an, et à la majorité absolue de ceux ayant plus de dix-huit ans et présents à l'assemblée générale, qui aura lieu le dimanche de paie avant ou après le jour de Sainte-Barbe de chaque année. Deux sont nommés par les ouvriers du jour, et quatre par les ouvriers de l'intérieur, y compris les machinistes et chauffeurs. Les ouvriers malades ou valablement empêchés pourront envoyer leurs bulletins, qui devront être écrits de leur main. L'assemblée est présidée par l'ingénieur, assisté des syndics sortants. Il lui est donné connaissance des comptes de l'année, et ses fonctions se bornent à nommer les membres de la nouvelle commission. Cette nomination se fait au scrutin secret. Procès-verbal du tout est consigné sur le registre des délibérations.

Art. 9.

La commission se réunit tous les dimanches de paie; elle pourra être convoquée, en outre, par le président chaque fois qu'il y aura utilité ou urgence. La commission choisit son secrétaire parmi ses membres. Elle en délègue un chaque mois pour viser les bons, visiter les malades et s'enquérir de leurs besoins.

Art. 10.

Les délibérations de la commission se font à la majorité des voix. Les procès-verbaux des séances devront indiquer les membres présents et être signés par eux; ils sont portés sur un registre à cet effet ayant le présent règlement en tête.

Art. 11.

Les fonctions de la commission consistent à surveiller et arrêter le compte des recettes et dépenses, à en donner connaissance aux ouvriers par un résumé affiché chaque jour de paie, et une fois par an par un rapport à l'assemblée générale; à délibérer sur les pensions et secours à accorder, diminuer, augmenter ou suspendre, et en général sur les mesures d'ordre ou d'économie, ainsi que sur tous les cas d'urgence ou d'abus.

Art. 12.

Les ouvriers ne pourront adresser des observations à la commission ou faire connaître les griefs qu'ils croiraient avoir et qui concerneraient l'administration de la caisse de secours, que par l'intermédiaire de leurs chefs, savoir : les ouvriers tant d'intérieur que d'extérieur attachés à un puits, par le marqueur de leur poste, et les ouvriers du jour, par leurs chefs d'atelier respectifs, ou, à défaut, par l'un d'eux choisi à cet effet.

Art. 13.

La commission pourra, par la suite, apporter des modifications ou additions au présent règlement, mais à la majorité de cinq voix sur sept, et avec le consentement et avec l'approbation du directeur, après quoi elles seront affichées et annexées au présent règlement.

Du médecin et de l'infirmerie.

Art. 14.

Les rapports de la commission avec le médecin de l'infirmerie se font par l'intermédiaire de son président, à qui le médecin devra fournir tous les renseignements nécessaires pour éclairer les syndics.

Art. 15.

Le médecin est nommé par l'administration, qui fixe son traitement; il en est de même du personnel de l'infirmerie.

Art. 16.

L'arrondissement obligé du médecin comprend la résidence de tous les ouvriers de la mine, du chemin de fer, jusques et y compris Molinot.

Les ouvriers demeurant dans les localités plus éloignées sont traités à domicile par des médecins particuliers désignés par la Société et dont les visites seront rétribuées à part, fixées par le directeur, et aux frais de la caisse de secours.

Art. 17.

Tout ouvrier est libre de se servir d'un autre médecin que celui de l'établissement; mais les médicaments délivrés sur son ordonnance sont alors aux frais de l'ouvrier, qui les paiera, ainsi que le médecin.

Art. 18.

L'infirmerie est spécialement destinée à recevoir les individus qui, par suite de travaux, auraient été atteints de blessures graves ou de maladies dangereuses et accidentelles. Néanmoins, les ouvriers à qui les objets de première nécessité manqueraient, ou qui seraient atteints de maladies graves, pourront y être admis exceptionnellement et sur l'avis motivé du médecin, adressé à l'ingénieur, et approuvé par la commission, ou, en cas d'urgence, par l'ingénieur et au moins deux syndics.

Art. 19.

Pourront y être également admis sous les mêmes restrictions, mais moyennant rétribution, les étrangers soit des environs, soit des houillères avoisinantes, qui seraient atteints de blessures graves. Cette rétribution, qui pourra être modifiée par la commission en raison de la nature de la maladie, est fixée provisoirement à 1 fr. 25 c. par jour, non compris les honoraires du médecin.

Art. 20.

Aucune personne atteinte de maladie contagieuse ou incurable ne pourra être admise à l'infirmerie.

Art. 21.

Aucun ouvrier ne pourra être conduit à l'infirmerie contre son gré ; mais le médecin devra être appelé sur-le-champ, et quand il jugera que la maladie ou les blessures sont trop graves pour pouvoir être traitées convenablement à domicile, il en préviendra le malade ainsi que la commission. Si les sollicitations éclairées n'y réussissaient pas, le médecin, dont la responsabilité sera alors à couvert, lui donnera tous ses soins à domicile.

Art. 22.

Le médecin ne pourra s'absenter de l'établissement sans autorisation écrite du directeur ou de son représentant, et, dans ce cas, il doit prendre ses mesures pour que le service ne puisse souffrir de cette absence.

Art. 23.

Aucun malade ne pourra quitter l'infirmerie sans l'autorisation du médecin, sous peine de perdre ses droits à tout secours pécuniaire ou autre.

Art. 24.

La direction de l'infirmerie appartient au médecin. Il devra y donner ses soins à toute heure où il en sera besoin. Il y donnera des consultations à l'heure la plus convenable pour les malades en état de s'y rendre, et leur distribuera les médicaments nécessaires qu'il prépare. L'heure ordinaire des consultations sera affichée à l'infirmerie et à la Mine.

Pour les malades qui n'auraient pu s'y transporter, il indiquera des heures de visite qu'il devra répéter chaque fois qu'il en sera besoin. Il fera un rapport toutes les semaines pour être adressé au directeur, et par lui à l'ingénieur, qui le soumet à la commission.

Art. 25.

Sauf le cas prévu par l'article 17, tout ouvrier ou pensionnaire de la caisse de secours, malade ou blessé, a droit gratis aux soins médicaux qui lui sont nécessaires, ainsi que sa femme et ses enfants, jusqu'à l'âge de 12 ans pour les garçons et 15 ans pour les filles, et ses père et mère incapables de travailler : le tout dans le cas où ils seraient logés chez lui et à sa charge.

Ce droit s'étend aux père et mère infirmes et sans moyens d'existence, ainsi qu'aux veuves et aux enfants des ouvriers qui auraient péri par suite d'accidents dans les travaux.

Art. 26.

Les employés supérieurs ont droit aux consultations et visites du médecin de l'établissement ; mais ils doivent rembourser rigoureusement les médicaments employés.

Art. 27.

Avant le 25 de chaque mois, le médecin devra soumettre à l'approbation du syndicat un budget des dépenses probables de l'infirmerie pour le mois suivant.

Art. 28.

Le médecin devra refuser les médicaments et aliments de l'infirmerie à toute personne qu'il ne connaîtrait pas comme remplissant les conditions exigées pour y avoir droit, ou qui ne serait pas munie d'un certificat à cet effet. Les infirmiers sont également et personnellement responsables à ce sujet.

Des secours pécuniaires.

Art. 29.

Les maladies ordinaires auxquelles tout homme est sujet ne donnent pas droit aux secours pécuniaires. La Commission ne pourra déroger à ce principe qu'exceptionnellement, et lorsque les circonstances lui paraîtront de nature à l'autoriser.

Art. 30.

Ils ne seront accordés que sur certificat motivé du médecin, et après visa et vérification de la commission, pour blessures ou maladies résultant de l'effet du travail et ayant occasionné une incapacité de travail pendant au moins quarante-huit heures. Le secours comptera à partir du premier jour et durera tout autant que l'incapacité, à moins que la maladie ne devienne incurable et ne donne lieu à une pension. Il en sera tenu un registre par numéros d'ordre.

Art. 31.

Le secours, qui continuera pendant le temps de convalescence, cessera à l'époque qui sera fixée par le rapport du médecin, approuvé et visé par la commission. Tout ouvrier convaincu d'avoir simulé un état maladif qui n'aurait pas existé, ou d'avoir volontairement aggravé sa maladie, sera privé de droit du bénéfice de l'article précédent, sous toutes réserves d'une amende envers la caisse, s'il y a lieu.

Art. 32.

Le secours, pour tout ouvrier traité chez lui, est du tiers de la journée; pour celui traité à l'infirmerie, du quart s'il est marié ou soutien unique de parents indigents, et du sixième s'il est garçon et sans parents à sa charge.

Il pourra être ajouté à ce secours par la commission, lorsqu'il lui paraîtra insuffisant, une somme de 10 centimes par jour et par enfant au-dessous de dix ans. Dans aucun cas, l'indemnité ne pourra dépasser un franc par jour.

Art. 33.

Le prix de la journée des ouvriers à l'entreprise sera établi, sauf cette restriction, sur la moyenne de ce qu'ils ont gagné net dans les trois mois précédents, déduction faite des fournitures de poudre.

Des pensions.

Art. 34.

Les pensions déjà existantes sont maintenues; mais aucune pension ne pourra être accordée ou augmentée dorénavant qu'en vertu d'une délibération spéciale de la commission contenant le chiffre et la durée de la pension, et les motifs qui ont servi à les fixer.

Art. 35.

Auront droit à des pensions :

1° Les veuves ou pères et mères infirmes et sans ressources, d'ouvriers morts par suite de blessures au travail, à partir du jour du décès;

2° Tout ouvrier dans le besoin, qui serait devenu incapable de gagner sa vie par suite de blessures ou infirmités résultant de l'effet de son travail dans l'établissement;

3° Les orphelins d'ouvriers qui auraient péri dans les travaux, ainsi que les enfants des veuves et ouvriers infirmes désignés ci-dessus; les premiers, jusqu'à l'âge de 14 ans, et les seconds, jusqu'à 12 ans, à condition qu'ils fréquenteront l'école primaire.

4° Il pourra également être accordé des pensions aux orphelins des ouvriers morts de maladie ou à leurs veuves infirmes ou chargées de famille, lorsqu'ils auront été attachés à l'établissement pendant au moins dix ans.

Art. 36.

Sont exceptées de l'article ci-dessus, ainsi que du bénéfice de l'art. 25, les veuves qui se remarieront, ainsi que toute personne qui, par son inconduite, porterait atteinte à l'ordre et aux bonnes mœurs.

Art. 37.

Le chiffre de chaque pension sera arrêté d'après l'appréciation de la Commission, dans les limites suivantes :

Pour les veuves et ouvriers infirmes.... de 5 à 20 fr. par mois.
Pour leurs enfants jusqu'à l'âge de 12 ans   3 à 5   »
Pour les orphelins, jusqu'à l'époque où ils seront en mesure de pouvoir travailler, terme qui ne pourra pas dépasser 14 ans..   6 à 10   »

Art. 38.

Le présent règlement sera constamment affiché partout où besoin sera, afin de lui procurer une convenable publicité.

Épinac, le 4 août 1858.

Le Directeur,
L. COTTIGNIES.

Approuvé par le Conseil d'administration, dans sa séance du 6 août 1858.

Le Secrétaire général,   *Un Administrateur,*
H. GISLAIN.   Th. AUDÉOUD.

CHAPITRE XXX.

Réflexions sur les règlements.

Les règlements particuliers à chaque mine peuvent varier, cela se conçoit, avec les conditions des exploitations, la nature des travaux, leur situation et l'organisation des sociétés par lesquelles les exploitations sont entreprises. Mais il est des règlements généraux qui devraient être les mêmes dans toutes les mines, dans l'intérêt des populations ouvrières. Dans ce nombre, nous plaçons d'une part ceux qui sont relatifs aux signaux employés pour communiquer de l'intérieur avec l'extérieur des puits, d'autre part ceux qui régissent les caisses de secours et d'épargne.

Loi qui règlerait les signaux de communication des mines dans tout l'Empire. — Les signaux de communication des puits, après avoir varié dans chaque mine avec le caprice des ouvriers ou la volonté des maîtres-mineurs, ont été établis d'une façon uniforme dans chaque exploitation pour les divers puits qu'elle comporte. Mais cette uniformité limitée à chaque société, à chaque entreprise, est insuffisante; et il arrive malheureusement souvent que des accidents se produisent parce que les signaux ne sont pas bien connus, ni bien compris. C'est ce que l'on voit quand on a affaire dans un puits à des ouvriers nouveaux, habitués à des signaux différents, et qui, par erreur, les appliquent à la nouvelle mine où ils se trouvent. De là des fausses manœuvres toujours dangereuses, que le machiniste accomplit au péril de la vie des ouvriers placés dans les cages ou de service aux recettes des puits. Ils meurent victimes, les uns de leur propre erreur, les autres de celle de leurs camarades.

Avec des signaux uniformes dans toutes les mines de l'Empire, un aussi grave danger disparaîtrait. Pour arriver à cette uniformité, nous émettons le vœu qu'il soit établi par le Gouvernement une loi qui serait aux mines ce qu'est à la mer la loi sur les signaux maritimes.

La seconde réflexion que nous avons à faire à propos des règlements des mines porte sur les caisses de secours. *Caisse des invalides du travail.*

Les caisses de secours imposent presque toujours aux ouvriers l'obligation d'un travail de trente années dans les chantiers de la Compagnie, pour qu'ils puissent participer au bénéfice de la pension déterminée par leurs règlements. Or, il arrive que beaucoup d'ouvriers ne peuvent pas, et cela souvent pour des motifs qui tiennent aux entreprises elles-mêmes, tels que ralentissements des travaux, par exemple, rester pendant trente années attachés au service d'une même compagnie. Après avoir passé leur vie dans plusieurs exploitations, et versé dans les caisses de chacune d'elles les retenues ou cotisations déterminées par les règlements, ils trouvent fermées partout les portes des pensions de retraite. Il conviendrait, pour la satisfaction légitime des intérêts des ouvriers, que chacun de ceux qui ont travaillé dans les ateliers de diverses sociétés, pût recevoir sa pension sur ses vieux jours, tout aussi bien que celui qui est resté constamment dans le même chantier. Un moyen de réaliser cette idée serait d'établir, dans les règlements de caisses de secours et de retraite, que tout ouvrier qui aurait atteint l'âge de la retraite, ou qui se trouverait dans l'incapacité de travailler par suite de blessures, reçût de chacune des compagnies où il aurait été occupé une pension proportionnelle au nombre d'années passées dans chacune d'elles. Mais il vaudra bien mieux, suivant la grande pensée et la généreuse initiative de l'Empereur, appartenir à la caisse des invalides du travail qui, sous le patronage du chef de l'État, viendrait au secours de toutes les populations ouvrières.

TABLE DES MATIÈRES.

PRÉLIMINAIRES.

Importance de la consommation de la houille. — Son rôle considérable dans l'économie générale des États. — L'importance de la consommation de la houille justifie l'intérêt que présente son exploitation. — But et division du mémoire; 1

PREMIÈRE PARTIE.

TRAVAUX SOUTERRAINS.

CHAPITRE Ier. — NOTIONS SUR LE BASSIN D'AUTUN.

Origine de la concession d'Épinac. — Sa situation dans le bassin d'Autun. — Bassin d'Autun. — Sa division en trois étages. — Étage inférieur. — Étage moyen. — Étage supérieur 4

CHAPITRE II. — HISTORIQUE DES TRAVAUX D'ÉPINAC DE 1774 à 1829.

A. Ancienne concession d'Épinac. — Débuts de l'exploitation à Ressille et aux Tréchards. — Puits de l'Ouche. — Galerie d'écoulement du puits de l'Ouche. — Puits nombreux creusés sur le territoire des Tréchards. — Causes de l'abandon des travaux des Tréchards. — Découverte de la houille au Curier 7

CHAPITRE III. — DÉVELOPPEMENT PRIS PAR LES TRAVAUX DE 1829 à 1863.

Puits Fontaine-Bonnard (haut). — Puits Fontaine-Bonnard (bas). — Galerie de Ressille. — Puits des Souachères. — Puits du Bois. — Puits de la Pompe. — Puits du Domaine. — Puits Saint-Pierre. — Puits du Curier. — Puits Sainte-Barbe. — Puits Berquin. — Puits Hagerman. — Puits Micheneau. — Puits Démion. — Puits de la Garenne. — Puits du Moulin. — Puits de la Vesvre d'Épinac. — Petit puits de recherche. — Puits François Mathieu à Ladrée. — *B. Ancienne concession de Sully.* — Groupe du centre ou de Veuvrotte. — Groupe du versant méridional. — Travaux de Marvelay. — Groupe du versant septentrional. — Travaux de Dinay. — *C. Ancienne concession de Pauvray*. — Faible importance des travaux de l'ancienne concession de Pauvray.—Recherches de Drousson, de Saint-Denis, faites dans le voisinage. — Puits du nord de Drousson. — Sondage de Saint-Denis........................ 10

CHAPITRE IV. — DES MÉTHODES D'EXPLOITATION PAR REMBLAIS.

Définition du gîte. — Son allure.—Sa puissance. — Comment le gîte était autrefois exploité. — Dépouillement complet des petites veines. — Dépouillement incomplet de la grande masse ou de la réunion. — Richesses perdues évaluées à 50 %. — La méthode par remblais dépouille le gîte complètement. — Le dépouillement complet est-il, au point de vue des bénéfices réalisés, plus avantageux que le dépouillement incomplet ? — Examen des deux systèmes. — Comment la méthode par remblais l'emporte sur la méthode sans remblais. — 1° Par les plus grandes quantités de charbon qu'elle permet d'extraire. — 2° Par l'abaissement du prix de revient. — Comment la méthode par remblais a pu être appliquée à Épinac d'une façon générale. — Choix particulier de la méthode.......... 38

CHAPITRE V. — EXHAURE.

Importance et conditions de l'exhaure. — Centralisation de l'exhaure au puits Sainte-Barbe..................................... 46

CHAPITRE VI. — HISTORIQUE DES TRAVAUX DE 1863 A 1867.

Puits Fontaine-Bonnard (bas).—Il est remis en extraction au 1ᵉʳ janvier 1863. — Quantité de charbon extraite avec la méthode par remblais. — Quantité de remblais employés. — Galerie de Ressille. — Son rôle dans le district des Tréchards. — Nécessité de l'emploi des remblais dans ce district. — Importance du district des Tréchards. — Avantages d'un nouveau puits dans ce district. — Puits Hagerman. — Direction imprimée à l'exploitation dès 1864.—Introduction de la méthode par remblais.—Ressources du puits Hagerman.—Son avenir. — Puits Micheneau. — Son rôle après 1863. — Richesses aménagées dans ce puits. — Ouverture d'un quatrième étage. — Succès assuré de cet étage. — Rôle du puits Micheneau comme puits à remblais. — Puits de la Garenne. — Puits du Curier. — Puits Sainte-Barbe. — Puits neuf des Tréchards.— Puits François Mathieu. — Série de recherches au sud du puits François Mathieu. — Puits de recherches n° 1. — Puits de recherches n° 2 ou puits Caullet. — Puits de recherches

TABLE DES MATIÈRES.   265

n° 3. — Puits de recherches n° 4, dit puits Mallet. — Puits
Montadios. — Puits Hottinguer. — Puits Lestiboudois. — Sondage nord de Micheneau. — Recherches de Dinay-Sully. —
Ce que l'on peut penser des recherches de Sully. — Tableau
des puits creusés à Épinac   49

CHAPITRE VII. — CONDITIONS GÉNÉRALES DE LA MAIN-D'ŒUVRE. — TRANSPORTS
SOUTERRAINS PAR MULETS. — CONSOMMATION EN BOIS.

Base générale des salaires. — Abattage ou piquage. — Boisage. —
Manœuvres. — Transports souterrains par mulets. — Avantages des mulets sur les chevaux dans les mines. — Traction
à bras. — Consommation en bois   76

CHAPITRE VIII. — PERFORATEURS MÉCANIQUES.

Perforateur Lisbet. — Perforateur de MM. Barbier, Forel et Berthier.
— Définition de l'appareil et considérations générales.......   87

CHAPITRE IX. — RICHESSES DES HOUILLÈRES.

ivision des richesses en trois parties. — Richesses certaines. —
Richesses presque certaines. — Richesses probables   92

DEUXIÈME PARTIE.

INSTALLATIONS ET MATÉRIEL DES PUITS.

CHAPITRE X. — INSTALLATIONS PROVISOIRES AVEC MACHINES LOCOMOBILES
ET AVEC MACHINES FIXES.

Machine locomobile du puits Mallet. — Installations provisoires avec
machines fixes...   95

CHAPITRE XI. — INSTALLATION DU PUITS DE LA GARENNE.

Cheminée et bâtiment des chaudières. — Bâtiment de la machine et
du puits. — Bâtiment de roulage et chambre de triage et de
criblage des charbons. — Voies de fer raccordant le puits
avec les grandes lignes. — Machine et chevalement. — Substitution d'une installation à une autre au puits de la Garenne.
— Estacades. — Culbuteurs mobiles. — Chariots à charbon
et voies de roulage. — Chariots à remblais. — Plaques tour-

nantes. — Cages d'extraction avec parachute à ressorts et frein à manette. — Appareils à taquets. — Câbles en usage. — Coût total de l'installation de la Garenne.............. 99

CHAPITRE XII. — INSTALLATION DU PUITS SAINTE-BARBE.

Machine et bâtiment. — Bennes d'exhaure. — Prix d'établissement de l'installation.. 127

CHAPITRE XIII. — INSTALLATION DU PUITS DU CURIER.

Machine et ses dispositions. — Bâtiment de la machine et du puits. — Chevalement. — Molettes. — Prix de l'installation du puits du Curier.. 130

CHAPITRE XIV. — RESTAURATION DE L'INSTALLATION DU PUITS MICHENEAU. 136

CHAPITRE XV. — DIGRESSION SUR LES PUITS ATMOSPHÉRIQUES.

Insuffisance du système actuel d'extraction. — Avantage des puits atmosphériques. — Leur organisation. — Frais d'installation. 137

TROISIÈME PARTIE.

CHEMIN DE FER.

CHAPITRE XVI. — TRACÉ DE LA LIGNE.

Origine du chemin de fer d'Épinac............................ 143

CHAPITRE XVII. — ÉTABLISSEMENT DE LA VOIE. — TRAVAUX D'ART.

Diverses espèces de rails. — Prix de revient d'un mètre de voie en rails de 30 kilog.. 146

CHAPITRE XVIII. — TRACTION.

Ce qu'elle était à l'origine. — Traction par locomotives. — Composition et vitesse des trains.................................. 148

CHAPITRE XIX. — MATÉRIEL.

Wagons à charbon. — Trains à coke. — Wagons d'ouvriers. — Travaux d'art. — Modification du chemin de fer d'Épinac. — Dispositions principales du décret du 1er août 1864............... 151

TABLE DES MATIÈRES. 267

QUATRIÈME PARTIE.

LAVOIRS. — FOURS A COKE. — FOURS A CHAUX. — AGGLOMÉRÉS. — DÉPOT DE PONT-D'OUCHE. — ATELIERS.

CHAPITRE XX. — LAVOIRS.

Lavoir des Champs Pialey. — Lavoir Evrard. — Personnel employé au service du lavoir Evrard. — Prix de revient du lavage.— Classification de la houille au lavoir. — Comparaison entre le lavoir Evrard et les lavoirs des Champs Pialey............ 161

CHAPITRE XXI. — FOURS A COKE.

Anciens fours à coke. — Fours à coke à défournement mécanique. — Mode d'extinction du coke. — Quantité d'eau employée à l'extinction d'une tonne de coke. — Personnel d'une batterie de 30 fours. — Production. — Prix de revient. — Prix d'établissement des nouveaux fours 171

CHAPITRE XXII. — FOURS A CHAUX.

Établissement et dimensions des fours. — Fabrication 178

CHAPITRE XXIII. — AGGLOMÉRÉS. — DÉPOT DE PONT-D'OUCHE.

Agglomérés. — Dispositions et production de l'usine. — Dépôt de Pont-d'Ouche. — Port du dépôt de Pont-d'Ouche.—Estacades d'emmagasinement et de chargement. — Utilité générale des glissoires. — Plans inclinés employés à l'emmagasinement.. 180

CHAPITRE XXIV. — ATELIERS.

Ateliers sur métaux. — Ateliers sur bois. — Scie circulaire. — Scie à rubans. — Installation des ateliers de scierie 188

CINQUIÈME PARTIE.

CITÉ OUVRIÈRE.

CHAPITRE XXV. — VUE A VOL D'OISEAU DE LA CITÉ.

But et utilité de la cité ouvrière. — Ensemble de la cité, sa division en deux parties. — Vieille cité, ses dispositions générales, ses divers types de maisons. — Nouvelle cité, ses rues et ses boulevards, ses divers types de maisonnettes................ 192

CHAPITRE XXVI. — TYPES DIVERS DES MAISONS DE LA CITÉ OUVRIÈRE.

N° 1. Maisons à étages avec cellier attenant. — N° 2. Maisons à mansardes avec cellier attenant. — N° 3. Maisons à étages avec cellier indépendant. — N° 4. Maisons en briques avec couverture en ardoises. — Revient et fabrication des briques. — Prix de revient d'un mètre cube de maçonnerie en briques employées à la construction des maisons du type n° 4. — N° 5. Maisons en moellons avec ouvertures en briques et couverture en ardoises. — Dispositions générales. — Qualité et emploi des matériaux employés à la construction. — Prix des matériaux. — Revient d'un mètre cube de maçonnerie en moellons. — N° 6. Maisons en moellons avec ouvertures en briques et couverture en tuiles de Montchanin. — Comparaison entre les ardoises et les tuiles. — Généralités. — Résultats premiers de l'adoption d'un mode de couverture. — Inclinaisons des couvertures. — Force de la charpente. — Coût d'un mètre carré en ardoises et en tuiles. — Question d'entretien. — Inconvénients de la tuile et de l'ardoise. — Prix d'une maison du type n° 6. — Reproches adressés aux logements des types n°' 4, 5 et 6. — Moyens de parer à ces reproches. — N° 7. Maisons d'employés. — N° 8. Maisons de maîtres-mineurs. — Pavillons pour lieux d'aisance.......... 195

CHAPITRE XXVII. — ÉTABLISSEMENTS DE LA CITÉ. — SA POPULATION. — SON AVENIR.

Écoles. — Infirmerie et cantine. — Boulangerie et boutiques de marchands. — Population actuelle et population future de la cité. — Sa comparaison avec les habitations ouvrières de l'Angleterre. — Nécessité d'assurer le recrutement des ouvriers mineurs.. 212

SIXIÈME PARTIE.

STATISTIQUE DES FORCES DE LA HOUILLÈRE.

CHAPITRE XXVIII. — DIVISION DES FORCES DE LA HOUILLÈRE EN TROIS PARTIES. — ÉVALUATION DE CES FORCES.

Ouvriers. — Chevaux et mulets. — Machines à vapeur. — Résumé.. 218

TABLE DES MATIÈRES.

SEPTIÈME PARTIE.

RECUEIL DES RÈGLEMENTS APPLIQUÉS A LA MINE D'ÉPINAC.

CHAPITRE XXIX. — TEXTE DES RÈGLEMENTS.

Règlement général. — Règlement des ouvriers d'intérieur. — Règlement pour le service extérieur des puits. — Règlement particulier pour les mesureurs de charbon, les manouvriers et les charretiers. — Règlement sur le service des machines. — Règlement particulier des ateliers de forge, ajustage, chaudronnerie, ferblanterie, fonderie, menuiserie, charpenterie, scierie et magasin de bois. — Établissement alimentaire, règlement. — Règlement pour le chef de cuisine. — Règlement de la caisse de secours.................................... 223

CHAPITRE XXX. — RÉFLEXIONS SUR LES RÈGLEMENTS.

Loi réglant les signaux de communication des mines dans tout l'Empire. — Caisse des invalides du travail... 260

B¹

Je torle qune
fr rouge

B¹

Je voile que
je songe.

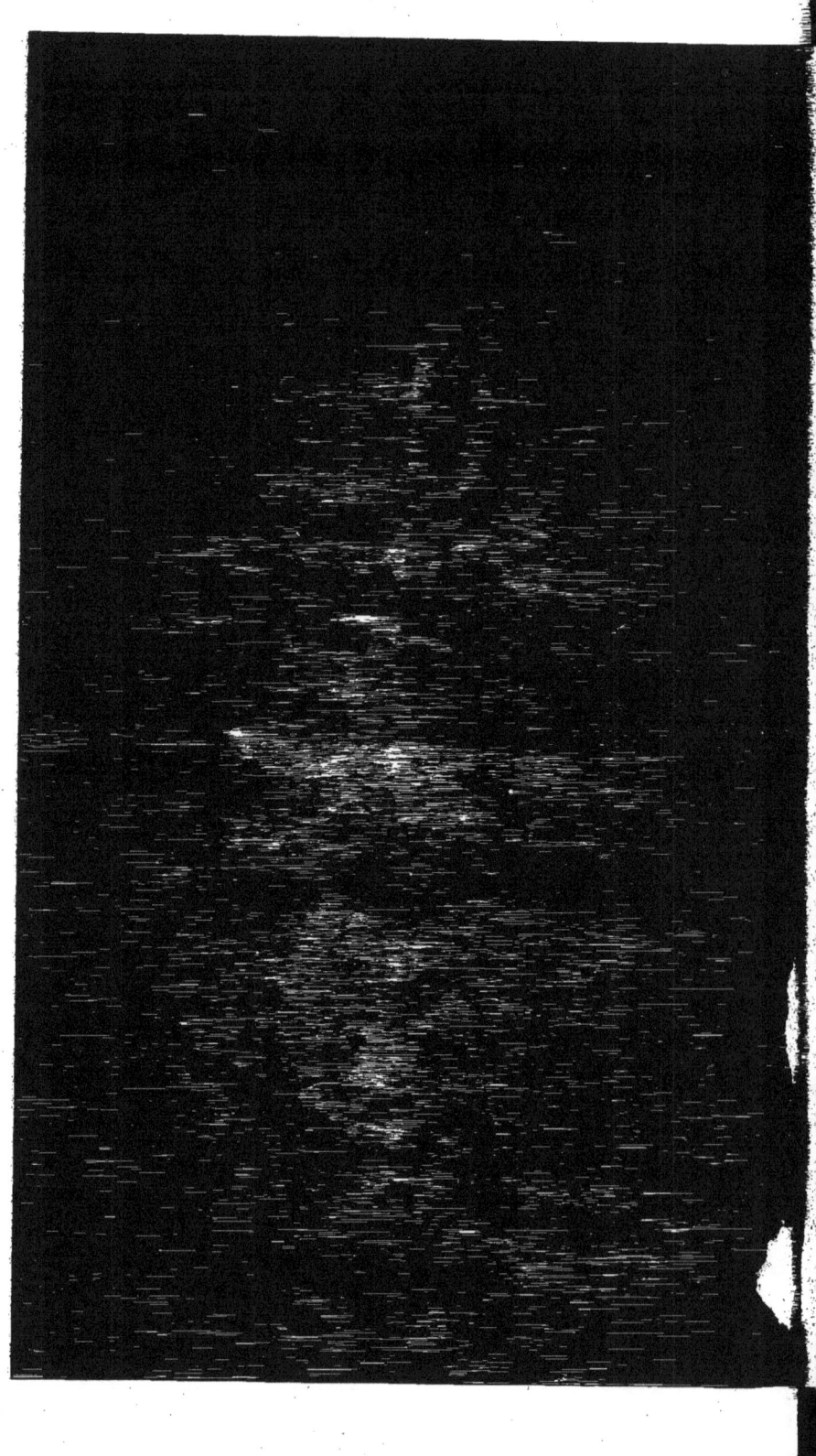

www.ingramcontent.com/pod-product-compliance
Lightning Source LLC
Chambersburg PA
CBHW062011180426
43199CB00034B/2277